"十二五"江苏省高等学校重点教材（编号：2015-2-037）

21世纪全国高等院校汽车类创新型应用人才培养规划教材
汽车专业模块化系列教材

汽车底盘机械系统

主　编　李国庆
副主编　蒋科军　王群山
主　审　鲁植雄

内 容 简 介

汽车专业模块化系列教材借鉴德国高等学校汽车专业课程体系及德国手工业协会教材特色，从工程应用角度出发，集结构、原理、故障诊断为一体，彰显专业理论知识的系统性、整体性和科学性。《汽车底盘机械系统》一书主要介绍了汽车底盘机械系统的结构、原理、故障诊断及检修方法。全书共分 7 章，分别为汽车离合器检修、汽车变速器检修、汽车万向传动装置检修、汽车主减速器与差速器检修、汽车转向系统检修、汽车悬架检修、汽车制动系统检修。本书内容丰富全面，图文并茂，实用性强。

该系列教材可作为高等学校汽车服务工程、车辆工程、交通运输及相关专业的本科教材，也可作为汽车服务企业技术人员、管理人员及汽车爱好者的参考用书。

图书在版编目(CIP)数据

汽车底盘机械系统/李国庆主编. —北京：北京大学出版社，2016.7
（21 世纪全国高等院校汽车类创新型应用人才培养规划教材）
ISBN 978-7-301-27270-1

Ⅰ.①汽… Ⅱ.①李… Ⅲ.①汽车—底盘—机械系统—高等学校—教材 Ⅳ.①U472.41

中国版本图书馆 CIP 数据核字(2016)第 159115 号

书　　　名	汽车底盘机械系统 QICHE DIPAN JIXIE XITONG
著作责任者	李国庆　主编
策划编辑	童君鑫
责任编辑	李娉婷
标准书号	ISBN 978-7-301-27270-1
出版发行	北京大学出版社
地　　　址	北京市海淀区成府路 205 号　100871
网　　　址	http://www.pup.cn　新浪微博：@北京大学出版社
电子信箱	pup_6@163.com
电　　　话	邮购部 62752015　发行部 62750672　编辑部 62750667
印 刷 者	北京溢漾印刷有限公司
经 销 者	新华书店
	787 毫米×1092 毫米　16 开本　13.75 印张　318 千字 2016 年 7 月第 1 版　2016 年 7 月第 1 次印刷
定　　　价	30.00 元

未经许可，不得以任何方式复制或抄袭本书之部分或全部内容。
版权所有，侵权必究
举报电话：010-62752024　电子信箱：fd@pup.pku.edu.cn
图书如有印装质量问题，请与出版部联系，电话：010-62756370

前　言

汽车产业是我国国民经济发展的支柱产业，连续5年产量和销量位居世界第一位，国内汽车年产销量已超过2000万辆，且市场需求持续旺盛。汽车产业的迅猛发展需要大量的从事汽车后市场服务的高端人才。在此背景下，全国有120余所本科院校顺应汽车后市场人才需求的热潮，纷纷开设了汽车服务工程，为汽车后市场输送了大量的技术人才。但随着汽车高度电子化、智能化的发展趋势，汽车已发展成为集计算机技术、智能控制技术、光电传输技术、新工艺和新材料为一体的高科技载体，汽车新技术的不断涌现及检测、诊断仪器设备的智能化和自动化，使得汽车服务企业对人才知识、能力的要求日益提升。因此，编写系统性、整体性强的专业模块化系列教材，对培养具有工程实践能力和创新能力应用型人才意义重大。

"他山之石，可以攻玉。"为满足社会对高端汽车服务业人才的迫切需求，编者借鉴德国高等学校汽车专业课程体系及德国手工业协会教材特色，集汽车各系统的构造、原理、故障诊断等知识于一体，与中外相关汽车服务行业专家共同制定了以"实践为主、学术并重"的模块化、本土化教材编写大纲及教材编写标准，并根据多年从事汽车服务工程专业的教学经验，编写此系列教材。

本系列教材包括《汽车发动机机械系统》《汽车底盘机械系统》《汽车发动机管理系统》《汽车底盘控制系统》《汽车车身控制系统》，其特色在于：

1. 打破学科体系下的教材编写模式，将课程内容模块化，紧扣工程实际，从汽车的结构原理出发，分析故障产生的机理、原因。

2. 本书在内容结构顺序上先简述汽车各系统的构造和原理，再详细分析各系统故障诊断的思路、方法，并用经典故障案例加以佐证。

3. 本书内容丰富全面、信息量大、内容翔实、图文并茂、技术先进、实用性强。

《汽车底盘机械系统》一书系统地阐述了汽车底盘机械系统的结构、工作原理、故障诊断及检修方法等。其主要内容包括汽车离合器检修、汽车变速器检修、汽车万向传动装置检修、汽车主减速器与差速器检修、汽车转向系统检修、汽车悬架检修、汽车制动系统检修，并以典型汽车为例，详细阐述了上述各系统的结构原理及故障的具体诊断流程。

《汽车底盘机械系统》由江苏理工学院李国庆主编并统稿，江苏理工学院蒋科军、王群山任副主编，唐金花参编。其中：第1章由唐金花编写，第2章、第7章由蒋科军编写，第4章由王群山编写，第3章、第5章、第6章由李国庆编写。

本书由南京农业大学鲁植雄教授主审，鲁植雄教授仔细阅读了全书的原稿，并提出了许多建设性意见，在此表示最诚挚的谢意。

本系列教材在编写过程中得到了大众奥迪汽车4S店、宝马4S店等企业技术人员的大力支持，同时参考了部分企业内训材料和图书出版资料，谨此一并表示衷心的感谢和崇高的敬意。

由于编者水平有限,加之经验不足,书中难免存在不妥和疏漏之处,恳请广大读者批评指正。

编 者
2016 年 4 月

目 录

第1章 汽车离合器检修 ………… 1
1.1 离合器的结构与工作原理………… 2
  1.1.1 离合器的结构 ………… 2
  1.1.2 离合器的工作原理 ……… 10
1.2 离合器拆卸与装配 ………… 11
  1.2.1 离合器踏板拆卸和装配 … 11
  1.2.2 液压系统拆卸与装配 …… 12
1.3 离合器检修 ………… 14
  1.3.1 离合器操纵机构检修 …… 14
  1.3.2 离合器踏板主、从动部分检修 ………… 15
  1.3.3 离合器踏板行程调整 …… 16
1.4 离合器常见故障诊断与排除 … 17
习题 ………… 18

第2章 汽车变速器检修 ………… 19
2.1 手动变速器的构造与工作原理 … 20
  2.1.1 手动变速器的构造 ……… 20
  2.1.2 手动变速器齿轮传动机构的工作原理 ………… 23
  2.1.3 手动变速器换挡操作机构的工作原理 ………… 24
  2.1.4 同步器的工作原理 ……… 28
2.2 手动变速器检修 ………… 32
  2.2.1 手动变速器总成拆卸与装配 ………… 32
  2.2.2 手动变速器分解与组装 … 37
  2.2.3 齿轮变速机构检修 ……… 42
  2.2.4 差速器拆装与调整 ……… 50
  2.2.5 手动变速器操纵机构检修 ………… 53
  2.2.6 变速器油封更换 ………… 60
2.3 自动变速器的结构与工作原理 … 61
  2.3.1 液力传动装置的结构与工作原理 ………… 61

  2.3.2 自动变速器油泵的结构与工作原理 ………… 67
  2.3.3 自动变速器变速机构的结构与工作原理 ………… 69
  2.3.4 换挡执行机构的结构与工作原理 ………… 71
2.4 自动变速器检修 ………… 76
  2.4.1 液力变矩器检修 ………… 78
  2.4.2 自动变速器油泵检修 …… 80
  2.4.3 换挡机构检修 ………… 82
2.5 变速器故障诊断 ………… 85
  2.5.1 手动变速器故障诊断 …… 85
  2.5.2 自动变速器故障诊断 …… 86
习题 ………… 90

第3章 汽车万向传动装置检修 ……… 91
3.1 万向传动装置的结构与工作原理 ………… 92
  3.1.1 万向节 ………… 93
  3.1.2 传动轴和中间支承 …… 101
3.2 万向传动装置的拆装方法 … 105
  3.2.1 单十字轴万向节传动轴的拆装 ………… 105
  3.2.2 球笼式等角速度万向节传动轴的拆装 ………… 106
3.3 万向传动装置故障诊断与检修 … 109
  3.3.1 万向传动装置的常见故障 ………… 109
  3.3.2 万向传动装置的检修 …… 110
习题 ………… 111

第4章 汽车主减速器与差速器检修 ………… 112
4.1 主减速器与差速器概述 ……… 113
  4.1.1 主减速器 ………… 113
  4.1.2 差速器 ………… 114

4.2 主减速器与差速器检修 …… 116
    4.2.1 主减速器和差速器的拆卸与装配 …… 116
    4.2.2 主减速器检修 …… 121
    4.2.3 差速器检修 …… 122
4.3 主减速器与差速器故障诊断 …… 123
习题 …… 123

第5章 汽车转向系统检修 …… 125

5.1 汽车转向系统的组成与工作原理 …… 126
    5.1.1 汽车转向的基本特性 …… 126
    5.1.2 转向系统的类型、组成及工作原理 …… 127
5.2 机械转向系统 …… 129
    5.2.1 转向操纵机构 …… 129
    5.2.2 机械转向器 …… 131
    5.2.3 转向传动机构 …… 133
5.3 动力转向系统 …… 137
    5.3.1 液压式动力转向系统的组成与类型 …… 137
    5.3.2 液压式动力转向系统的工作原理 …… 137
    5.3.3 整体式液压动力转向器 …… 138
    5.3.4 转向油泵 …… 140
5.4 转向系统检修 …… 143
    5.4.1 机械转向系统检修 …… 143
    5.4.2 动力转向系统检修 …… 144
5.5 转向系统故障诊断 …… 145
    5.5.1 机械转向系统常见故障诊断 …… 145
    5.5.2 动力转向系统常见故障诊断 …… 147
习题 …… 149

第6章 汽车悬架检修 …… 150

6.1 汽车悬架的组成与结构 …… 151
    6.1.1 弹性元件 …… 151
    6.1.2 减振器 …… 155
6.2 非独立悬架 …… 158
    6.2.1 纵置板簧式非独立悬架 …… 158
    6.2.2 螺旋弹簧非独立悬架 …… 159
    6.2.3 空气弹簧非独立悬架 …… 160
    6.2.4 油气弹簧非独立悬架 …… 160
6.3 独立悬架 …… 161
    6.3.1 横臂式独立悬架 …… 161
    6.3.2 纵臂式独立悬架 …… 163
    6.3.3 车轮沿主销移动的悬架 …… 164
6.4 多轴汽车的平衡悬架 …… 165
6.5 悬架的拆装、检修及故障诊断 …… 166
    6.5.1 悬架拆装方法 …… 166
    6.5.2 悬架检修及故障诊断 …… 170
习题 …… 173

第7章 汽车制动系统检修 …… 174

7.1 制动系统的工作原理与主要部件构造 …… 175
    7.1.1 制动系统的工作原理 …… 175
    7.1.2 制动系统的主要部件构造 …… 176
7.2 制动系统拆装与检修 …… 182
    7.2.1 前轮制动器拆装与检修 …… 182
    7.2.2 后轮制动器拆装与检修 …… 184
    7.2.3 手制动器拆装与检修 …… 186
    7.2.4 制动踏板及附件拆装与检修 …… 189
    7.2.5 制动钳拆装与检修 …… 191
    7.2.6 制动系统排气及制动液更换 …… 195
    7.2.7 制动总泵和制动助力器拆装与检修 …… 197
7.3 制动系统故障诊断 …… 200
7.4 制动性能检测 …… 202
    7.4.1 制动性能评价指标 …… 203
    7.4.2 路试检测 …… 204
    7.4.3 台架检测 …… 205
习题 …… 208

参考文献 …… 209

第 1 章 汽车离合器检修

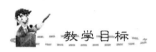

理解离合器的结构与工作原理,熟悉离合器的拆卸与装配,掌握离合器的检修与故障诊断。

知识要点	能力要求	相关知识
离合器结构与工作原理	理解离合器的结构与工作原理,掌握离合器自由行程的调节方法	离合器主动部分、从动部分、压紧机构和操纵机构的组成;离合器接合和分离时的工作过程
离合器的拆卸与装配	熟悉离合器拆卸与装配的工作流程	离合器踏板的拆卸与装配;液压系统的拆卸与装配
离合器的检修与故障诊断	掌握离合器的检修和故障诊断的方法和流程	离合器操纵机构检修;离合器踏板主、从动部分检修;离合器踏板行程调整;离合器故障诊断方法

1.1 离合器的结构与工作原理

1.1.1 离合器的结构

离合器主要由主动部分、从动部分、压紧机构和操纵机构 4 部分组成。现以摩擦式离合器为例进行介绍。

1. 主动部分

离合器主动部分包括飞轮、离合器盖、压盘等。离合器盖与压盘的总成分解如图 1.1 所示。它们与发动机曲轴连在一起，并始终与曲轴一起转动。离合器盖与飞轮用螺栓连接，压盘与离合器间靠 3 个或 4 个传动片传动转矩。离合器盖及压盘总成结构如图 1.2 所示。传动片用弹簧钢片制成，沿压盘周边均匀分布，并沿切线方向安装，其两端分别被铆钉铆在离合器盖和压盘上。离合器分离时，传动片发生弯曲变形。

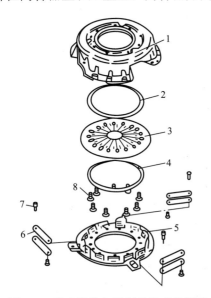

图 1.1 离合器盖与压盘的总成分解图
1—离合器盖；2、4—钢丝支承圈；3—膜片弹簧；5—压盘；6—传动片；7—铆钉；8—支承铆钉

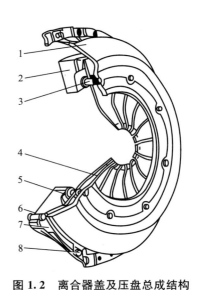

图 1.2 离合器盖及压盘总成结构
1—离合器盖；2—压盘；3—支承铆钉；4—膜片弹簧；5—钢丝支承圈；6、8—铆钉；7—传动片

2. 从动部分

从动部分即离合器从动盘，它由从动盘本体、摩擦片和从动盘毂 3 个基本部分组成。离合器从动盘的结构如图 1.3 所示。

离合器从动盘本体、从动盘毂和减振器盘都开有 6 个长方孔，每个孔中装有一个减振器弹簧。从动盘体和减振器盘上圆周方向的长方孔边处设有翻边，将减振器弹簧卡在长方孔中间。从动盘毂与从动盘本体间可转动一个角度。

离合器接合时，发动机输出的转矩经飞轮和压盘传到了从动盘两侧的摩擦片，继而带

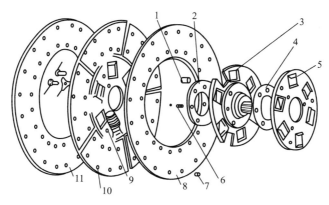

图 1.3 离合器从动盘结构

1—铆钉隔套;2、4—减振器阻尼片;3—从动盘毂;5—减振器盘;
6—阻尼片铆钉;7—摩擦片铆钉;8—摩擦片;9—减振器弹簧;10—从动盘体;11—摩擦片

动从动盘本体和减振器盘转动,然后通过6个减振器弹簧把转矩传给了从动盘毂。因为有减振弹簧作用,所以传动系受的冲击在此得到了缓冲。

捷达乘用车离合器的从动盘有两级减振装置,如图1.4所示,第一级为预减振装置,第二级为减振弹簧。

第一级预减振装置很软,主要是在发动机息速工况下起作用,能消除息速时变速器的噪声;第二级减振器刚度很大,可降低曲轴与传动系接合部分的扭转刚度,缓和汽车改变行驶状态时对传动系产生的扭转冲击,并改善离合器的接合柔和性。

3. 压紧机构

压紧机构主要部分是螺旋弹簧或膜片弹簧。它们以离合器盖为依托,将压盘压向飞轮,从而将从动盘压紧。膜片弹簧是近年来广泛采用的离合器压紧元件。膜片弹簧制作成碟形弹簧,其上有若干个径向开口,形成若干个弹性杠杆。弹簧中部两侧有钢丝支承圈,用支承铆钉将其安装在离合器盖上。

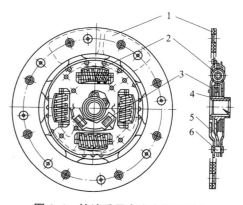

图 1.4 捷达乘用车离合器从动盘

1—摩擦片;2—减振弹簧;3—预减振装置;
4—从动盘毂;5—从动钢片;6—从动盘铆钉

膜片弹簧的工作原理如图1.5所示。在离合器盖未固定到飞轮上时,膜片弹簧处于自由状态,离合器盖与飞轮接合面间有一距离 L。用螺栓将离合器盖固定到飞轮上,离合器盖通过后钢丝支承圈把膜片弹簧中部向前移动一段距离。由于膜片弹簧外端位置没有变化,所以膜片弹簧被压缩变形,其外缘通过爪盘把从动盘压靠在飞轮后端面上,这时离合器为接合状态。离合器分离时,分离轴承前移,膜片弹簧将以前钢丝支承圈为支点,其外缘向后移动,在分离钩的作用下,压盘离开从动盘后移,使离合器处于分离状态。

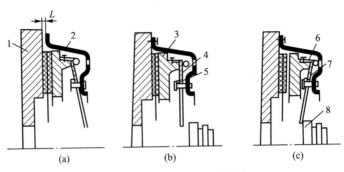

图 1.5 膜片弹簧的工作原理

1—飞轮；2—离合器盖；3—压盘；4—膜片弹簧；
5—后钢丝支撑圈；6—分离钩；7—前钢丝支撑圈；8—分离轴承

4．操纵机构

驾驶人通过操纵机构使离合器分离与接合。操纵机构由分离机构、离合器踏板及传动机构等组成。

5．分离机构

分离机构主要由分离叉、分离杠杆和带分离轴承的分离套筒组成。

1）分离叉

分离叉用来传递离合器操纵系统的控制力，与其转轴制成一体，通过轴的两端衬套支承在离合器壳上。分离叉前端装有分离轴承，该分离轴承松套在变速器第一轴轴承盖的分离轴承导套的外圆面上，在分离轴承回位卡的作用下，以其两侧的凸台平面抵靠在分离叉两股圆弧表面上。分离叉以其中段分离叉座支承在飞轮中的球头螺栓上，其外侧拨叉的延伸端伸出飞轮壳与离合器操纵机构相连。分离叉以球头螺栓为支点向前移动，推动分离轴承向飞轮方向移动，从而对分离杠杆内端施加推力。由于离合器工作时分离轴承外壳并不转动，而分离杠杆则是随离合器壳和压盘转动，故为了避免二者之间的直接摩擦，设置分离轴承结构形式为推力式或径向推力式。

2）分离杠杆

分离杠杆一般有3～6个，用薄钢板冲压制成，随离合器主动部分一起旋转，其内端与分离轴承相连，外端与压盘相连，中间由支承柱支承，采用支点移动。其支承柱的前端插入压盘相应孔中，中部有方孔，通过浮动销支承在方孔的平面上，并用扭簧使它们靠紧，后端用调整螺母的球面支承在离合器盖相应的孔上。这种方式结构简单，且分离杠杆的高度是通过螺母调整支点高度来调整的。

3）带分离轴承的分离套筒

离合器分离时，分离套筒沿其轴线移动，推动分离轴承向前移动，推动分离叉内端向前摆动，分离叉外端使压盘后移，实现离合器分离（在正常情况下分离轴承与分离叉的间隙为1～3mm）。分离轴承广泛采用轴向或径向推力轴承，在轴承装配之前一次加足润滑脂，是封闭式预润滑轴承。在小尺寸的离合器上也采用结构简单的石墨滑动轴承。有的离合器在分离叉内端用卡簧浮动地安装一个分离环一起转动，利用其环形平面与分离轴承接触传动，降低了滑动接触面的单位压力，减小了磨损。分离杠杆随离合器主动部分一起旋转，与分离轴承间存在周向滑动和径向滑动，当二者在旋转中不同心时，径向滑动加剧。为了消除因不同心引起的磨损，在膜片弹簧式离合器中广泛采用自动调心式分离轴承。

按传动方式划分，离合器操纵机构有机械式、液压助力式和气压助力式3种。下面分别介绍这三种离合器的操纵机构。

1) 机械式离合器操纵机构

捷达乘用车离合器的操纵机构不仅颇具特色，而且和离合器一样，是国产乘用车中独一无二的能够自动调节离合器踏板自由行程的新型机构。它由外部操纵机构和内部操纵机构两大部分组成。

(1) 外部操纵机构采用的是一种新型拉索式机构，它具有自动调整离合器踏板自由行程的功能，如图1.6所示。拉索护套上端固定在驾驶室的底板上，拉索护套下端固定在拉索下端固定架上。在拉索护套的下端安装有波顿拉索弹簧，拉索护套的末端固连有锁止锥块，锁止锥块外面包着滚子保持架及滚子，在滚子保持架的下部是夹持块。拉索的上端固连在踏板臂上，拉索的下端固定在离合器分离臂口上。分离杠杆轴安装在变速器壳体内。

驾驶人在踩下离合器踏板后，先要消除固定间隙，然后才能开始分离离合器，为消除这一间隙所需要的离合器踏板行程称为离合器踏板自由行程，自由行程为30~40mm。自动调整拉索机构的工作原理如下。

① 静止时，锁止锥块在外壳体上端波顿拉索弹簧张力的作用下固定在滚子保持架内，锁止锥块和滚子不接触。

② 当踏下离合器踏板时，拉索被踏板臂拉出。拉索试图在上、下固定点之间沿直线运动，而拉索护套的弧度(拉索在任何情况下都不应是一条直线，它应是在上、下固定点之间的一条自由曲线，否则就无法补偿离合器踏板自由行程的变化)则阻碍了这种运动趋势。此外，随着离合器踏板的踏下及拉索的拉出，拉索上、下固定端点之间的弧长势必要缩短，若忽略拉索护套的微量变形，则拉索护套下端及固定在护套下端的锁止锥块一同下移，直到锁止锥块将滚子保持架上的滚子楔紧在外壳的内壁上。此时，离合器踏板自由行程自调机构被锁死。此拉索机构的工作情况和普通拉索机构一样，即拉索机构将离合

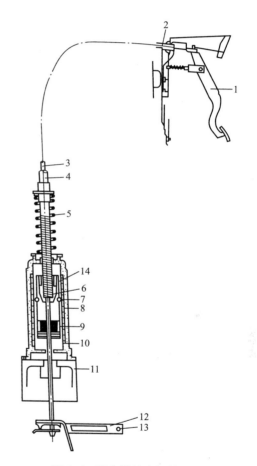

图1.6 离合器拉索调整机构

1—离合器踏板；2—拉索上端固定点；3—拉索；4—拉索护套；5—波顿拉索弹簧；6—锁止锥块；7—滚子；8—滚子保持架；9—夹持块；10—外壳体；11—拉索下端固定架；12—离合器分离臂；13—分离杠杆轴；14—拉索弹簧

器分离臂拉起一定的角位移,分离杠杆轴随之转动一定角度,进而通过安装在变速器内的内部操纵机构使离合器分离。

③ 当松开离合器踏板时,在内部操纵机构回位弹簧的作用下,离合器分离臂带动拉索下端下移,夹持块在拉索摩擦力的作用下被拉到滚子保持架的底部。同时,拉索护套的下部在波顿拉索弹簧张力的作用下,带动固连在护套末端的锁止锥块上移,并脱离与滚子的接触,锁止机构被松开,滚子保持架在夹持块和拉索弹簧的共同作用下,保持在一个适当的位置上。

离合器踏板自由行程的大小与滚子保持架在外壳体内的位置有关,而滚子保持架在壳体内的位置,是在锁止机构松开状态下由波顿拉索弹簧、拉索弹簧及夹持块与拉索之间的摩擦力决定的。离合器踏板处在自由状态时,离合器分离臂活动端不断下移,在回位弹簧的作用下,拉索及拉索护套下部克服波顿拉索弹簧的张力,随离合器分离臂的活动端一起下移;同时,夹持块在拉索摩擦力的作用下,带动滚子保持架向下移动与拉索护套相同的距离,该距离便是摩擦片磨损所需要的修正量,从而起到了自动调整离合器踏板自由行程的作用。

(2) 内部操纵机构如图 1.7 所示,离合器内部操纵机构主要由分离盘、轴中心的推杆、分离轴承、分离杠杆、回位弹簧及一端固定在离合器分离臂上的分离杠杆轴等组成。当踏下离合器踏板时,拉索机构拉动离合器分离臂,并带动分离杠杆轴转动,分离杠杆压向分离轴承,进而推动推杆和分离盘使离合器分离。

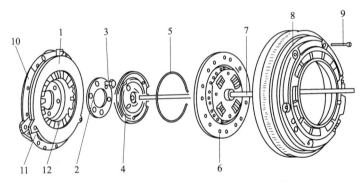

图 1.7 捷达乘用车离合器内部操纵机构

1—压盘;2—中间盘;3—螺栓;4—分离盘;5—卡簧;6—从动盘;
7—离合器推杆;8—飞轮;9—螺栓;10—离合器盖;11—传动片;12—膜片弹簧

2) 液压助力式离合器操纵机构

液压助力式离合器操纵机构的结构如图 1.8 所示,主要由主缸、工作缸及管路系统组成。

液压式操纵机构具有摩擦阻力小、传动效率高、质量轻、接合柔及布置方便等优点,并且不受车身车架变形的影响,因此应用广泛。例如,桑塔纳 2000GSI 型乘用车、一汽红旗 CA7220 型乘用车、宝来、奥迪 100 型轻型越野车等的离合器均采用液压式操纵机构。

桑塔纳 2000GSI 型汽车离合器液压操纵机构主要由离合器踏板、储液罐、进油软管、主缸、工作缸、油管总成、分离板、分离轴承等组成。储液罐有两个出油孔,分别把制动液输送到制动总泵和离合器液压操纵系统。

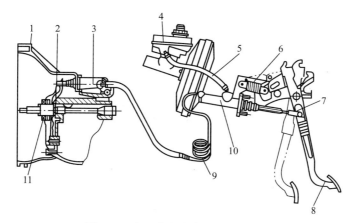

图 1.8 液压助力式离合器操纵机构

1—变速器壳体；2—分离板；3—工作缸；4—储液罐；5—进油软管；
6—回位弹簧；7—推杆插头；8—离合器踏板；9—油管总成；10—主缸；11—分离轴承

主缸结构如图 1.9 所示。主缸补偿孔 A、进油孔 B 通过进油软管与储液罐相通。主缸体内装有活塞，活塞中部较细，且为十字形断面，使活塞右方的主缸内腔形成油室。活塞两端有皮碗。活塞中部装有止回阀，经小孔与活塞右方主缸内腔的油室相通。当离合器踏板处于初始位置时，活塞左端皮碗位于补偿孔 A 与进油孔 B 之间，两孔均开放。

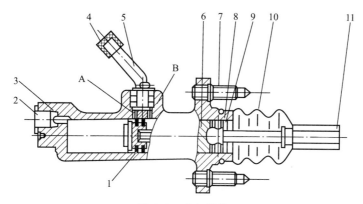

图 1.9 主缸结构

1—皮碗；2—保护塞；3—壳体；4—保护套；5—管接头；6—阀芯；
7—固定螺栓；8—卡簧；9—挡圈；10—护套；11—推杆；A—补偿孔；B—进油孔

踩下离合器踏板时，通过主缸推杆使活塞向左移动，止回阀关闭。当皮碗将补偿孔 A 关闭后，管路中油液压力升高，在油压作用下，工作缸活塞向右移，工作缸推杆顶头直接推动分离板，从而带动分离轴承，使离合器分离。工作缸的结构如图 1.10 所示。

工作缸活塞直径为 22.2mm，主缸活塞直径为 19.05mm。由于前者略大于后者，故液压系统稍有增力作用，以补偿液流通道的压力损失。当迅速放松离合器踏板时，踏板复位弹簧通过主缸推杆使主缸活塞较快右移，而由于油液在管路中流动有一定阻力，故流动较慢，使活塞左面形成一定的真空度。在左、右压力差的作用下，少量油液通过进油孔经

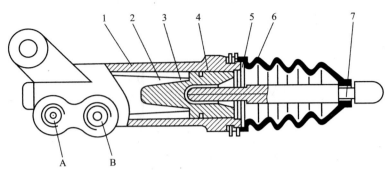

图 1.10 工作缸结构

1—壳体；2—活塞；3—管接头；4—皮碗；5—挡圈；6—护套；7—推杆；A—补偿孔；B—进油孔

过主缸活塞的止回阀流到左面。当原先已由主缸压到工作缸的油液又流回到主缸时，由于已有少量补偿油液经止回阀流入，故总油量过多。这多余的油液即从补偿孔 A 流回储液罐。当液压系统中因漏油或因温度变化引起油液的容积变化时，就会借补偿孔 A 适时地使整个油路中油量得到适当的增减，以保证正常油压和液压系统工作的可靠性。

目前，欧洲开始流行将离合器的分泵直接和分离轴承集成在一起，成为同心式分缸，如图 1.11 所示。同心式分缸的主要优点是，简化了离合器操纵传动的组装，可在一个紧凑的分缸单元里集成多种功能，如尖峰转矩限制功能（即在分缸内有一开闭式流道，能随时改变流道大小，在离合器分离时可使液流变慢增加接合时间，而分离时却毫无阻力）和踏板阻尼功能（减小操纵系统工作时踏板的振动）等。

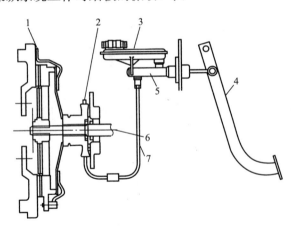

图 1.11 同心式分缸布置图

1—离合器总成；2—同心式液压分缸；3—主缸储液罐；
4—离合器踏板；5—液压主缸；6—变速器输入轴；7—管路

把同心式分缸通过轴承直接安装在离合器盖上，这不仅可使发动机曲轴在离合器分离时免受轴向力作用，还可减轻曲轴发生轴向运动时引发的转矩波动，以免造成离合器接合时的抖动。

3) 气压助力式离合器操纵机构

气压助力式离合器操纵机构一般是利用由发动机带动的空气压缩机作为主要的操纵能

源，驾驶人的肌体则作为辅助和后备的操纵能源。由于包括空气压缩机、气罐在内的一整套压缩空气源结构复杂，所以单为离合器操纵机构设置整套能源系统是不适宜的，一般都是与汽车的气压制动系统及其他气动设备共用一套压缩空气源。

（1）结构。东风系列载货汽车多采用液压操纵、气压助力形式，它主要由储液罐、离合器主缸、离合器助力器组成，如图1.12所示。

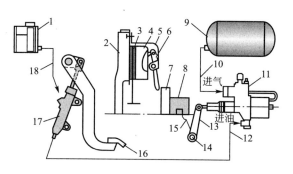

1.12 东风系列载货汽车离合器

1—储液罐；2—飞轮；3—从动盘；4—压盘；5—离合器盖；6—膜片弹簧；
7—分离轴承；8—分离套筒；9—气罐；10—气管；11—助力器；12、18—油管；
13—分离臂；14—分离叉轴；15—分离叉；16—踏板；17—主缸

（2）新型离合器助力器。新型离合器助力器如图1.13所示，进气口连接气罐，进油口连接离合器主缸，推杆1与离合器相连。

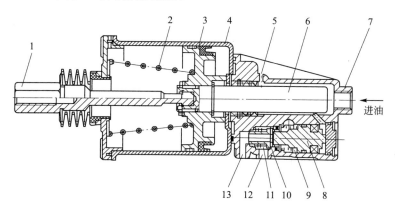

1.13 新型离合器助力器

1—推杆；2、9、11—回位弹簧；3—动力活塞；4—动力缸；5—放气口；
6—活塞；7—液压缸；8—控制活塞；10—阀门；12—进气口；13—排气口

未踩离合器踏板时，控制活塞腔内的油压较低，在回位弹簧9的作用下控制活塞8处于最后端，此时阀门10的进气口12关闭，排气口13开启。动力缸4与大气相通，无压缩空气助力。

踩下离合器踏板时，主缸的液压油推动活塞6向前移动，同时液压油作用在控制活塞8上，控制活塞8向前移动，阀门10的排气口关闭，进气口打开，压缩空气进入动力缸内并作用在动力活塞3上，动力活塞将气压助力传给活塞6，推动推杆1向前移动，离合器分离。

当离合器踏板停在某一位置时,液压缸7内产生的油压一定,由于压缩空气同时还作用在控制活塞8上,当控制活塞8所受的气压作用力与液压作用平衡时,控制活塞8将在回位弹簧9的作用下向后移动,阀门10的进气口将关闭,同时排气口仍关闭,因此动力缸4的气压稳定,气压助力的大小确定,即助力器推杆输出推力与踏板行程呈线性关系,它具有随动性。

当松开离合器踏板时,液压缸7内的油压下降,在回位弹簧的作用下控制活塞向后移动,打开阀门10的排气口,动力缸内的压缩空气经排气口排出,动力活塞和活塞6在回位弹簧2的作用下回位,推杆1回位,离合器接合。

1.1.2 离合器的工作原理

1. 接合状态

离合器处于接合状态时,压紧弹簧使压盘、飞轮及从动盘互相压紧。发动机转矩经飞轮及压盘通过摩擦面的摩擦力矩传递到从动盘,再经变速器输入轴向传动系统输入,如图1.14(a)所示。

2. 分离过程

踩下离合器踏板时,离合器分泵向前移动带动分离叉向前移动,分离叉内端则通过分离轴承推动分离杠杆内端向前移动,分离杠杆外端依靠安装在离合器盖上的支点拉动压盘向后移动,使其在进一步压缩压紧弹簧的同时解除对从动盘的压力。这样离合器的主动部分处于分离状态而中断动力的传递,如图1.14(b)所示。

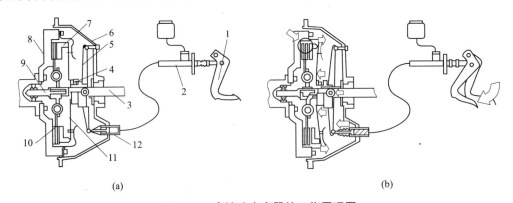

图1.14 摩擦式离合器的工作原理图

1—踏板;2—离合器总泵;3—从动轴;4—分离轴承;5—分离叉;
6—飞轮壳;7—压盘;8—飞轮;9—花键轴;10—从动盘;11—压紧弹簧;12—离合器分泵

3. 接合过程

若要接合离合器,驾驶人应松开离合器踏板,控制操纵机构使分离轴承和分离叉向后移,压盘弹簧的张力迫使压盘和从动盘压向飞轮。发动机转矩再次作用在离合器从动盘摩擦面和花键毂上,从而驱动变速器的输入轴。

1.2 离合器拆卸与装配

帕萨特 B5 乘用车离合器操纵机构的踏板支架总成如图 1.15 所示。

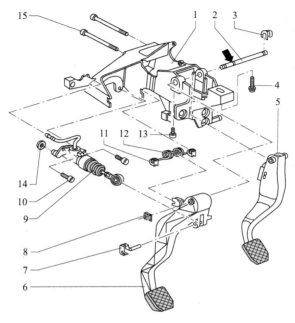

图 1.15 踏板支架总成
1—支架;2—用于离合器踏板和制动踏板的定位销;3、8—卡簧;4、10、13—内六角螺栓;
5—制动踏板;6—离合器踏板;7—销;9—主动缸;11—支承;
12—过死点弹簧;14—密封圈;15—梅花螺栓(25N·m)

1.2.1 离合器踏板拆卸和装配

1. 离合器踏板和过死点弹簧的拆卸

(1) 拉出离合器踏板上方的开关。

(2) 把离合器踏板同主动缸分开,如图 1.16 所示(箭头"1"和箭头"2"所指),操纵杆向发动机室方向压至挡块。

(3) 用螺钉旋具把离合器踏板卡簧从定位销上压出。

(4) 旋出螺栓,如图 1.17 箭头所示。

(5) 向右按压离合器踏板和制动踏板的定位销,至离合器踏板取出。

(6) 用螺钉旋具把制动踏板的卡簧从定位销上压出。

(7) 取出离合器踏板和过死点弹簧。

2. 离合器踏板和过死点弹簧的安装

以与拆卸相反的顺序进行安装离合器踏板和过死点弹簧,应注意以下三点:

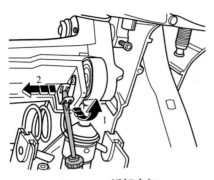
图1.16 拆卸主缸

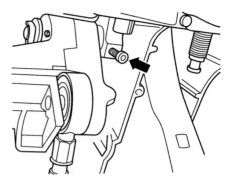
图1.17 旋出螺栓

（1）对准离合器踏板的定位销，使它离开支架，在离合器踏板的侧面显示出来，如图1.18箭头所示。

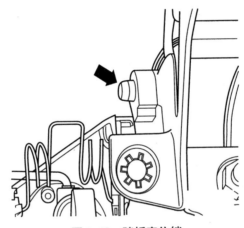
图1.18 踏板定位销

（2）将离合器踏板首先钩入过死点弹簧中，并与工作缸相结合，然后插到定位销上。

（3）当两个锁紧垫圈置于离合器踏板的定位销上后，才能拧紧螺栓，如图1.17箭头所示。

1.2.2 液压系统拆卸与装配

液压系统组成如图1.19所示。

1. 液压系统主动缸拆卸

旋下控制器的防护罩，置于一侧。拉出通往制动液的回流管A并封闭，拧松主动缸的管道B并封闭，如图1.20所示。其目的是避免制动液进入散热器到达下方的变速器中。拆卸仪表板下方的盖板，使主动缸与离合器踏板分开，由车厢向外拧松主动缸的螺钉，拆下主动缸。

2. 液压系统主动缸安装

按相反的顺序进行安装，安装时应注意以下两点：

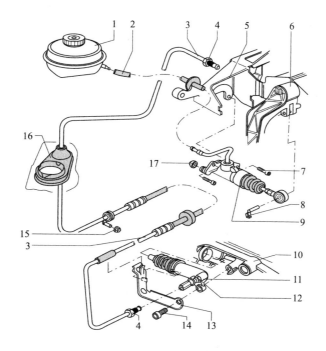

图 1.19　离合器液压系统组成

1—制动液体容器；2—回流软管；3—制动软管管道；4—接管螺母(15N·m)；5—支架；
6—离合器踏板；7、14—内六角螺栓；8—销；9—主动缸；10—变速器；11—工作缸；
12—排气阀；13—固定支架；15—六角螺母(25N·m)；16、17—密封圈

(1) 把回流软管装至储存容器上并且按到底。

(2) 装入主动缸后应对离合器装置进行排气。

对离合器装置进行排气的方法：插上工作缸的排气软管 A，打开排气阀，用制动液充放仪和排气软管对离合器装置进行排气，如图 1.21 所示。若变速器下方有缓冲槽，则应拆除。排气过程结束后，应踩几次离合器踏板。

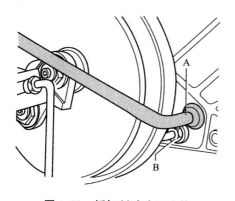

图 1.20　拆卸制动液回流管
A—回流管；B—管道

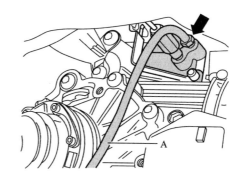

图 1.21　离合器装置排气
A—排气软管

1.3 离合器检修

1.3.1 离合器操纵机构检修

1. 离合器分离轴承检修

帕萨特 B5 乘用车离合器分离机构的结构如图 1.22 所示。

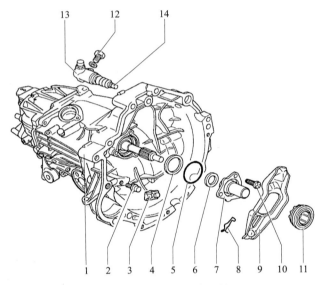

图 1.22 离合器分离机构

1—变速器；2—球头螺栓(铝制：25N·m；镁制：20N·m)；3—分离支点；4—盘形弹簧；5—O形密封圈；6—用于主动轴的密封圈；7—导向轴套；8—固定弹簧；9—离合器分离杆；10—内梅花螺栓；11—分离轴承；12—六角螺栓(20N·m)；13—工作缸；14—推杆

分离轴承的检修：分离轴承应转动灵活，但其常因保养不当引起缺油而发出异响，或因自然磨损而松旷甚至损坏。检查时，用手压紧轴承内套转动，若有阻滞，则为轴承座或钢球磨损，应予更换；若转动灵活，但稍有"沙沙"的响声，则为缺油现象。值得注意的是，轴承是永久润滑的，不需要擦拭或润滑。

分离轴承缺油时，加油的方法有如下两种：

(1) 用润滑油和润滑脂各 50% 加温溶解后，将轴承放入油内浸煮(温度不可过高，以免变质)。待冷却后，将轴承取出，清除外部的油脂。

(2) 用注油管将轴承接在注油软管上，用黄油枪加注润滑脂。

2. 离合器踏板衬套磨损检修

若衬套与踏板轴间隙过大，应从踏板上冲出衬套，并更换。

3. 离合器分离叉轴衬套磨损检修

若衬套与离合器分离叉轴的间隙过大,应更换衬套。

1.3.2 离合器踏板主、从动部分检修

离合器主、从动部分零件如图 1.23 所示。更换离合器从动盘和压盘之前,应当检查离合器和离合器操纵机构的故障。当离合器从动盘和压盘损坏或铆接松动时应更换。

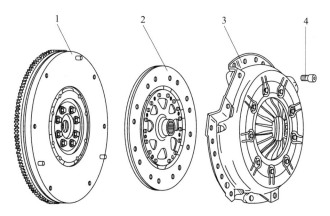

图 1.23　离合器主、从动部分零件
1—飞轮;2—离合器从动盘;3—压盘;4—螺栓(25N·m)

1. 离合器从动盘检修

离合器从动盘的主要损伤形式是变形、翘曲、烧蚀、破裂或铆钉连接松动及花键键齿磨损等。

用游标卡尺测量铆钉头的埋入深度 t,如图 1.24 所示,使其符合规定值。摩擦衬片磨损应均匀。在从动盘(带摩擦衬片)距外边缘 12.5mm 处测量其端面跳动量不应大于 0.5mm,否则应校正。用百分表测量从动盘径向跳动,如图 1.25 所示。超过规定值后,可用扳钳校正从动盘,如图 1.26 所示。

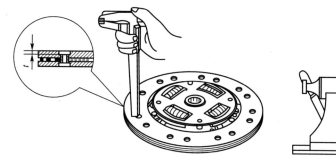

图 1.24　从动盘摩擦衬片的检查

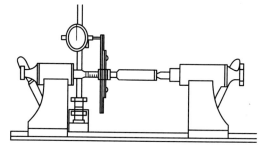

图 1.25　从动盘径向跳动的检查

安装离合器从动盘时,应清洁变速器输入轴的花键及离合器从动盘的内花键孔,除去锈蚀并涂抹一层润滑脂。装在变速器输入轴花键上时,应能来回移动,直至在变速器输入

轴上移动轻便为止，清除多余的润滑脂。

2. 膜片式弹簧端部检修

膜片式弹簧厚度允许磨损至一半，如图 1.27 所示。

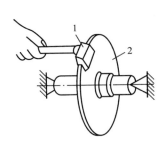

图 1.26　从动盘的校正

1—扳钳；2—从动盘

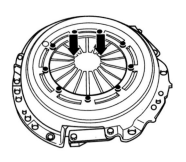

图 1.27　膜片式弹簧端部

膜片弹簧变形的检查：用专用维修工具和塞尺或百分表测量弹簧内端，此时应在同一平面内，最大变形量不得超过 0.5mm。

3. 飞轮检修

飞轮与离合器从动盘摩擦衬片接触表面应没有油污；若飞轮出现沟槽、破裂或失去平衡应更换；飞轮上的定位销应紧固到位。

飞轮的连接螺栓固定到曲轴上时，应按对角线逐渐拧紧，拧紧力矩为 20N·m，然后再转 1/4 圈。

飞轮上的上止点传感器的插入深度必须适应不同尺寸的飞轮，所以在离合器壳体上有两种不同颜色的连接插头。

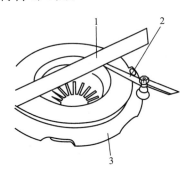

图 1.28　压盘翘曲度的测量

1—直尺；2—塞尺；3—压盘

4. 离合器压盘检修

离合器压盘平面度误差不应超过 0.2mm，检查方法是用直尺平放在压盘平面上，以塞尺检查测量直尺与压盘平面之间的最大间隙，以及压盘是否有过度烧蚀、斑点、刮痕或不平等现象，如图 1.28 所示。对于轻度的不平或烧蚀，可进行光磨修复；而对于严重的刮痕甚至出现裂纹引起离合器工作振抖时，则必须更换离合器压盘。

1.3.3　离合器踏板行程调整

1. 离合器踏板自由行程调整

离合器踏板自由行程是指分离轴承与膜片弹簧爪端面之间间隙反映到踏板上的自由活动量。

离合器经拆检装配后或汽车每行驶 10000km，应检查调整踏板自由行程。帕萨特 B5

乘用车的离合器踏板自由行程的规定值为 5~15mm，若不在此规定值范围内，可通过调整螺母 2 和 3 进行调整，如图 1.29 所示。具体方法是松开锁紧螺母，旋进或旋出调整螺母，旋进调整螺母，踏板自由行程变小，反之则变大。

2．离合器踏板有效行程调整

离合器踏板有效行程是指踏板在自由状态下至踏到底时所经过的距离。帕萨特 B5 乘用车的离合器踏板有效行程应不小于 140mm，如图 1.29 所示，若不当可通过离合器踏板有效行程限位螺钉 4 及锁紧螺母 5 进行调整，如图 1.29 所示。

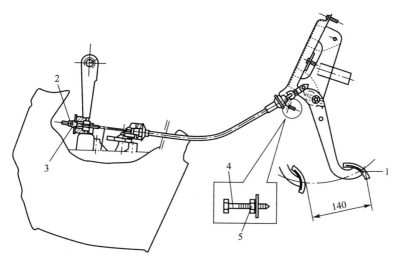

图 1.29　离合器操纵机构
1—踏板；2—调整螺母；3—踏板自由行程调整螺母；4—踏板有效行程限位螺钉；5—锁紧螺母

1.4　离合器常见故障诊断与排除

离合器常见的故障有打滑、分离不彻底、发响和起步发抖等，其故障现象、故障原因及排除方法如表 1-1 所示。

表 1-1　离合器常见故障现象、故障原因与排除方法

故障现象	故障原因	排除方法
打滑	踏板自由行程过小或没有	调整踏板自由行程
	摩擦片磨损变薄、硬化、有油	更换摩擦片
	压盘严重磨损	更换压盘
	膜片弹簧弯曲变形	校正或更换
	压盘与飞轮的固定螺栓松动	紧定

（续）

故障现象	故障原因	排除方法
分离不彻底	踏板自由行程过大	调整踏板自由行程
	膜片弹簧指端不在同一平面上	调整
	从动盘翘曲、铆钉松脱、新换的摩擦片过厚	更换摩擦片
	从动盘键槽与变速器输入轴键锈蚀，使从动盘移动困难	清洗除锈，涂油润滑
发响	分离轴承磨损或缺油	注油或更换轴承
	轴承回位弹簧过软、脱落或折断	更换回位弹簧
	从动盘花键与变速器输入轴配合松旷	更换从动盘
起步发抖	从动盘翘曲	更换从动盘
	摩擦片上有油或硬化，铆钉外露	更换摩擦片
	扭转减振弹簧失效	更换从动盘
	膜片弹簧弯曲变形	校正
	变速器与飞轮壳或离合器盖与飞轮固定螺栓松动	紧定松动的螺栓

注：离合器分离轴承不可洗涤，只能擦净，当出现响声时应予更换。

 习 题

1. 简述离合器的结构组成。
2. 简述离合器的工作原理。
3. 简述离合器踏板和过死点弹簧的拆装步骤。
4. 简述离合器液压系统的拆装过程。
5. 如何调整离合器踏板行程？
6. 简述离合器从动盘的检修过程。
7. 如何对离合器的分离轴承进行检修？
8. 简述离合器的常见故障与排除方法。

第 2 章 汽车变速器检修

教学目标

掌握汽车手动变速器的基本构造、传动变速原理、换挡操作机构工作原理及同步器工作原理,熟悉汽车手动变速器的拆卸与检修过程,掌握自动变速器的基本结构与工作原理,熟悉自动变速器检修内容与方法,了解手动变速器与自动变速器常见故障的诊断方法。

教学要点

知识要点	能力要求	相关知识
手动变速器	掌握汽车手动变速器的基本构造、传动变速原理、换挡操作机构工作原理及同步器工作原理,熟悉汽车手动变速器的拆卸与检修过程	手动变速器构造、齿轮传动结构工作原理、换挡操作机构工作原理、同步器工作原理、手动变速器的拆卸与检修
自动变速器	掌握自动变速器的基本结构与工作原理,熟悉自动变速器检修内容与方法	液力耦合器和液力变矩器结构与工作原理、自动变速器油泵结构与工作原理、自动变速器变速机构结构与工作原理、换挡执行机构结构与工作原理、自动变速器检修
故障诊断	了解手动变速器与自动变速器常见故障的诊断方法	手动变速器故障诊断、自动变速器故障诊断

汽车变速器是汽车传动系统的重要组成部分，其作用主要如下。

（1）改变传动比和驱动转矩，扩大驱动车轮转矩和转速的变化范围，以适应经常变化的行驶条件，同时使发动机在有利（功率较高而油耗较低）的工况下工作。

（2）在发动机旋转方向不变的情况下，使汽车能倒退行驶。

（3）利用空挡中断动力传递，使发动机能够起动及急速运行。

汽车变速器一般由变速传动机构和操纵机构组成，需要时，还可以加装动力输出器。汽车变速器主要有两种分类方法：按传动比变化方式不同分类及按操纵方式不同来分类。按传动比变化方式不同，汽车变速器可以分为有级变速器和无级变速器；按操纵方式不同，汽车变速器可以分为手动变速器和自动变速器。

2.1 手动变速器的构造与工作原理

汽车手动变速器主要由齿轮变速机构和挡位操纵机构两个部分组成，齿轮变速机构的主要作用是改变传动比与转矩，而挡位操纵机构的作用是实现挡位的变化，即实现换挡功能。

2.1.1 手动变速器的构造

汽车上常见的手动变速器有两轴式、三轴式两种类型，其中两轴式手动变速器主要用于发动机前置前桥驱动的汽车上，三轴式手动变速器主要用于发动机前置后桥驱动的汽车。

两轴式手动变速器主要依靠两根相互平行的轴（输入轴和输出轴）完成动力传递，为了实现倒挡，在两根主轴旁边，还有一根较短的倒挡轴。动力从输入轴（第一轴）输入，经一对齿轮传动后，直接由输出轴（第二轴）输出。

1. 两轴式手动变速器

图 2.1 为捷达乘用车上常见的 02 KA 型 5 挡变速器（具有 5 个前进挡、1 个倒挡），该手动变速器为典型两轴式手动变速器。其主要结构可以分为壳体、齿轮变速机构、挡位操纵机构 3 大部分。

02 KA 型 5 挡变速器壳体 5 前面为离合器壳体 11，后面为后壳体 28。输入轴 1 的两端分别利用滚针轴承 12 和球轴承 2 支承在变速器壳体上，在轴上加工出 2 挡、倒挡和 1 挡主动齿轮 8、9、10，轴前部通过花键与离合器从动盘毂连接。3、4、5 挡主动齿轮 7、3、1 上有接合齿圈，它们都通过滚针轴承套装在输入轴上。输出轴 24 由 3 个轴承支承，前端的两个圆锥滚子轴承 14、15 大端向内布置在主减速器主动小齿轮 16 的两侧，分别支承在变速器壳体的前部和离合器壳体上，承受着轴向力并提高了主动小齿轮的支承刚度，后端采用圆柱滚子轴承 27 支承在变速器壳体的后部。1、2 挡从动齿轮 18、20 空套在输出轴上，其上有接合齿圈，3、4、5 挡从动齿轮 21、23 和 25 通过花键和轴用挡圈与输出轴固定在一起，而输出轴上的倒挡从动齿轮 19 与 1、2 挡接合套做成一体。接合套 4、29 及 19 分别套在各自花键毂的外面。花键毂通过其内花键与轴上的外花键过盈配合，并且不能做轴向移动（用卡环限位），其外圆表面上均制有与其相邻齿轮的接合齿圈齿形完全相同

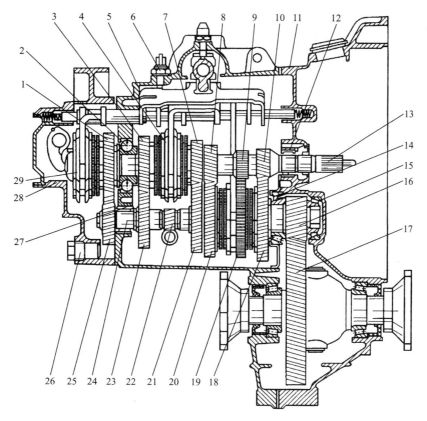

图 2.1　02 KA 型 5 挡变速器结构图

1—输入轴；2、12、14、15、27—轴承；3—输入轴 4 挡齿轮；4、29—接合套；5—变速器壳体；6—通气塞；7—输入轴 3 挡齿轮；8—输入轴 2 挡齿轮；9—输入轴倒挡齿轮；10—输入轴 1 挡齿轮；11—离合器壳体；13—输入轴；16—主减速器主动齿轮；17—主减速器从动齿轮；18—输出轴 1 挡齿轮；19—输出轴倒挡齿轮；20—输出轴 2 挡齿轮；21—输出轴 3 挡齿轮；22—车速里程表传动齿轮；23—输出轴 4 挡齿轮；24—输出轴；25—输出轴 5 挡齿轮；26—放油塞；28—后壳体

的外花键，分别与相应的具有内花键的接合套接合。接合套可在花键毂上轴向滑动。

倒挡轴（图中未画出）的两端支承在变速器壳体上，在支承位置处加工有一个径向小孔，从壳体底部拧入一个螺钉使头部卡在小孔上，防止其转动和轴向移动。倒挡中间齿轮空套在该轴上（不用滚针轴承），可轴向滑动，空挡时与输入轴和输出轴的倒挡齿轮不在同一平面上。为了减少摩擦引起的零件磨损及功率损耗，壳体内注入润滑油，并通过飞溅润滑方式润滑各齿轮副、轴与轴承等零件的工作表面。后壳体上开有加油口，壳体底部有放油塞 26。油面高度即由加油口位置控制，一般应超过输出轴的中心线。工作时齿轮转动将润滑油甩起来，使变速器内部充满油雾和油滴，实现对各工作表面的润滑。为防止润滑油从输入轴与轴承盖之间的间隙流入离合器而影响其摩擦性能，在轴承盖内安装了油封总成，轴承盖内孔中有回油槽，可以防止漏油。为防止变速器工作时由于油温升高，气压增大而造成润滑油渗漏现象，在变速器壳体上面装有通气塞 6。

桑塔纳乘用车手动变速器结构如图 2.2 所示，该变速器也为两轴式手动变速器，其变速传动机构的输入轴和输出轴平行布置，输入轴也是离合器的从动轴，输出轴也是主减速器的主动锥齿轮轴。该变速器具有5个前进挡和1个倒挡，全部采用锁环式惯性同步器换挡。输入轴上有1~5挡主动齿轮，其中1、2挡主动齿轮与轴制成一体，3、4、5挡主动齿轮通过滚针轴承空套在轴上。输入轴上还有倒挡主动齿轮，它与轴制成一体。3、4挡同步器和5挡同步器也装在输入轴上。输出轴上有1~5挡从动齿轮，其中1、2挡从动齿轮通过滚针轴承空套在轴上，3、4、5挡齿轮通过花键套装在轴上。1、2挡同步器也装在输出轴上。在变速器壳体的右端还装有倒挡轴，上面通过滚针轴承套装在倒挡中间齿轮上。

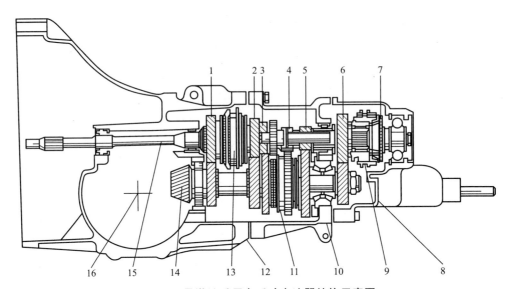

图 2.2　桑塔纳乘用车手动变速器结构示意图

1—4挡齿轮；2—3挡齿轮；3—2挡齿轮；4—倒挡齿轮；5—1挡齿轮；
6—5挡齿轮；7—5挡齿轮运行齿环；8—换挡机构壳体；9—5挡同步器；10—变速器箱箱体；
11—1、2挡同步器；12—变速器壳体；13—3、4挡同步器；14—输出轴；15—输入轴；16—差速器

两轴式变速器没有直接挡，在高挡工作时，齿轮和轴承均承载，因而噪声比较大，也增加了磨损。但是两轴式变速器结构紧凑，非常适合乘用车上使用。

2. 三轴式手动变速器

三轴式手动变速器主要有3根轴：第一轴（输入轴）、中间轴和第二轴（输出轴）。第一轴和第二轴在同一轴线上，并且与中间轴平行，此外还有倒挡轴。图2.3为中型货车等汽车常用的三轴式手动变速器，其结构也可以分为壳体、齿轮变速机构、挡位操纵机构3大部分。

由于三轴式手动变速器的输入轴与输出轴处于同一轴线上，若输入轴、输出轴直接连接起来传递转矩，则成为直接挡，此时，齿轮、轴承及中间轴均不承载，动力几乎没有损耗，传递效率很高，磨损及噪声也最小，这是三轴式手动变速器的主要优点。其他前进挡的动力传递需依次经过两对齿轮啮合，因此传动比范围较大，这是三轴式手动变速器的另一优点。当然，由于传动经过两次齿轮副传动，传动效率也有所下降，多了中间轴，变速器尺寸肯定要大一些，这些都是三轴式手动变速器的缺点。

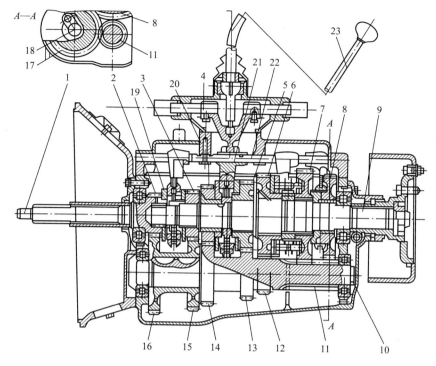

图 2.3 三轴式手动变速器结构图

1—第一轴；2—第一轴常啮合齿轮；3—第二轴 5 挡齿轮；4—第二轴 4 挡齿轮；5—第二轴 3 挡齿轮；6—第二轴 2 挡齿轮；7—第二轴 1 挡齿轮；8—第二轴倒挡齿轮；9—第二轴；10—中间轴；11—中间轴 1 挡齿轮；12—中间轴 2 挡齿轮；13—中间轴 3 挡齿轮；14—中间轴 4 挡齿轮；15—中间轴 5 挡齿轮；16—中间轴常啮合齿轮；17—倒挡中间齿轮；18—倒挡轴；19—5、6 挡结合套和同步器；20—自锁机构；21—3、4 挡拨叉；22—3、4 挡拨叉轴；23—变速杆

2.1.2 手动变速器齿轮传动机构的工作原理

手动变速器为定轴变速器，其齿轮变速机构利用不同齿数的齿轮之间的相互啮合传动，来改变传动比与转矩。

一对不同齿数的齿轮啮合传动可以变速，设主动齿轮齿数为 Z_1，从动齿轮齿数为 Z_2，主动齿轮转速为 n_1，从动齿轮转速为 n_2，则传动比 i_{12} 可以表示为

$$i_{12}=\frac{n_1}{n_2}=\frac{Z_2}{Z_1}$$

如图 2.4(a) 所示，当小齿轮作为主动齿轮（$Z_1>Z_2$）时，其转速经大齿轮传出后就降低了，即为减速传动，此时传动比 $i_{12}>1$；如图 2.4(b) 所示，当以大齿轮为主动齿轮（$Z_1<Z_2$）时，即称为增速传动，此时传动比 $i_{12}<1$。这就是齿轮传动及变速的原理。

一对齿轮传动只能得到一个固定的传动比，手动变速器中为了得到多个传动比，通常都采用多组大小不同的齿轮啮合传动，这样就构成了多个不同的挡位。图 2.5 所示为两级齿轮传动示意图。第一级传动中，小齿轮 1 为主动齿轮，其转速为 n_1，齿数为 Z_1；大齿轮 2 为从动齿轮，转速为 n_2，齿数为 Z_2。第二级齿轮传动中，齿轮 3 为主动齿轮，转速

为 n_3，齿数为 Z_3；齿轮 4 为从动齿轮，转速为 n_4，齿数为 Z_4。

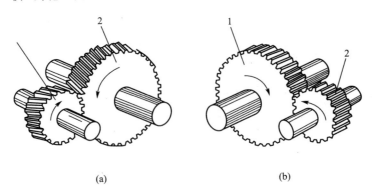

图 2.4 齿轮传动原理图
1—主动齿轮；2—从动齿轮

经过两对齿轮传动，总传动比 i_{14} 可表示为

$$i_{14}=i_{12}\times i_{34}=\frac{n_1}{n_2}\times\frac{n_3}{n_4}=\frac{Z_2}{Z_1}\times\frac{Z_4}{Z_3}$$

因为齿轮 2 和齿轮 3 在同一根轴上，故 $n_2=n_3$，上式也可变为

$$i_{14}=\frac{n_1}{n_4}=\frac{Z_2 Z_4}{Z_1 Z_3}$$

理想的齿轮传动过程遵守能量守恒定律，输入轴（主动齿轮）的功率输入 P_1 应等于输出轴（从动齿轮）的功率输出 P_2，即

$$P_1=\frac{M_1 n_1}{9550}=P_2=\frac{M_2 n_2}{9550}$$

式中，M_1、M_2 分别为输入轴、输出轴的转矩。

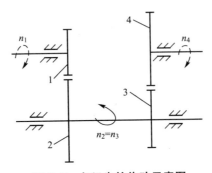

图 2.5 多组齿轮传动示意图

图 2.6 所示为载货汽车常用 5 挡变速器的传动结构示意图，该图能清晰地表明手动变速器的变速原理。

2.1.3 手动变速器换挡操作机构的工作原理

对于机械式变速器，换挡操作均是由驾驶人拨动变速杆再通过一套操纵机构来完成

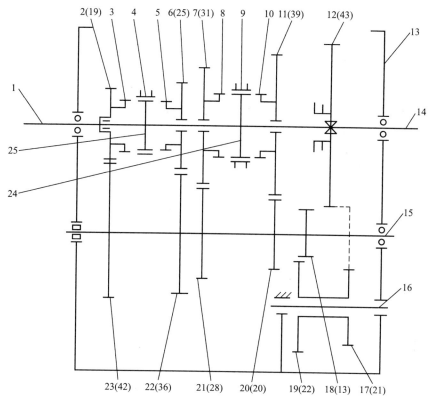

图2.6　5挡手动变速器变速原理示意图

1—第一轴；2—第一轴常啮合传动齿轮；3—第一轴齿轮接合齿圈；4、9—接合套；5—4挡齿轮接合齿圈；6—第二轴4挡齿轮；7—第二轴3挡齿轮；8—3挡齿轮接合齿圈；10—2挡齿轮接合齿圈；11—第二轴2挡齿轮；12—第二轴1挡、倒挡滑动齿轮；13—变速器壳体；14—第二轴；15—中间轴；16—倒挡轴；17、19—倒挡中间齿轮；18—中间轴1挡、倒挡齿轮；20—中间轴2挡齿轮；21—中间轴3挡齿轮；22—中间轴4挡齿轮；23—中间轴常啮合传动齿轮；24、25—花键毂

的。变速器操纵机构应保证驾驶人能准确、可靠地使变速器挂入所需要的任一挡位，并能随时退到空挡。

1. 操纵机构分类

变速器操纵机构根据其变速操纵杆（简称变速杆）与变速器的相互位置不同，可分为直接操纵式和间接操纵式两种类型。

1）直接操纵式

直接操纵是指变速器布置在驾驶人座位附近，变速杆由驾驶室底板伸出，驾驶人可直接操纵。该类变速器操纵机构一般由变速杆、拨块、拨叉、拨叉轴及安全装置等组成，多集装于上盖或侧盖内，结构简单，操纵方便。

图2.7所示为解放CA1091型汽车6挡变速器操纵机构的组成与布置示意图，该变速器操纵机构为直接操纵式。

2）间接操纵式

在有些汽车上，由于变速器位置离驾驶人座位较远，需要在变速杆与拨叉之间加装辅

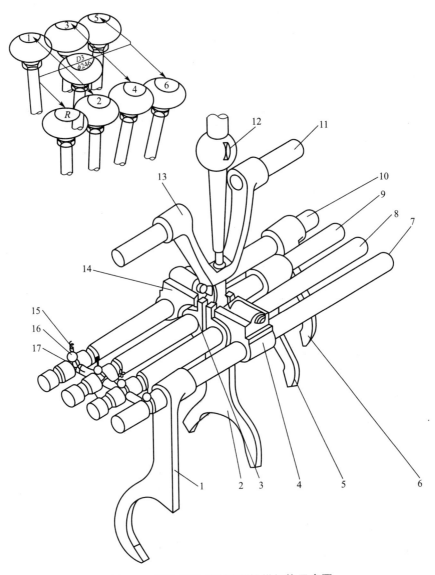

图 2.7 直接操纵式变速器操纵机构示意图

1—5、6挡拨叉；2—3、4挡拨叉；3—1、2挡拨块；4—5、6挡拨块；5—1、2挡拨叉；6—倒挡拨叉；
7—5、6挡拨叉轴；8—3、4挡拨叉轴；9—1、2挡拨叉轴；10—倒挡拨叉轴；11—换挡轴；
12—变速杆；13—叉形拨杆；14—倒挡拨块；15—自锁弹簧；16—自锁钢球；17—互锁柱销

助传动机构才能对变速器进行换挡操作，这种操纵机构称为间接操纵式变速器操纵机构。图2.8所示为奥迪乘用车变速器的操纵机构，其为间接操纵式变速器操纵机构。

2. 挡位锁止机构

为了确保变速器在任何情况下都能准确、安全、可靠地工作，对变速器操纵机构而言，必须确保：①变速器不自行脱挡或挂挡；②变速器不同时挂入两个挡位；③不能误挂倒挡。为了实现以上功能，在操纵机构中必须设置有自锁、互锁和倒挡锁装置。

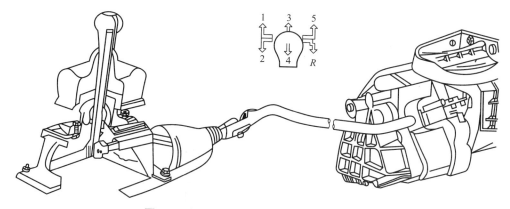

图 2.8 间接操纵式变速器操纵机构示意图

1) 自锁装置

自锁装置就是用来防止变速器自动脱挡并保证齿轮以全齿宽啮合的装置，其结构如图 2.9 所示。图中拨叉轴上有 3 个凹槽，中间为空挡槽，两边各为某一挡位槽。挂入某一挡位（或回到空挡）后，自锁钢球在自锁弹簧的推力作用下，正好落入拨叉轴的凹槽内，拨叉轴的轴向位置即被固定，不能自行脱出，从而变速器也被固定在某一挡位（或空挡），形成自锁。拨叉轴上相邻凹槽之间的距离等于为保证全齿宽啮合或完全退出啮合所必需的拨叉轴的移动距离。需要换挡时，驾驶人通过变速杆对拨叉轴施加一定的轴向力，克服由于自锁弹簧加于自锁钢球上的压力，将钢球经凹槽边缘挤回孔内，拨叉轴再进行轴向移动，直至钢球又落入相邻的另一凹槽，就挂上了另一挡位或退回空挡。

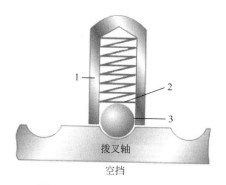

图 2.9 自锁装置结构示意图
1—变速器盖；2—自锁弹簧；3—自锁钢球

2) 互锁装置

互锁装置的主要作用是只允许变速器一次挂入一个挡位，挂入一个挡位后，通过其互锁机构锁定其他挡位的拨叉轴，防止同时挂入多个挡位引起变速器及传动机构的损坏。互锁装置的结构形式较多，汽车上常见的是钢球式互锁装置，它与自锁机构组合在一起，结构紧凑，工作可靠。

钢球式互锁装置如图 2.10 所示，主要部件为互锁钢球 4 和互锁销 6。每根拨叉轴朝向互锁钢球的侧面，均制出一个深度相等的凹槽，任一拨叉轴处于空挡位置时，其侧面凹槽都正好对准互锁钢球 4，两个互锁钢球的直径之和正好等于相邻两轴表面之间的距离加上一个凹槽深度。中间拨叉轴上两个侧面凹槽之间有孔相通，孔中有一根可以滑移的互锁销 6，销的长度等于拨叉轴直径减去一个凹槽深度。

空挡时，所有拨叉轴的侧面凹槽与互锁钢球、互锁销都处于同一条直线上。如图 2.10 (a) 所示，当移动中间拨叉轴 3 时，轴 3 两侧的内钢球从其侧凹槽中被挤出，而两外钢球 2 和 4 则分别嵌入拨叉轴 1 和 5 的侧面凹槽中，因而将轴 1 和 5 刚性地锁止在其空挡位置。

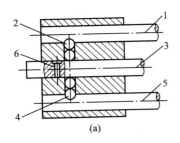 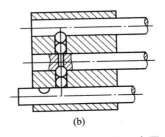 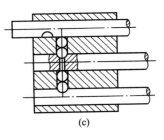

图 2.10 互锁装置工作示意图

1、3、5—拨叉轴；2、4—互锁钢球；6—互锁销

若欲移动拨叉轴 5，则应先将拨叉轴 3 退回到空挡位置，如图 2.10(b)所示，然后推动拨叉轴 5 时，钢球 4 便从轴 5 的侧凹槽中被挤出，同时通过互锁销 6 和其他钢球将轴 3 和轴 1 均锁止在空挡位置。同理，当移动拨叉轴 1 时，则轴 3 和 5 被锁止在空挡位置，如图 2.10(c)所示。

3）倒挡锁装置

当汽车在前进行驶时，若由于疏忽误挂入倒挡，将会使变速器齿轮承受极大冲击载荷而损耗变速器。此外，误挂倒挡还容易发生交通事故。为防止误挂倒挡，操纵机构中都设有倒挡锁。

倒挡锁的结构形式有多种，如弹簧锁销式、锁片式、扭簧式、锁簧式等，但应用最多的是弹簧锁销式。弹簧锁销式倒挡锁的结构如图 2.11 所示。

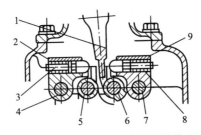

图 2.11 弹簧锁销式倒挡锁装置结构示意图

1—变速杆；2—选挡锁弹簧；3—选挡锁销；4、5、6—拨叉轴；
7—倒挡拨叉轴；8—倒挡锁销；9—倒挡锁弹簧

2.1.4 同步器的工作原理

换挡时，由于接合套与接合齿圈的角速度不一致，在强行挂挡时就会产生冲击。同步器的作用就是换挡时，在接合套与接合齿圈的角速度不一致（不同步）时，二者不能进入啮合，只有二者角速度达到相等（同步）时才能进入啮合。为了使得接合套与接合齿圈的角速度能尽快同步，同步器在接合套与接合齿圈之间加装了一套摩擦装置，以促使接合套与接合齿圈迅速达到同步。

同步器有常压式、惯性式、自行增力式等类型，目前应用最广泛的是惯性式。根据惯性式同步器中所采用的锁止机构不同，常用的有锁环式惯性同步器和锁销式惯性同步器两种。

1. 锁环式惯性同步器

图 2.12 所示为 3 挡手动变速器中 2、3 挡所用的锁环式惯性同步器。其工作过程如图 2.13 所示。

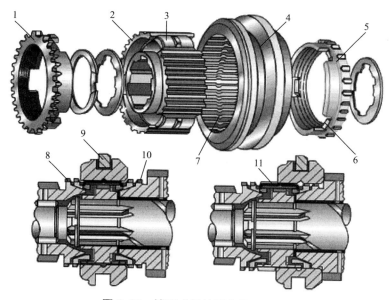

图 2.12　锁环式惯性同步器结构图
1—锁环；2—花键毂；3、11—定位滑块；4—接合套；
5—锁环；6—缺口；7—定位凹槽；8、10—齿圈；9—拨叉

1) 空挡位置

如图 2.13(a)所示，此时齿轮 1 的外锥面 7 与锁环 4 的内锥面不接触，齿轮 1、接合套 3(连同锁环 4)没有作用力矩，相对独立。接合套 3 通过滑块 2(靠在锁环缺口的右侧)推动锁环一起旋转。

2) 滑块接触锁环状态

当要挂入直接挡时，通过变速杆使拨叉推动接合套 3 并带动滑块 2 一起向齿轮 1 移动。当滑块前端面与锁环 4 的端面接触时，便推动锁环 4 移向齿轮 1，使两锥面接触并压紧，产生摩擦力矩，如图 2.13(b)所示。因齿轮 1 的角速度大于锁环 4 的角速度，在摩擦力矩的作用下，齿轮 1 即带动锁环 4 相对于接合套 3 顺时针转过一个角度，使锁环缺口的左侧与滑块 2 压紧，同时使缺口和滑块另一侧出现较花键齿宽略大一些的间隙 x。此时锁环 4 上的锁环接合齿 6 的倒角斜面正好与接合套 3 上的接合套接合齿 8 的倒角斜面相对。

3) 锁止状态

当接合套继续移向齿轮 1，两组相对峙的接合齿 6 与 8 的倒角斜面相抵，如图 2.13(c)所示，此时接合套不能再前移，即被"锁止"。由于驾驶人始终作用在接合套上一个轴向推力，于是在相互抵触的倒角斜面上产生正压力 F_N。F_N 可分解为轴向力 F_1 和切向力 F_2 两个分力。F_1 所形成的力矩图使锁环相对于接合套反向转动的趋势，此力矩称为拨环力矩(M_1)；轴向力 F_1 则使锁环 4 与齿轮 1 两者的锥面继续压紧，保持产生摩擦力矩的作用。摩擦力矩促使快速选择的齿轮 1 的角速度迅速与慢转的锁环 4 的角速度同步。锁环

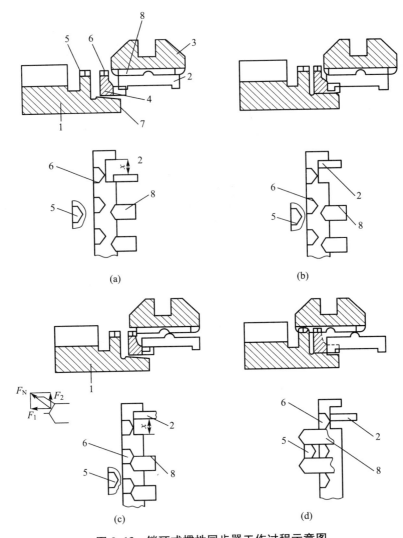

图 2.13 锁环式惯性同步器工作过程示意图

1—齿轮;2—滑块;3—接合套;4—锁环;5—齿轮接合齿;
6—锁环接合齿;7—锥面;8—接合套接合齿;x—缺口与滑块之间的间隙

连同接合套通过花键毂与变速器输出轴相连。

4)达到同步完成换挡

随着驾驶人继续加大接合套上的推力,摩擦锥面上的摩擦力矩增加,使齿轮 1 的角速度迅速下降,直至与锁环及接合套 3 达到同步,并一起保持同步等速旋转。由于角加速度为 0,故惯性力矩也等于 0。这时,拨环力矩 M_1 仍存在(因锁环与接合套接合齿端倒角斜面上的正压力 F_N 还存在,因而切向分力 F_2 仍存在),M_1 使锁环及其接合齿 6 相对于接合套向后(与齿轮 1 转向相反)退转一个角度,两个接合齿 6 和 8 不再抵触,接合套可以移向齿轮 1,先与锁环接合齿进入接合。

这时,轴向力 F_1 不再存在,锥面间的摩擦力矩也就消失了。接合套继续前移,如果此时接合套接合齿与齿轮接合齿 5 发生抵触,则与上述相似,作用在齿轮接合齿端斜面上的切向分力使接合齿5及其相连零件相对于锁环及接合套转过一个角度,使接合套与接合齿5进入接合完成换入直接挡的全过程,如图2.13(d)所示。

锁环式同步器的特点是径向尺寸小,结构紧凑,故广泛用于乘用车和轻型车的变速器。例如,夏利、桑塔纳、奥迪等乘用车均采用锁环式同步器。这种同步器因为径向尺寸小,因而其摩擦锥面的摩擦半径也小,所能产生的摩擦力矩也就小,不能满足质量较大的中型以上货车的要求,故这类汽车一般不采用这种同步器。

2. 锁销式惯性同步器

目前,中型及大型载货汽车较普遍地采用了锁销式同步器。图2.14为东风EQ1090E型汽车变速器的4、5挡同步器,两个带内锥面的摩擦锥盘分别固定在带有外花键齿圈的常啮合主动齿轮1和4挡从动齿轮6上。与之相配合的两个有外锥面的摩擦锥环3,通过3个锁销8和3个定位销4与接合套5连接。锁销8的两端固定在摩擦锥环3的孔中,其两端的工作表面直径与接合套凸缘上相应的销孔的内径相等,其中部直径则小于孔径。只有在锁销与接合套孔对中时,接合套方能沿锁销轴向移动。锁销8中部和接合套5上相应的销孔两端有角度相同的倒角(锁止角)。在接合套上定位销孔中部钻有斜孔,如见图2.14中$A—A$剖面,斜孔内装弹簧11,把钢球10顶向定位销中部的环槽,以保证同步器处于正确的空挡位置。定位销4两端伸入锥环内侧面,但有间隙,故定位销可随接合套5轴向移动。

锁销式惯性同步器的工作原理与锁环式惯性同步器基本相同,其换挡过程也相似。换挡时,图2.14中接合套5受到拨叉轴向推力的作用,通过钢球10和定位销4带动摩擦锥环3向左(或向右)移动,使之与对应的摩擦锥盘接触。具有转速差的摩擦锥环与摩擦锥盘一经接触,靠接触面的摩擦使锥环连同锁销一起相对接合套转过一个角度,因而锁销8的

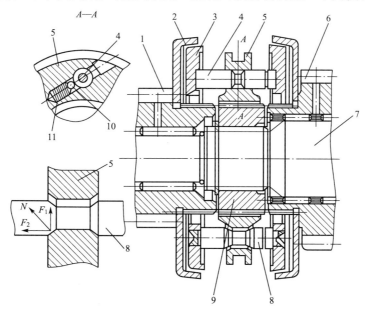

图2.14 锁销式惯性同步器

1—第一轴齿轮;2—摩擦锥盘;3—摩擦锥环;4—定位销;5—接合套;
6—第二轴4挡齿轮;7—第二轴;8—锁销;9—花键毂;10—钢球;11—弹簧

轴线相对接合套上销孔的轴线产生偏移，于是锁销中部倒角与销孔端的倒角互相抵触，以阻止接合套继续前移。此时锁止面上的法向压紧力 F_N 的轴向分力 F_1 作用在锥环上，并使之与锥盘压紧，因而接合套与待接合的花键齿圈迅速达到同步。只有达到同步时，起锁止作用的齿轮 1 的惯性力矩才消失，作用在锁销上的切向分力 F_2 才能通过锁销使摩擦锥环入摩擦锥盘 2 和齿轮一同相对于接合套转过一个角度，使锁销重新与销孔对中，于是接合套便能轻易地克服钢球 10 的阻力，而沿锁销移动，直至与齿轮 1(或齿轮 6)的花键齿圈接合，实现挂挡。

2.2 手动变速器检修

手动变速器的检修主要是机械部位检修，主要任务是找出零件损坏部位及原因，并加以适当的维护修理，以保持变速器的完好状态。为了保持叙述的一致性，本节以 2014 款大众高尔夫 A7 乘用车上的 OAF 型 5 挡手动变速器为对象，阐述手动变速器的拆卸、装配以及检修的步骤、内容及其方法。

2.2.1 手动变速器总成拆卸与装配

1. 手动变速器的识别代号

在大众乘用车上，OAF 型 5 挡手动变速器是一种常见的两轴式 5 挡手动变速器，可以与排量为 1.4T、1.6L、2.0L 等众多大众发动机匹配。OAF 型 5 挡手动变速器的标志字母和制造日期，以及其变速器的识别代号，如图 2.15 中箭头 2 所指。

其中变速器的标志字母和制造日期代号的含义举例解释如下：

例如：MYH 22 08 2

其中："MYH"代表型号代码，"22"代表制造日期，"08"代表制造月份，"2"代表制造年份(2012 年)。

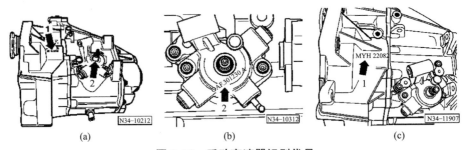

图 2.15 手动变速器识别代号

2. 手动变速器的技术数据

2014 款大众高尔夫 A7 乘用车上 OAF 型 5 挡手动变速器的技术参数，见表 2-1。

表 2-1 2014 款高尔夫 A7 乘用车 OAF 型 5 挡手动变速器技术参数

变速器	OAF 5 挡手动变速器
型号代码	PST

(续)

	配备发动机	1.6L-81kW
速比：$Z_2:Z_1$	主传动	4.357
	1挡	3.769
	2挡	2.095
	3挡	1.281
	4挡	0.881
	5挡	0.673
	倒挡	3.182
	车速比	电子式
注油量		2.1L
规格		N 052 527 A0 齿轮油 SAE 75 W 矿物油
离合器操纵机构		液压式
离合器从动盘直径 ϕ		220mm
传动轴法兰直径 ϕ		100mm

3. 手动变速器传动系统示意图

2014 款大众高尔夫 A7 乘用车 0AF 型 5 挡手动变速器传动系统结构如图 2.16 所示。

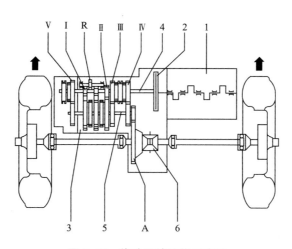

图 2.16 传动系统结构示意图

1—发动机；2—离合器；3—手动变速器；4—主动轴；5—输出轴/驱动轴；6—差速器；
Ⅰ—1挡齿轮；Ⅱ—2挡齿轮；Ⅲ—3挡齿轮；Ⅳ—4挡齿轮；Ⅴ—5挡齿轮；
R—倒挡齿轮；A—主减速器；箭头—行驶方向

4. 手动变速器总成拆卸与安装

1)变速器总成拆卸

由于在拆卸过程中,必须拆除蓄电池的接地线,拆卸前应检查是否安装了带密码的收音机,若有防盗密码,则须事先得到。变速器拆卸步骤如下:

(1)在点火开关断开后,拆除蓄电池的接地线,拆下蓄电池及其支架。

(2)拆下空气滤清器壳体。

(3)如图 2.17 所示,将放松垫片 1 从变速器换挡杆 3 上拆下,将换挡拉索 2 从定位销上拔出,拆下换向杆 4 上的卡子(图 2.17 中箭头所指),从变速器换挡杆 3 上拉出换向杆 4。

(4)如图 2.18 所示,松开箭头所指的螺栓,将拉索拆下放在一边。

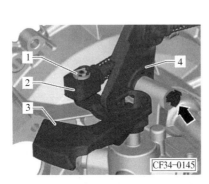

图 2.17 变速器换挡杆 3 上拉出换向杆 4

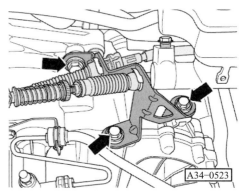

图 2.18 拆下拉索

(5)如图 2.19 所示,松开箭头所指的螺栓,将离合器从动油缸放在一边,注意此时不允许拆下离合器踏板。

(6)脱开前挡玻璃清洗系统清洗液罐上的加注管,如图 2.20 所示,安装专用工具 T40091 及其支撑架 10-222A,该专用工具为发动机支撑支架。

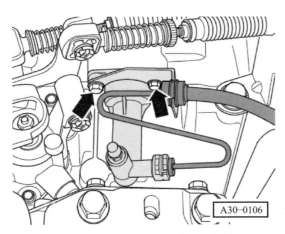

图 2.19 松开离合器从动油缸螺栓

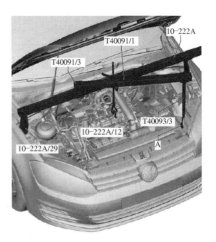

图 2.20 安装专用工具

(7) 拆下左前轮罩板前部件，拆下隔音板，脱开线束支架，拆下起动机。

(8) 脱开倒车灯开关插头，拧出排气系统支架在副车架上的固定螺栓，脱开排气系统上的卡箍，并拆下变速器的摆动支撑。

(9) 如图 2.21 所示，拧出左前连接杆 3 上的固定螺母 1，将左前连接杆 3 从平衡杆 2 上脱开。

(10) 如图 2.22 中箭头所指，拆卸下传动轴隔热板上的螺栓，并取下隔热板，将右侧传动轴从法兰轴上拆下，并将它们尽可能高地绑住，当心不要损坏其表面的保护层，拆卸左侧传动轴。

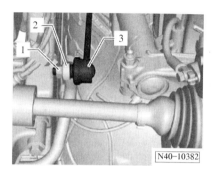
图 2.21　拆卸左前连接杆

图 2.22　拆卸传动轴隔热板上的螺栓

(11) 如图 2.23 中箭头所指，拆卸右侧法兰轴上部和下部的发动机与变速器连接螺栓，拆下变速器安装支架上机组支撑的六角螺栓。

(12) 通过调整支撑架 10-222A，让变速器的高度下降 60mm，拆下变速器上的变速器支架，如图 2.24 中箭头所指。

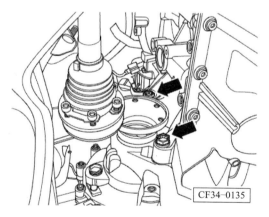
图 2.23　拆卸发动机与变速器连接螺栓

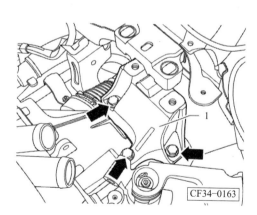
图 2.24　拆下变速器支架

(13) 如图 2.25 所示，利用专用工具 3283 及其附件 3283/3，把变速器固定到变速器托举支架上，拧下变速器与发动机之间剩余的固定螺栓。

(14) 然后小心将带右法兰轴的变速器引导穿过飞轮及中间板，下降变速器，注意其与副车架之间的距离，如图 2.26 中箭头 1、2 所指。

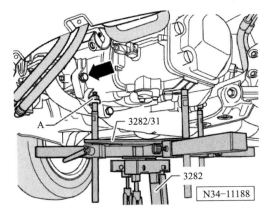
图 2.25 安装专用工具及托架

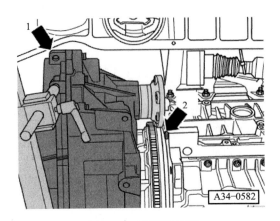
图 2.26 降下变速器

2) 变速器总成运输

(1) 当运输变速器时,应当使用变速器辅助挂钩,如图 2.27 所示。

(2) 将变速器辅助挂钩连接到变速器壳体上,用车间起重机吊起变速器,将变速器放入运输用的专用箱内,如图 2.28 所示。

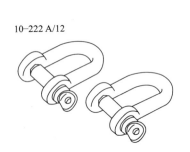
图 2.27 变速器起吊辅助挂钩

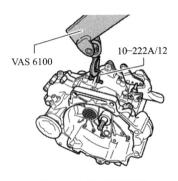
图 2.28 吊起变速器

3) 变速器总成安装

安装顺序与拆卸顺序相反,安装时需要注意以下几点:

(1) 对于所有旋入自锁螺栓的螺纹孔,都需要用螺纹丝锥清除放松剂残留物,每次拆装都必须更换自锁螺栓与螺母。

(2) 必须清洁驱动轴的花键,并涂以薄薄的"G 000 100"润滑脂。

(3) 离合器盘必须在驱动轴上可灵活地来回移动。

(4) 检查离合器分离轴承的磨损情况,必要时予以更换。

(5) 检查缸体中是否有变速器所需的定位销,如没有应予放入。

(6) 注意发动机中间板的正确位置。

(7) 安装完毕后,应检查变速器油并调整换挡操纵机构。

有关变速器安装螺栓(螺母)的拧紧力矩,见表 2-2。

表 2-2 变速器螺栓拧紧力矩

图　　示	编号	螺栓	数量	力矩(N·m)
安装 4 缸发动机的车辆(A：定位销)	1	M12×60	2	80
	2	M12×150	2	80
	3	M12×55	3	40
	4	M12×70	2	80

4) 变速器油检查

装入变速器后，应检查变速器油位。旋出用来加入变速器油的螺栓，如图 2.29 中箭头所指，如果油位已达到变速器加油孔的下边缘，则该油位是正常的，否则应重新注油。当重新注油时，须注意注入变速器油至加油孔的下边缘，最后旋紧螺栓，注油孔螺栓的紧固力矩为 25N·m。

变速箱放油螺栓位置如图 2.30 中箭头所指，放油时，应先把加油螺栓旋开。

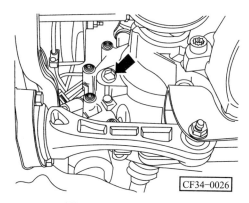

图 2.29　加油螺栓位置

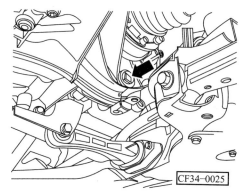

图 2.30　放油螺栓位置

2.2.2　手动变速器分解与组装

1. 手动变速器分解

（1）将变速器固定在变速箱支架上，将集油盘放置在变速器下面，旋出放油螺栓，放出齿轮油。

（2）如图 2.31 所示，旋出箭头所指螺栓，拆下带分离轴承和导向套的离合器分离杆 A。

（3）如图 2.32 所示，将两个螺栓旋入法兰，并用撬棒固定法兰轴，拆下两侧法兰轴紧固螺栓。

（4）如图 2.33 所示，拆下变速器壳体罩盖螺丝，拿下变速器壳体罩盖。

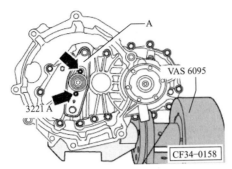

图 2.31 拆下离合器分离杆

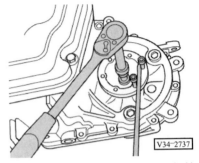

图 2.32 拆下两侧法兰轴紧固螺栓

（5）如图 2.34 所示，拉出 5 挡换挡拨叉 2 的定位销 1，并拆下该换挡拨叉，拆下 5 挡同步器齿毂的弹性挡圈 3，从输入轴上取下带滑动齿套、止推环的 5 挡同步器齿毂，再将 5 挡换挡齿轮取下，拆卸 5 挡齿轮的弹性挡圈 4，取下 5 挡齿轮。

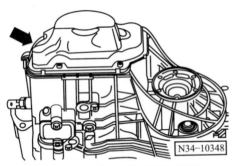

图 2.33 拆下变速器壳体罩盖

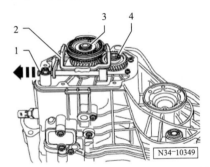

图 2.34 拆下 5 挡换挡拨叉及周边部件
1—定位销；2—拨叉；3、4—弹性挡圈

（6）如图 2.35 所示，拆下输入轴和输出轴上轴承支架的固定螺栓 A，拧下换挡机构的六角凸肩螺母 B，转动变速器支架，使离合器壳体朝上，拆下离合器壳体侧用于固定在变速器壳体上的固定螺栓，拆下离合器壳体。注意拆卸时不要损坏密封面，也不要歪斜离合器壳体，以免损坏输入轴和输出轴上的滚柱轴承及其轴承座。

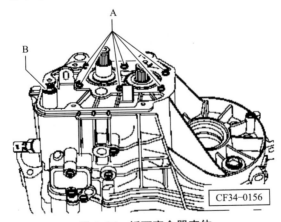

图 2.35 拆下离合器壳体
A—固定螺栓；B—六角凸肩螺母

(7) 如图 2.36 所示，拆下差速器。

(8) 如图 2.37 所示，将换挡轴置于空挡位置，旋出图中箭头所指螺栓，拆下带换挡轴的盖板 A，拆下位于变速器背面的定位销 B，旋出倒车灯开关 C。

(9) 如图 2.38 所示，拆下固定倒车齿轮的螺栓 A，拆下位于变速器底部的定位销 B，注意无需拆图中箭头所指的盖板。

(10) 如图 2.39 所示，压出输入轴、输出轴及其轴承座，换挡机构(换挡拨叉)和倒挡齿轮，将输入轴和输出轴从带深沟球轴承的轴承座上拆下。

2. 手动变速器组装

手动变速器组装可以参照其拆卸步骤的反序进行，主要步骤如下：

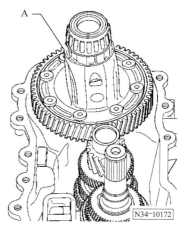

图 2.36 拆下差速器
A—差速器

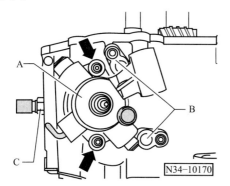

图 2.37 拆下带换挡轴的盖板及其周边部件
A—带换挡轴的盖板；B—定位销；C—倒车灯开关

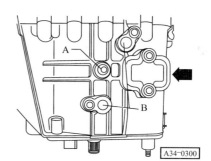

图 2.38 拆下螺栓及定位销
A—螺栓；B—定位销

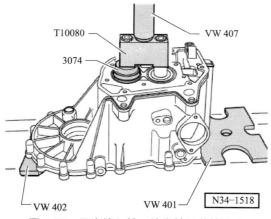

图 2.39 压出输入轴、输出轴及其轴承座

(1) 如图 2.40 所示，将带深沟球轴承的轴承座压入输入轴与输出轴，将第 5 挡换挡齿轮的滚针轴承衬套压入输入轴中，将已组装的输入轴 2 和输出轴 1 连同带深沟球轴承的轴承座放入止推座 T10085 中，将换挡机构 4(带换挡卡环)插入 3/4 挡滑动齿套中，将换挡

机构4(换挡拨叉)插入1/2挡滑动齿套中,将倒挡齿轮安装到倒挡轴3上,并把其拨叉也装到倒挡齿轮上,参考图2.40中箭头指示,将导向销T10079拧到螺纹销上。

(2) 如图2.41所示,将导向销T10079固定在螺柱上,通过导向销引导,穿过换挡机构安装孔,将所有部件沿箭头方向一次性装入变速器壳体内。

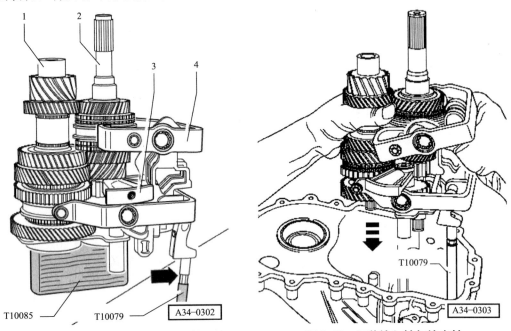

图2.40 组装输入轴、输出轴的换挡机构　　图2.41 组装输入轴与输出轴
1—输出轴;2—输入轴;3—倒挡轴;4—换挡机构

(3) 如图2.42所示,将调整垫片T10083/1放置在输入轴上,并小心地压入带输入轴和输出轴的轴承座至止动位。

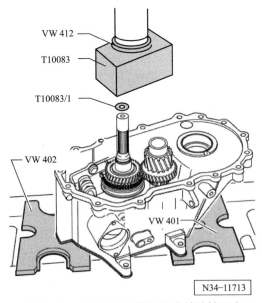

图2.42 压入带输入轴和输出轴的轴承座

(4) 如图 2.43 所示，安装固定倒车齿轮的螺栓 A，安装位于变速器底部的定位销 B。

(5) 如图 2.44 所示，拧入倒车灯开关 C，把定位销 B 安装到变速器上，将密封胶 AMV188 200 03 均匀涂到换挡机构盖板的密封面上，拧紧箭头所指螺栓。

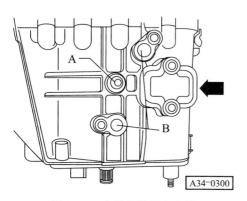 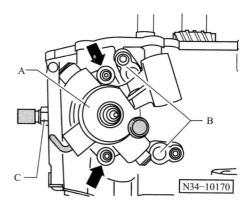

图 2.43 安装螺栓及定位销　　　　　　　图 2.44 安装带换挡轴的盖板及其周边部件
A—螺栓；B—定位销　　　　　　　　　A—带换挡轴的盖板；B—定位销；C—倒车灯开关

(6) 如图 2.45 所示，使用新螺栓 A，拧紧输入轴、输出轴上的轴承座，拧紧固定换挡机构(换挡拨叉)的六角凸肩螺母 B，旋转变速器支架，使变速器壳体向上。

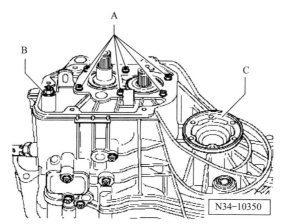

图 2.45 拧紧输入轴、输出轴上的轴承座及六角凸肩螺母
A—新螺栓；B—六角凸肩螺母；C—法兰轴法兰

(7) 装入差速器，将密封胶 AMV 188 200 均匀地涂覆在密封面上，将离合器壳体安装在变速器壳体上，拧紧两者的连接螺栓。

(8) 如图 2.46 所示，安装第 5 挡齿轮 1，安装 5 挡换齿轮以及滚针轴承，将第 5 挡同步环放置在换挡齿轮上。

(9) 如图 2.47 所示，将 5 挡同步器齿毂、滑动齿套以及齿轮锁圈一起装上，安装 5 挡换挡拨叉 2，沿箭头方向将定位销 1 推至止动位。

(10) 将两个螺栓旋入法兰轴，并利用撬棒固定法兰轴。

(11) 安装带分离轴承和套管的离合器分离杆。

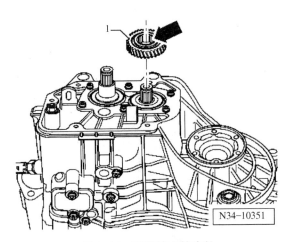 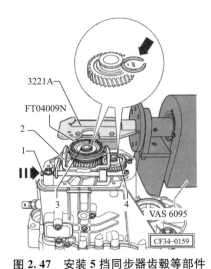

图 2.46 安装第 5 挡齿轮　　　　　　图 2.47 安装 5 挡同步器齿毂等部件
1—第 5 挡齿轮　　　　　　　　　　　1—定位销；2—换挡拨叉；3—输入轴；4—输出轴

2.2.3　齿轮变速机构检修

1. 检修说明

1）变速器材料说明

变速器一般由铝合金制成，也可由镁合金制造，变速器罩壳、变速器后盖和差速器盖均是由相同的材料组成，螺栓和其他直接与变速器相接触的部件，其表面需与铝制或镁制变速器相一致，否则会产生接触腐蚀，从而损坏变速器。安装变速器时，注意发动机和变速器之间定位套的正确位置，更换变速器时，变速器油必须灌满至注油口边缘。

2）密封垫和密封环更换

变速器接合面应彻底清洁，并涂上密封剂，密封剂应涂抹均匀，所有 O 形密封环、轴密封圈在维修拆装时必须更换。装入密封垫和密封环前，要在外径上涂上少量润滑油，在唇形密封圈之间的空隙填满润滑脂，装入后要检查变速器的油面，应至注油口边缘。

3）弹簧销安装

更换挡圈及锁圈时不能将其过度拉开，且必须将挡圈放在槽内。更换弹簧销时要注意其安装位置，开口应与纵向作用力方向一致。

4）螺栓和螺母紧固

固紧盖板和壳体的螺栓和螺母时应交叉拧紧和拧松，特别易损部件（例如离合器压盘）要摆正，并分级交叉地拧紧和拧松。在图中规定的或单独另加说明的拧紧扭矩是指未上油的螺栓和螺母的拧紧扭矩，每次重新装配固紧盖板时均需更换自锁螺栓和螺母。

5）轴承更换

安装轴承时要将有标志的一面朝向冲销，安装在一根轴上的几个圆锥滚柱轴承必须成套更换，并且尽可能使用同一厂家的产品，为了便于安装内圈，应将内圈加热全约 100℃进行，尺寸相同的轴承内、外圈不可互换，轴承应成对使用。

6）调整垫片更换

用千分尺多点检测调整垫片，不同的公差可以精确地测出所需垫片的厚度。安装调整垫片前要检查是否有毛刺和损坏，若有，则不能使用，只能装入完好的调整垫片。

7) 同步器齿环检查

同步器齿环不能互换。维修时要检查同步器齿环的磨损程度，必要时应更换，同时应使用变速器油。

8) 齿轮安装

齿轮压入前应进行清洗，并且要放在加热垫板上加热至约100℃后安装。可用温度测量仪 "V.A.G 1558" 来测量温度。

2. 齿轮变速机构拆装与检修

1) 齿轮变速机构拆装

齿轮变速机构的拆卸步骤。

（1）排出变速器油，将变速器夹紧到固定支架上。

（2）将离合器分离板连同锥形法兰轴一起拆下，如图2.48所示。

（3）拆卸变速器壳体罩盖，及5挡换挡齿轮，如图2.49所示。

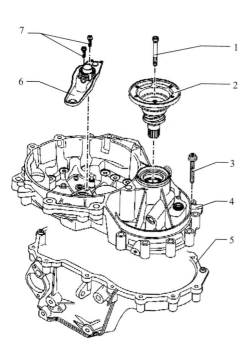

图 2.48　拆卸离合器分离装置

1—深头螺栓；2—锥形法兰轴；3、7—螺栓；
4—离合器壳体；5—变速箱壳体；
6—离合器分离杆

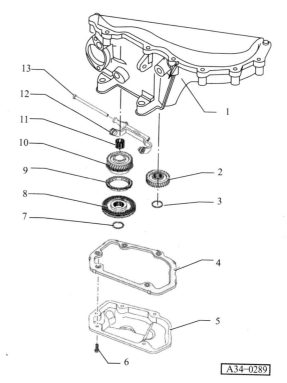

图 2.49　拆卸变速器壳体罩盖及5挡换挡齿轮

1—变速箱壳体；2—第5挡齿轮；3、7—弹性垫圈；
4—密封圈；5—变速器壳体罩盖；6—螺栓；
8—5挡滑动齿套及同步器轮毂；9—5挡同步环；
10—5挡换挡齿轮；11—滚针轴承；
12—5挡换挡拨叉；13—定位销

（4）按照图2.50所示，拆下挡位开关，拆下换挡轴及其盖板，拆下锥形法兰轴，拿出变速器差速器,拿出输入输出轴,拆下变速齿轮及变速齿轮轴。

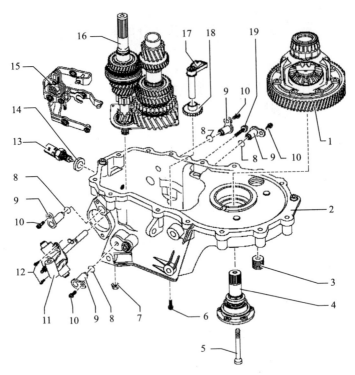

图 2.50 拆卸变速器差速器、输入输出轴以及其他部件

1—差速器;2—变速器壳体;3—放油螺塞;4—锥形法兰轴;5—深头螺栓;6、10、12、19—螺栓;
7—六角凸缘螺母;8、14—O 型密封圈;9—定位销;11—带盖板的换挡轴;13—挡位开关;
15—换挡拨叉;16—输入输出轴;17—换挡齿轮轴;18—换挡齿轮

2)输入轴分解与检修

图 2.51 所示为输入轴的分解图。

输入轴分解步骤如下:

(1) 如图 2.52 所示,用专用拉具从离合器壳体上拉出滚子轴承,拉出时,注意用钳子夹住弹性挡圈(图 2.52 箭头所指)。

(2) 将 1/2 挡滑动齿套滑套到 2 挡齿轮上,利用专用工具(止推板 T10084A 与压具 T10081)压出轴承座以及深沟球轴承,如图 2.53 所示。

(3) 如图 2.54 所示,拆卸弹性挡圈,把分离装置 B 放置在 4 挡换挡齿轮下面,通过拉拔工具 A 拉出 4 挡换挡齿轮、滚柱轴承内圈以及止推垫圈,取下 4 挡同步环与滚针轴承。

(4) 如图 2.55 所示,将 3 挡换挡轮和 3/4 挡同步器齿毂压出。

(5) 将 3/4 挡滑动齿套移到同步器齿毂上,拆下弹簧 1、锁块 4,分解 3/4 挡滑动齿套与同步器齿毂,如图 2.56 所示,该图中箭头 A、B 在装配时必须对准。

(6) 图 2.57 所示为分解 5 挡滑动齿套以及同步器齿毂。注意分解前,需先用螺栓刀沿箭头方向松开锁圈的挂钩,如图 2.58 所示。

(7) 利用油封撬棒 T20143,如图 2.59 所示,拆下输入轴油封。

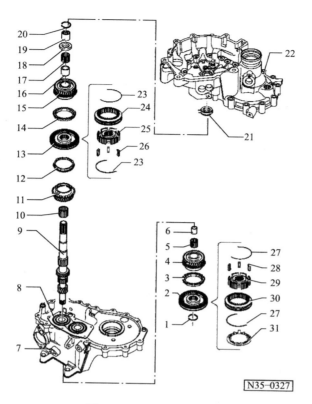

图 2.51　输入轴的分解图

1—弹性挡圈；2—5挡滑动齿套及同步器轮毂；3—5挡同步环；4—5挡换挡齿轮；5—滚针轴承；6—衬套；7—变速器壳体；8—轴承座及深沟球轴承；9—输入轴；10—滚针轴承；11—3挡换挡齿轮；12—3挡同步环；13—3/4挡滑动齿套及同步器轮毂；14—4挡同步环；15—4挡换挡齿轮；16—衬套；17—滚针轴承；18—止推垫圈；19—滚柱轴承内圈；20—弹性挡圈；21—滚柱轴承；22—离合器壳体；23—弹簧；24—3/4挡滑动齿套；25—3/4挡同步器轮毂；26、28—锁块；27—弹簧；29—5挡同步器轮毂；30—滑动齿套；31—锁圈

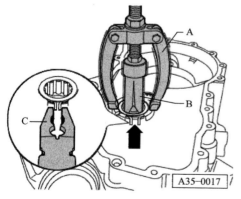

图 2.52　拉出滚子轴承
A—拉具固定支撑；B—内拉具；C—钳子

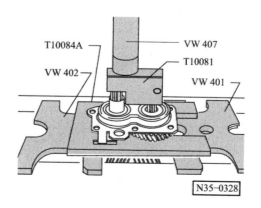

图 2.53　压出轴承座以及深沟球轴承

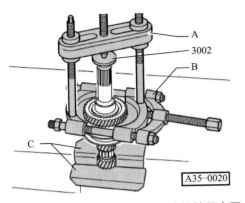

图 2.54 拉出 4 挡换挡齿轮及滚柱轴承内圈
A—专用拉拔工具；B—分离装置；C—钳口保护装置

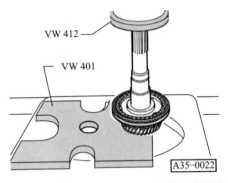

图 2.55 压出 3 挡换挡轮和 3/4 挡同步器齿毂

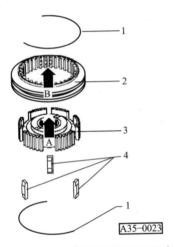

图 2.56 分解 3/4 挡滑动齿套以及同步器齿毂
1—弹簧；2—滑动齿套；
3—同步器齿毂；4—锁块

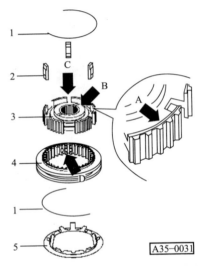

图 2.57 分解 5 挡滑动齿套以及同步器齿毂
1—弹簧；2—锁块；3—同步器齿毂；
4—滑动齿套；5—锁圈

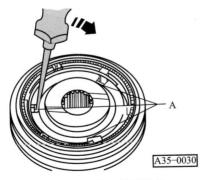

图 2.58 松开锁圈挂钩

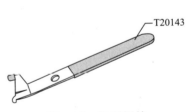

图 2.59 油封撬棒

输入轴检修的主要内容与参数如下。

(1)检查同步环磨损。把同步环压到齿轮锥面,用厚薄规检测间隙 a(图2.60),在3、4、5挡时,间隙 a 不小于0.5mm。

(2)确定弹性挡圈厚度。将2.0mm厚度的弹性挡圈(测量用弹簧挡圈)装入输入轴的槽内,按照图2.61所示箭头方向向上压弹性挡圈,用厚薄规测量内圈B与装好的弹性挡圈A之间的间隙,拆下2.0mm厚度的弹性挡圈,查询表2-3,确定弹性挡圈的厚度。

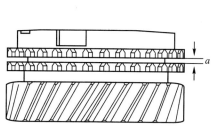

图2.60 检查同步环磨损

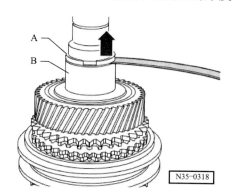

图2.61 测量轴向间隙确定弹性挡圈厚度
A—弹性挡圈;B—内圈

表2-3 弹性挡圈厚度选择表

测量值/mm	挡圈厚度	轴向间隙/mm
0.05~0.10	2.0	0.05~0.15
0.15~0.20	2.1	0.05~0.15
0.25~0.30	2.2	0.05~0.15
0.35~0.40	2.3	0.05~0.15
0.45~0.50	2.4	0.05~0.10

3)输出轴分解与检修

输出轴的分解图如图2.62所示。

输出轴分解步骤如下。

(1)如图2.63所示,用专用拉具从离合器壳体上拉出滚子轴承,拉出时,注意用钳子夹住弹性挡圈(图2.63箭头所指)。

(2)利用专用工具,把弹性挡圈从槽内拆下,如图2.64所示。

(3)利用专用工具,将2挡换挡齿轮、滑动齿套以及同步器齿毂一起压出,如图2.65所示。

(4)将1/2挡滑动齿套移动到同步器齿毂上,拆下弹簧1,拿下锁块4,分解1/2挡滑动齿套与同步器齿毂,如图2.66所示,图中箭头A所指的槽与箭头B所指的凸肩在装配时必须对准滑动齿套的齿C,箭头D所指的锁块安装凹槽;在装配时必须对准箭头E所指的滑动齿套的凹槽。

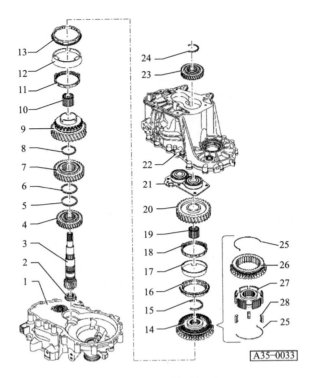

图 2.62 输出轴分解图

1—变速器壳体；2—滚子轴承；3—输出轴；4—4 挡齿轮；5—弹性挡圈；6—弹性挡圈；
7—3 挡齿轮；8—弹性挡圈；9—2 挡换挡齿轮；10—滚针轴承；11—2 挡换挡齿轮内圈；
12—2 挡换挡齿轮外圈；13—2 挡同步环；14—1/2 挡滑动齿套以及同步器齿毂；
15—弹性挡圈；16—1 挡同步环；17—1 挡换挡齿轮外圈；18—2 挡换挡
齿轮内圈；19—滚针轴承；20—1 挡换挡齿轮；21—轴承座及深沟
球轴承；22—变速器壳体；23—5 挡齿轮；24—弹性挡圈；
25—弹簧；26—滑动齿套；27—1/2 挡同步器齿毂；28—锁块

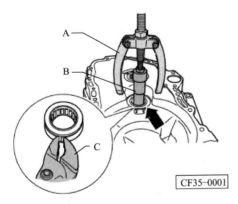

图 2.63 拉出滚子轴承
A—拉具固定支撑；B—内拉具；C—钳子

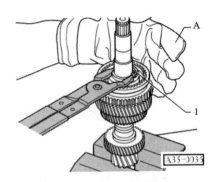

图 2.64 拆下弹性挡圈
A—防护手套；1—弹性挡圈

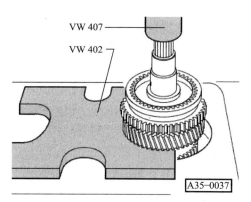

图 2.65 压出 2 挡换挡齿轮、滑动齿套以及同步器齿毂

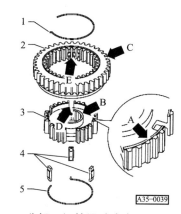

图 2.66 分解 1/2 挡滑动齿套以及同步器齿毂
1—弹簧；2—滑动齿套；3—同步器齿毂；4—锁块

输出轴检修的主要内容与参数如下。

(1) 3、4 挡齿轮安装时，必须注意安装位置与方位，如图 2.67 所示，4 挡齿轮装到输出轴上时，箭头 1 所指的凸肩面向 3 挡齿轮，3 挡齿轮装到输出轴上后，箭头 2 所指凸肩面向 4 挡齿轮；

(2) 检查 1、2 挡换挡齿轮内圈磨损状态，如图 2.68 所示，将内圈压倒换挡齿轮锥面上，用厚薄规测量间隙 a，该间隙的磨损极限为 0.3mm。

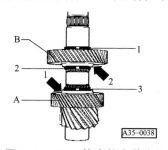

图 2.67 3、4 挡齿轮安装方位
A—4 挡齿轮；B—3 挡齿轮；1、2、3—弹性挡圈

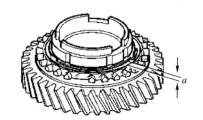

图 2.68 检查 1、2 挡换挡齿轮内圈磨损状态

(3) 检查 1、2 挡同步环磨损状态，如图 2.69 所示，将同步环、内圈、外圈压倒换挡齿轮锥面上，用厚薄规测量间隙 a，该间隙的磨损极限为 0.5mm。

(4) 安装 2 挡齿轮、内圈、外圈以及同步环时，必须注意安装位置与方位，如图 2.70 所示，箭头 1 所指的凸舌指向外圈，箭头 2 所指的凸舌卡入箭头 3 所指的换挡齿轮缺口内，箭头 4 所指的凹槽应卡在箭头 1 所指的内圈凸舌上。

4) 齿轮、轴以及轴承检修

齿轮检修的主要内容如下。

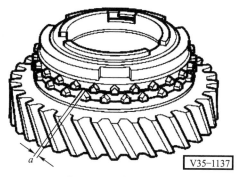

图 2.69 检查 1、2 挡同步环磨损状态

(1) 目视检查齿面是否有斑点，如果斑点轻微可以用油石修磨。如果斑点面积超过

15%，则应更换齿轮。

（2）检查齿厚，如果齿厚磨损超过0.2mm，则应更换齿轮。

（3）检查齿长的磨损，如果磨损超过15%，则应更换齿轮。

（4）装好轴承和内座圈后，用百分表检查齿轮与内座圈之间的间隙，如果超标应该更换轴承。

输入轴、输出轴的检修主要内容如下：

（1）目视检查输入轴、输出轴，不应有裂纹，轴径及花键不应有严重磨损，轴上的齿轮不应有断齿和严重磨损，否则应更换。

（2）检查轴的径向圆跳动，不应超过0.05mm，否则应更换或校正。

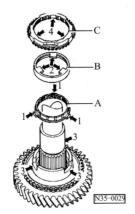

图 2.70　2挡齿轮及相关部件的安装位置

A—内圈；B—外圈；C—同步环

2.2.4　差速器拆装与调整

差速器的分解图如图2.71所示。

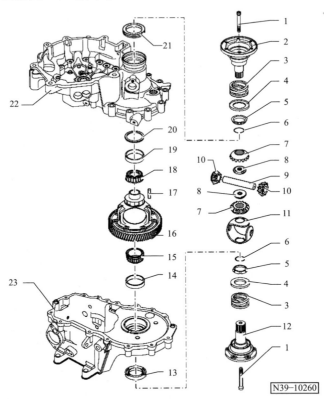

图 2.71　差速器分解图

1—深头螺栓；2—右侧法兰轴；3—法兰轴弹簧；4—止推垫片；5—锥形环；6—卡环；7—大行星齿轮；
8—螺纹件；9—行星齿轮轴；10—小行星齿轮；11—整体式止推垫片；12—左侧法兰轴；
13—左侧法兰轴油封；14—圆锥滚柱轴承外圈；15—圆锥滚柱轴承内圈；16—差速器壳体；
17—弹簧销；18—圆锥滚柱轴承内圈；19—圆锥滚柱轴承外圈；20—调整垫片；
21—右侧法兰轴；22—离合器壳体；23—变速器壳体

差速器的分解步骤如下。

（1）利用专用拉具，从变速器壳体上拉出圆锥滚子轴承外圈，如图 2.72 所示。

（2）利用专用工具［隔套 VW472/2、拉具 VAG158(2)］拉出圆锥滚子轴承内圈，如图 2.73 所示。

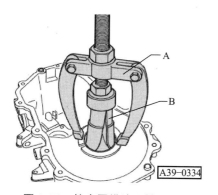

图 2.72　拉出圆锥滚子轴承外圈
A—固定支撑；B—内拉具

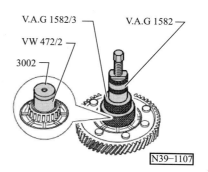

图 2.73　拉出圆锥滚子轴承内圈

（3）从离合器壳体上压出圆锥滚子轴承外圈，如图 2.74 所示。

（4）如图 2.75 所示，利用专用工具拉出圆锥滚子轴承内圈。

（5）压出行星齿轮轴，拿出大、小行星齿轮以及整体式止推垫圈。

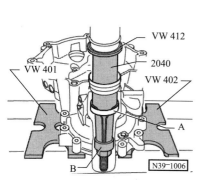

图 2.74　压出圆锥滚子轴承外圈
A—圆锥滚子轴承外圈；B—内拉具

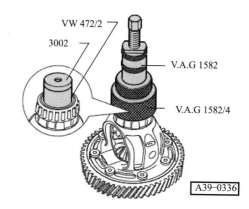

图 2.75　拉出圆锥滚子轴承内圈

差速器的装配注意事项如下。

（1）整体式止推垫圈安装时，注意其棱边 A 必须与差速器外壳上的环形凹槽 B 对准并锁定，如图 2.76 所示。整体式止推垫圈装入前，需涂上变速器油。

（2）安装好整体式止推垫圈后，方能安装行星齿轮。先安装两个大行星齿轮，并装入法兰轴使其定位，然后插入两个小行星齿轮，沿图 2.77 中箭头 A 方向推小行星齿轮，知道其轴孔与差速器壳体上的轴孔对齐。把图 2.77 中箭头 B 所指的螺纹件装到大行星齿轮上，安装时凸肩朝向大行星齿轮，挡行星齿轮轴压到止点，用弹簧销固定。

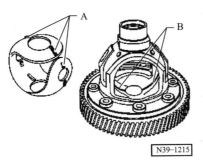

图 2.76　整体式止推垫圈安装位置

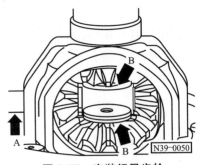

图 2.77　安装行星齿轮

差速器的调整内容与步骤如下。

(1) 采用专业工具,将圆锥滚子轴承外圈压入变速箱壳体,如图 2.78 所示。

(2) 将离合器壳体侧的圆锥滚子轴承外圈(不带垫片)压入离合器壳体,如图 2.79 所示,之后将差速器装入变速器壳体,装上离合器壳体,将 5 个螺栓拧紧至规定力矩。

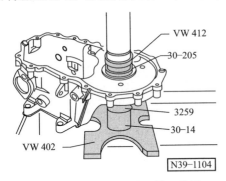

图 2.78　压入圆锥滚子轴承外圈

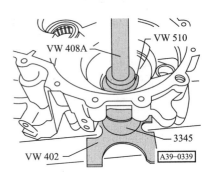

图 2.79　压入圆锥滚子轴承外圈

(3) 如图 2.80 所示,安装千分表及其支架(测量范围 3mm,测量头 A 长度为 30mm),将千分表预压至 1mm,然后调整其表盘至零位,上下移动差速器,记录千分表显示的间隙读数(举例该读数为 0.5mm),为了达到规定的轴承预紧力,测量读数加上预紧力常数 0.35 即为调整垫片的厚度(根据举例读数,调整垫片的厚度＝0.5mm+0.35mm=0.85mm)。

(4) 参考表 2-4,选择合适厚度的调整垫片装入,压入圆锥滚子轴承,如图 2.81 所示。

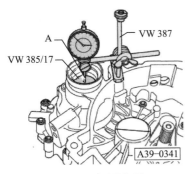

图 2.80　测量间隙

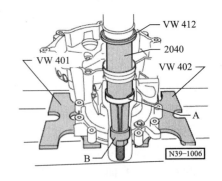

图 2.81　压入调整垫片及圆锥滚子轴承

表 2-4 调整垫片厚度选择表

零件号	厚度尺寸/mm	零件号	厚度尺寸/mm
02K 409 210	0.65	02K 409 210 H	1.05
02K 409 210 A	0.70	02K 409 210 J	1.10
02K 409 210 B	0.75	02K 409 210 K	1.15
02K 409 210 C	0.80	02K 409 210 L	1.20
02K 409 210 D	0.85	02K 409 210 M	1.25
02K 409 210 E	0.90	02K 409 210 N	1.30
02K 409 210 F	0.95	02K 409 210 P	1.35
02K 409 210 G	1.00	02K 409 210 Q	1.40

2.2.5 手动变速器操纵机构检修

2014 款大众高尔夫 A7 乘用车上 0AF 型 5 挡手动变速器的操纵机构的布置如图 2.82 所示。

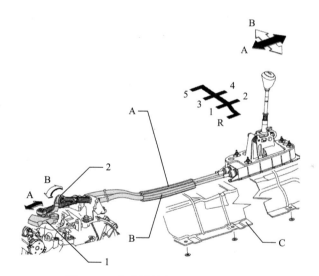

图 2.82 变速器换挡操纵机构布置图

A—换挡拉索；B—选挡拉索；C—隔热板；
1—换挡杆；2—选挡杆；箭头 A—换挡方向；箭头 B—选挡方向

换挡手柄的装配图，如图 2.83 所示。
换挡机构装配图，如图 2.84 所示。
变速箱换挡杆/选挡杆的安装位置如图 2.85 所示。
换挡单元的分解图如图 2.86 所示。

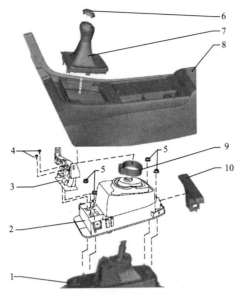

图 2.83　变速器换挡手柄安装示意图

1—换挡器壳体；2—隔音件；3—固定支架；4—螺钉；5—六角螺母；6—挡位图标；
7—换挡杆手柄；8—中控台；9—卡箍；10—固定支架

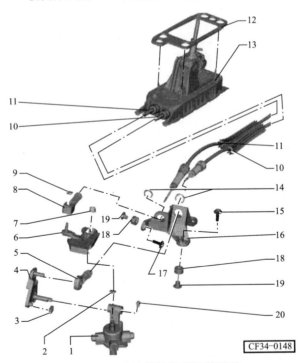

图 2.84　变速器换挡机构装配图

1—带盖板的换挡轴；2—密封环；3—滑块；4—换向杆；5—拉索止动机构；6—变速器换挡杆；
7—六角螺母；8—拉索止动机构；9—防松垫片；10—选挡拉索；11—换挡拉索；
12—密封件；13—换挡器壳体；14—防松垫片；15—六角螺栓；16—拉索底座；
17—套管；18—间隔块；19—卡子；20—锁定螺母

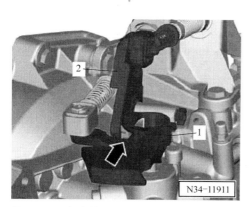

图 2.85　变速箱换挡杆/选挡杆的安装位置
1—带平衡重的变速箱换挡杆；
2—换向杆通过滑块嵌入滑轨（箭头）

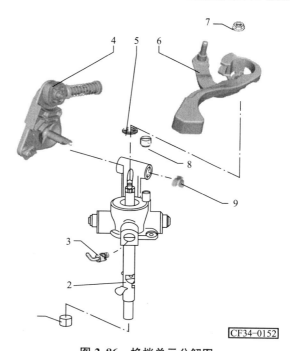

图 2.86　换挡单元分解图
1—轴套；2—带盖板的换挡轴；3—角度杆；
4—换向杆；5—卡子；6—油封；7—罩盖；
8—变速器换挡杆；9—六角螺母

换挡单元的分解图如图 2.87 所示。

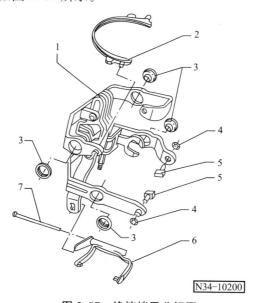

图 2.87　换挡拨叉分解图
1—带换挡板的换挡拨叉组；2—第 3 挡、第 4 挡换挡卡环；3—径向止推球轴承；4—防松垫片；
5—第 1 挡、第 2 挡换挡块；6—带换挡块的第 5 挡换挡拨叉；7—定位销

1. 换挡机构的拆装

1）换挡机构的拆卸

换挡操纵机构拆卸步骤如下。

(1) 如图 2.88 所示，从盖板 1 内侧沿箭头向上拔出盖板。

(2) 如图 2.89 所示，向上翻出防尘罩，松开箭头所指的卡箍。

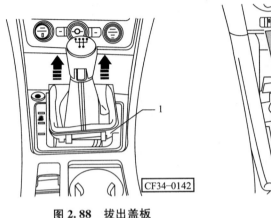

图 2.88　拔出盖板

1—盖板

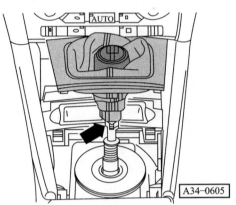

图 2.89　松开卡箍

(3) 如图 2.90 所示，拆卸防松垫片 1，将换挡拉索止动机构 2 从换挡杆 3 上的轴销上脱开。

(4) 如图 2.91 所示，沿箭头 1 方向向前推锁止机构到止动位，再沿箭头 2 方向向左转动锁止机构，将其锁止，然后将换向杆沿箭头 3 方向向前推。

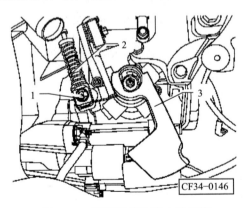

图 2.90　脱开换挡拉索止动机构

1—防松垫片；2—换挡拉索止动机构；3—换挡杆

图 2.91　旋转锁止机构

(5) 如图 2.92 所示，拉出箭头 1 所指的卡子，并连同拉索止动机构一起拆下换向杆。

(6) 如图 2.93 所示，将一字螺丝刀插入衬套与换向杆之间，将换向杆拉索止动机构从换向杆上拆下。

图 2.92 拆下换向杆

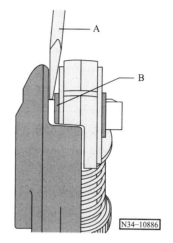

图 2.93 拆下换向杆拉索止动机构
A——字螺丝刀；B—衬套

（7）如图 2.94 中箭头所示，拆下隔音件和换挡器壳体的螺母，取下隔音件。

（8）如图 2.95 所示，将换挡拉索 2 的防松垫片 1 从变速器换挡杆 3 上拆下，将换挡拉索 2 从定位销上拔出，拆下换向杆 4 的卡子，拆下带拉索止动机构的换向杆。

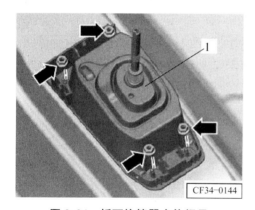

图 2.94 拆下换挡器壳体螺母

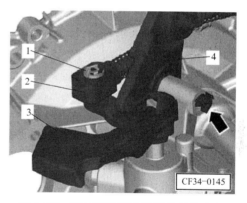

图 2.95 拆下带拉索止动机构的换向杆

（9）如图 2.96 所示，旋出箭头所指的螺栓，从变速器壳体上脱开拉索底座。

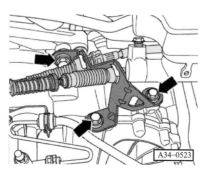

图 2.96 拆下拉索底座

2）换挡机构的安装

以上部件，可按与拆卸相反的顺序进行安装。为了确保拉索与拉索止动机构能正常移动及滑动，可适当使用润滑脂及润滑油。

2. 换挡机构调整

换挡机构调整必须处于良好工作状态，换挡机构必须能自由活动，离合器与变速器也处于良好工作状态，变速器处于空挡位置。

换挡机构调整的主要内容如下。

（1）如图 2.97 所示，分别沿箭头 1、箭头 4 方向将选挡拉索和换挡拉索的拉索止动机构拉至止位，然后分别沿箭头 2、箭头 3 方向旋转锁止机构，将其锁止。

（2）如图 2.98 所示，沿箭头 1 方向向下按压换挡轴，在按下换挡轴的同时，沿箭头 2 方向转动角形件 A，直至将换挡轴锁止。

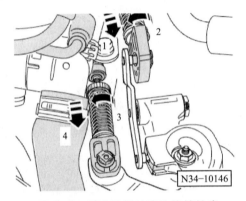

图 2.97　锁止选挡拉索和换挡拉索

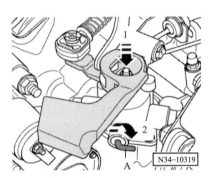

图 2.98　锁止换挡轴

（3）如图 2.99 所示，掀开盖板，向上拉出换挡杆防尘罩，并翻折过换挡。

（4）如图 2.100 所示，将换挡杆置于空挡，将锁止销（T10027 A）穿过隔音件 A、孔 B 并穿入孔 C 中。

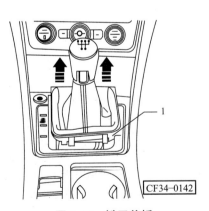

图 2.99　掀开盖板

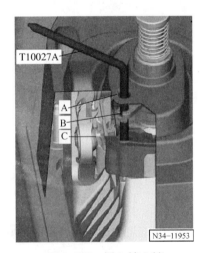

图 2.100　插入锁止销

（5）如图 2.101 所示，此时选挡拉索和换挡拉索 B 必须被无应力地插入拉索止动机构 A 中，沿箭头方向转动换挡索和选挡索止动机构上的锁止机构止限位位置，弹簧将锁止机构沿箭头 2 方向压入原始位置。

（6）如图 2.102 所示，沿箭头方向将角形件 A 选回至原始位置。

（7）将锁止销从隔音件 A、孔 B 和孔 C 中拉出，安装带防尘罩的换挡手柄，检查换挡杆是否能自由活动。

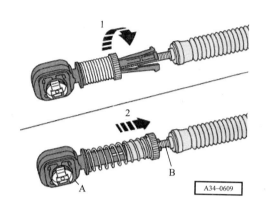
图 2.101　选挡拉索和换挡拉索的状态

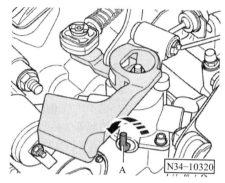
图 2.102　旋转角形件 A

3. 换挡机构检查

检查换挡机构时要保证以下几点。

（1）换挡机构、操纵机构和继电器能正常工作。
（2）换挡机构灵活。
（3）变速器、离合器和离合器操纵机构均应处于正常状态。
（4）变速器处于空挡位置。

确定在变速器空挡时，换挡杆必须在第 3、4 挡位的换挡槽中间位置，踩踏离合器，反复进行换挡操作，特别注意倒挡锁止机构的功能。如果经过多次尝试后仍然有某个挡位很难啮合，应重复进行换挡机构的调整操作。

4. 换挡拨叉的检修

换挡拨叉的测量内容如图 2.103 所示，主要有以下几项。

（1）第 1 挡和第 2 挡的换挡块，尺寸 a 应为 10.35mm。
（2）第 3 挡和第 4 挡的换挡卡环，尺寸 b 应为 78.6mm。
（3）带换挡块的第 5 挡换挡拨叉，尺寸 c 应为 79.5mm。
（4）带换挡块的第 1 挡和第 2 挡换挡拨叉，尺寸 d 应为 75mm。

5. 带盖板的换挡轴的拆卸

带盖板的换挡轴的拆卸步骤为：首先拆下角度杆的外件，用螺丝刀小心撬出角度杆，然后利用专用工具敲出换挡轴衬套，拿出换挡轴。

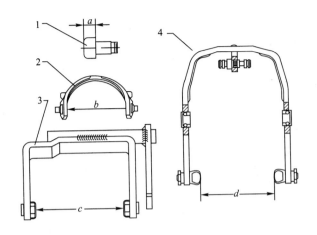

图 2.103 拨叉检修尺寸图

1—第1挡和第2挡的换挡块；2—第3挡和第4挡的换挡卡环；
3—带换挡块的第5挡换挡拨叉；4—带换挡块的第1挡和第2挡换挡拨叉

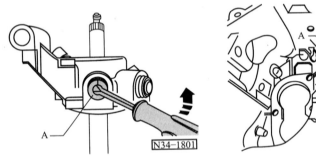

图 2.104 拆下角度杆

A—角度杆

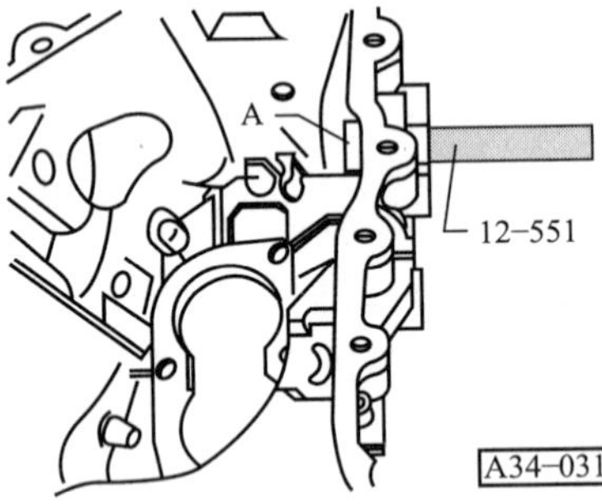

图 2.105 敲出换挡轴衬套

A—换挡轴衬套

2.2.6 变速器油封更换

变速器油封一般为橡胶制品，拆装变速箱后，所有涉及的油封都必须更换。更换油封务必要使用专用工具，安装时确保油封密封部位不受损伤，安装到规定位置，且与安装孔、轴的中心线垂直。图 2.106 为变速器油封安装时常见的专用工具。

图 2.106 油封安装专用工具

2.3 自动变速器的结构与工作原理

手动变速器具有效率高、工作可靠、结构比较简单等优点，但是换挡过程复杂、操作技能要求高、驾驶舒适性不高等缺点也很明显，故在一些乘用车、高级小客车、高通过性的军用越野车及大型城市公交汽车等车型上都采用自动变速器。

自动变速器可弥补手动变速器的不足，并具有下列显著优点：

1) 大大提高发动机和传动系统的使用寿命

采用自动变速器的汽车与采用手动变速器的汽车相比，前者发动机的寿命可提高85%，变速器的寿命可提高12倍，传动轴和驱动半轴的寿命可提高75%~100%。

2) 提高汽车通过性

采用自动变速器的汽车，起步时驱动轮上的驱动转矩是逐渐增加的，减少了车轮的打滑，使起步容易，且换挡平稳。当行驶阻力很大时（如爬陡坡），因换挡时没有功率间断，汽车仍能以极低速度行驶，发动机也不至于熄火，因此，自动变速器对于提高汽车的通过性具有良好的效果。

3) 具有良好的自适应性

目前，自动变速器能自动适应汽车驱动轮负荷的变化。当行驶阻力增大时，汽车自动降低速度，使驱动轮动力矩增加；当行驶阻力减小时，会减小驱动力矩，增加车速。变矩器能在一定范围内实现无级变速，大大减少行驶过程中的换挡次数，有利于提高汽车的动力性和平均车速。

4) 操纵轻便

装备自动变速器的汽车，换挡能实现自动化，这比手动机械变速器用拨叉拨动滑动齿轮实现换挡要简单、轻松得多。而且，自动变速器换挡齿轮组一般都采用行星齿轮组，是常啮合齿轮组，这就降低或消除了换挡时的齿轮冲击。取消离合器，也大大减轻了驾驶人的劳动强度。

目前自动变速器的类型很多，常见的有电控液力自动变速器（EAT）、电控机械变速器（AMT）及可以实现真正无级变速的CVT变速器。本书将以电控液力自动变速器为对象，讲解自动变速器结构、工作原理与检修。

电控液力自动变速器的厂牌型号很多，外部形状和内部结构也有所不同，但它们的组成基本相同，都是由液力变矩器、齿轮变速机构、供油系统、自动换挡控制系统和换挡操纵机构5大部分组成的。

2.3.1 液力传动装置的结构与工作原理

汽车上所采用的液力传动装置通常有液力耦合器和液力变矩器两种，二者均属于液力传动。

1. 液力耦合器的结构

液力耦合器又称液力联轴器，其结构由壳体、泵轮、涡轮3个部分组成，如图2.107所示。在不考虑机械损失的情况下，液力耦合器输出力矩与输入力矩相等。液力耦合器的主要功能有两个，一是防止发动机过载，二是调节工作机构的转速。

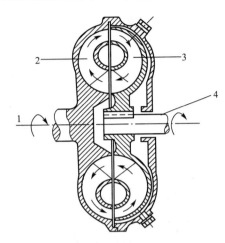

图 2.107　液力耦合器的基本构造
1—输入轴；2—泵轮叶轮；
3—涡轮叶轮；4—输出轴

液力耦合器的壳体安装在发动机飞轮上，泵轮与壳体焊接在一起，随发动机曲轴的转动而转动，是液力耦合器的主动部分。涡轮和输出轴连接在一起，是液力耦合器的从动部分。泵轮和涡轮相对安装，统称为工作轮。在泵轮和涡轮上有径向排列的平直叶片，泵轮和涡轮互不接触。两者有 3~4mm 的间隙；泵轮与涡轮装合成一个整体后，其轴线断面一般为圆形，在其内腔中充满液压油。

2. 液力耦合器的工作原理

当发动机运转时，曲轴带动液力耦合器的壳体和泵轮一同转动，泵轮叶片内的液压油在泵轮的带动下随之一同旋转，在离心力的作用下，液压油被甩向泵轮叶片外缘处，并在外缘处冲向涡轮叶片，使涡轮在液压冲击力的作用下旋转；冲向涡轮叶片的液压油沿涡轮叶片向内缘流动，返回到泵轮内缘的液压油，又被泵轮再次甩向外缘。液压油就这样从泵轮流向涡轮，又从涡轮返回到泵轮而形成循环的液流。

液力耦合器中的循环液压油，在从泵轮叶片内缘流向外缘的过程中，泵轮对其做功，其速度和动能逐渐增大；而在从涡轮叶片外缘流向内缘的过程中，液压油对涡轮做功，其速度和动能逐渐减小。液力耦合器要实现传动，必须在泵轮和涡轮之间有油液的循环流动。而油液循环流动的产生，是由于泵轮和涡轮之间存在转速差，使两轮叶片外缘处产生压力差所致。若泵轮和涡轮的转速相等，则液力耦合器不起传动作用。因此，液力耦合器工作时，发动机的动能通过泵轮传给液压油，液压油在循环流动的过程中又将动能传给涡轮输出。由于在液力耦合器内只有泵轮和涡轮两个工作轮，液压油在循环流动的过程中，除了受泵轮和涡轮之间的作用力之外，没有受到其他任何附加的外力。根据作用力与反作用力相等的原理，液压油作用在涡轮上的转矩应等于泵轮作用在液压油上的转矩，即发动机传给泵轮的转矩与涡轮上输出的转矩相等，这就是液力耦合器的传动特点。

液力耦合器在实际工作中的情形是：汽车起步前，变速器挂上一定的挡位，起动发动机驱动泵轮旋转，而与整车连接着的涡轮即受到力矩的作用，但因其力矩不足以克服汽车的起步阻力矩，所以涡轮还不会随泵轮的转动而转动。加大节气门开度，使发动机的转速提高，作用在涡轮上的力矩随之增大，当发动机转速增大到一定数值时，作用在涡轮上的力矩足以使汽车克服起步阻力而起步。随着发动机转速的继续增高，涡轮随着汽车的加速而不断加速，涡轮与泵轮转速差的数值逐渐减少。在汽车从起步开始逐步加速的过程中，液力耦合器的工作状况也在不断变化，这可用图 2.108 所示的速度矢量图来说明。假定油液螺旋循环流动的流速 V_T 保持恒定，V_L 为泵轮和涡轮的相对线速度，V_E 为泵轮出口速度，V_R 为油液的合成速度。

当车辆即将要起步时，泵轮在发动机驱动下转动而涡轮静止不动。由于涡轮没有运

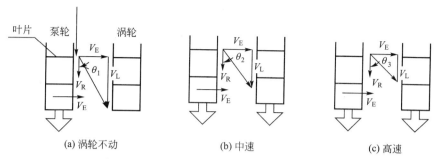

图 2.108 涡轮处于不同转速时的液流情况

动,泵轮与涡轮间的相对速度 V_L 将达最大值,由此而得到的合成速度,即油液从泵轮进入涡轮的速度 V_R 也是最大的。油液进入涡轮的方向和泵轮出口速度之间的夹角 θ_1 也较小,这样液流对涡轮叶片产生的推力也就较大。

当涡轮开始旋转并逐步赶上泵轮的转速时,泵轮与涡轮间的相对线速度减小,使合成速度 V_R 减小,并使 V_R 和泵轮出口线速度 V_E 之间的夹角增大。这样液流对涡轮叶片的冲击力及由此力产生的承受转矩的能力减小,不过随着汽车速度的增加,需要的驱动力矩也迅速降低。

当涡轮高速转动,即输出和输入的转速接近相同时,相对速度 V_L 和合成速度 V_R 都很小,而合成速度 V_R 与泵轮出口速度 V_E 间的夹角很大,这就使液流对涡轮叶片的推力变得很小,这将使输出元件滑动,直到有足够的循环油液对涡轮产生足够的冲击力为止。

由此可见,输出转速高时,输出转速赶上输入转速是一个连续不断的趋势,但总不会等于输入转速。除非在工作状况反过来,变速器变成主动件,发动机变成被动件,涡轮的转速才会等于或高于泵轮转速。这种情况在下坡时可能会发生。

3. 液力变矩器的结构与工作原理

液力变矩器是液力传动中的又一种形式,是构成液力自动变速器不可缺少的重要组成部分之一。液力变矩器装置在发动机的飞轮上,将发动机的动力传递给自动变速器中的齿轮机构,并具有一定的自动变速功能。自动变速器的传动效率主要取决于变矩器的结构和性能。

常用液力变矩器的形式有一般形式的液力变矩器、综合式液力变矩器和锁止式液力变矩器,其中综合式液力变矩器的应用较为广泛。

1) 一般形式的液力变矩器的结构与工作原理

液力变矩器的结构与液力耦合器相似,它由 3 个部件组成,即泵轮、涡轮和导轮。泵轮、涡轮的构造与液力耦合器基本相同;导轮则位于泵轮和涡轮之间,并与泵轮和涡轮保持一定的轴向间隙,通过导轮固定套固定于变速器壳体上,如图 2.109 所示。

发动机运转时带动液力变矩器的壳体和泵轮与之一同旋转,泵轮内的液压油在离心力的作用下,由泵轮叶片外缘冲向涡轮,并沿涡轮叶片流向导轮,再经导轮叶片内缘,形成循环的液流。导轮的作用是改变涡轮上的输出转矩。由于从涡轮叶片下缘流向导轮的液压油仍有相当大的冲击力,只要将泵轮、涡轮和导轮的叶片设计成一定的形状和角度,就可以利用上述冲击力来提高涡轮的输出转矩。为说明这一原理,可以假想地将液力变矩器的 3 个工作轮叶片从循环流动的液流中心线处剖开并展平,得到图 2.110(a) 所示的叶片展开

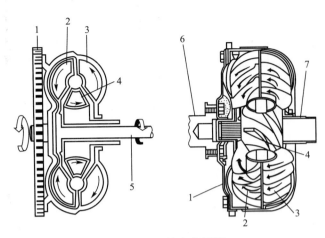

图 2.109　液力变矩器
1—飞轮；2—涡轮；3—泵轮；4—导轮；5—变矩器输出轴；6—曲轴；7—导轮固定套

示意图；并假设在液力变矩器工作中，发动机转速和负荷都不变，即液力变矩器泵轮的转速 n_p 和转矩 M_p 为常数。

在汽车起步之前，涡轮转速为0，发动机通过液力变矩器壳体带动泵轮转动，并对液压油产生一个大小为 M_p 的转矩，该转矩即为液力变矩器的输入转矩。液压油在泵轮叶片的推动下，以一定的速度，按图2.110(b)中箭头1所示方向冲向涡轮上缘处的叶片，对涡轮产生冲击转矩，该转矩即为液力变矩器的输出转矩。此时涡轮静止不动，冲向涡轮的液压油沿叶片流向涡轮下缘，在涡轮下缘以一定的速度，沿着与涡轮下缘出口处叶片相同的方向冲向导轮，对导轮也产生一个冲击力矩，并沿固定不动的导轮叶片流回泵轮。当液压油对涡轮和导轮产生冲击转矩时，涡轮和导轮也对液压油产生一个与冲击转矩大小相等、方向相反的反作用转矩 M_t 和 M_s，其中 M_t 的方向与 M_p 的方向相反，而 M_s 的方向与 M_p 的方向相同。根据液压油受力平衡原理，可得 $M_t = M_p + M_s$。由于涡轮对液压油的反作用力，转矩 M_t 与液压油对涡轮的冲击转矩（即变矩器的输出转矩）大小相等，方向相反，因此可知，液力变矩器的输出转矩在数值上等于输入转矩与导轮对液压油的反作用转矩之和。显然这一转矩要大于输入转矩，即液力变矩器具有增大转矩的作用。液力变矩器输出转矩增大的部分即为固定不动的导轮对循环流动的液压油的作用力矩，其数值不但取决于由涡轮冲向导轮的液流速度，也取决于液流方向与导轮叶片之间的夹角。当液流速度不变时，叶片与液流的夹角愈大，反作用力矩亦愈大，液力变矩器的增扭作用也就愈大。一般液力变矩器的最大输出转矩可达输入转矩的2.6倍左右。

当汽车在液力变矩器输出转矩的作用下起步后，与驱动轮相连接的涡轮也开始转动，其转速随着汽车的加速不断增加。这时由泵轮冲向涡轮的液压油除了沿着涡轮叶片流动之外，还要随着涡轮一同转动，使得由涡轮下缘出口处冲向导轮的液压油的方向发生变化，不再与涡轮出口处叶片的方向相同，而是顺着涡轮转动的方向向前偏斜了一个角度，使冲向导轮的液流方向与导轮叶片之间的夹角变小，导轮上所受到的冲击力矩也减小，液力变矩器的增扭作用亦随之减小。车速愈高，涡轮转速愈大，冲向导轮的液压油方向与导轮叶片的夹角就愈小，液力变矩器的增扭作用亦愈小；反之，车速愈低，液力变矩器的增扭作用就愈小。因此，与液力耦合器相比，液力变矩器在汽车低速行驶时有较大的输出转矩，在汽车起步,上坡或遇到较大行驶阻力时,能使驱动轮获得较大的驱动力矩。

当涡轮转速随车速的提高而增大到某一数值时,冲向导轮的液压油的方向与导轮叶片之间的夹角减小为0,这时导轮将不受液压油的冲击作用,液力变矩器失去增扭作用,其输出转矩等于输入转矩。

若涡轮转速进一步增大,冲向导轮的液压油方向继续向前斜,使液压油冲击在导轮叶片的背面,如图2.110(c)所示,这时导轮对液压油的反作用转矩 M_s 的方向与泵轮对液压油转矩 M_p 的方向相反,故此涡轮上的输出转矩为二者之差,即 $M_t = M_p - M_s$,液力变矩器的输出转矩反而比输入转矩小,其传动效率也随之减小。当涡轮转速较低时,液力变矩器的传动效率高于液力耦合器的传动效率;当涡轮的转速增加到某一数值时,液力变矩器的传动效率等于液力耦合器的传动效率;当涡轮转速继续增大后,液力变矩器的传动效率将小于液力耦合器的传动效率,其输出转矩也随之下降。因此,上述这种液力变矩器是不适合实际使用的。

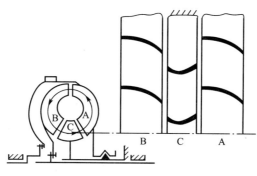

(a) 叶片展开示意图

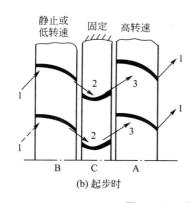

(b) 起步时

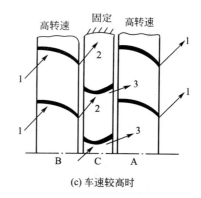

(c) 车速较高时

图2.110 液力变矩器工作原理图

A—泵轮;B—涡轮;C—导轮;
1—由泵轮冲向涡轮的液压油方向;2—由涡轮冲向导轮的液压油方向;3—由导轮流回泵轮的液压油方向

2) 综合式液力变矩器的结构与工作原理

目前在装用自动变速器的汽车上使用的变矩器大多是综合式液力变矩器,其结构如图5.121所示,它和一般形式液力变矩器的不同之处在于它的导轮不是完全固定不动的,而是通过单向超越离合器支承在固定于变速器壳体的导轮固定套上。从发动机前面看,单向超越离合器使导轮可以朝顺时针方向旋转，但不能朝逆时针方向旋转。综合式液力变矩器在涡轮转速较低时具有增扭特性，涡轮转速较高时具有高传动效率。

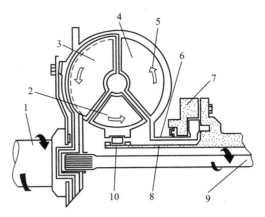

图 2.111　综合式液力变矩器

1—曲轴；2—导轮；3—涡轮；4—泵轮；5—液流；6—变矩器轴套；
7—油泵；8—导轮固定套；9—变矩器输出轴；10—单向超越离合器

3）锁止式液力变矩器的结构与工作原理

变矩器是用液力来传递汽车动力的，而液压油的内部摩擦会造成一定的能量损失，因此传动效率较低。为提高汽车的传动效率，减少燃油消耗，现代很多乘用车的自动变速器采用一种带锁止离合器的综合式液力变矩器。这种变矩器内有一个由液压油操纵的锁止离合器。锁止离合器的主动盘即为变矩器壳体，从动盘是一个可做轴向移动的压盘，它通过花键套与涡轮连接，如图 2.112 所示。压盘背面的液压油与变矩器泵轮、涡轮中的液压油相通，保持一定的油压（该压力称为变矩器压力）；压盘左侧（压盘与变矩器壳体之间）的液压油通过变矩器输出轴中间的控制油道与阀板总成上的锁止控制阀相通。锁止控制阀由自动变速器计算机通过锁止电磁阀来控制。

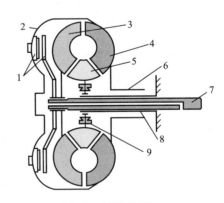

图 2.112　带锁止离合器的综合式液力变矩器结构图

1—锁止离合器；2—变矩器壳体；3—涡轮；4—泵轮；5—导轮；
6—驱动轮毂；7—变矩器输出轴；8—固定套管；9—单向离合器

自动变速器计算机根据车速、节气门开度、发动机转速、变速器液压油温度、操纵手柄位置、控制模式等因素，按照设定的锁止控制程序向锁止电磁阀发出控制信号，操纵锁止控制阀，以改变锁止离合器压盘两侧的油压，从而控制锁止离合器的工作。当车速较低时，锁止控制阀让液压油从油道B进入变矩器，使锁止离合器压盘两侧保持相同的油压，锁止离合器处于分离状态，这时输入变矩器的动力完全通过液压油传至涡轮，如图2.113 (a)所示。当汽车在良好道路上高速行驶，且车速、节气门开度、变速器液压油温度等因素符合一定要求时，计算机即操纵锁止控制阀，让液压油从油道C进入变矩器，而让油道B与泄油口相通，使锁止离合器压盘左侧的油压下降。由于压盘背面（图中右侧）的液压油压力仍为变矩器压力，从而使压盘在前后两面压力差的作用下压紧在主动盘（变矩器壳体）上，如图2.113 (b)所示，这时输入变矩器的动力通过锁止离合器的机械连接，由压盘直接传至涡轮输出，传动效率为100%。另外，锁止离合器在结合时还能减少变矩器中的液压油因液体摩擦而产生的热量，有利用降低液压油的温度。有些车型的液力变矩器的锁止离合器盘上还装有减振弹簧（图2.114），以减小锁止离合器在结合时瞬间产生的冲击力。

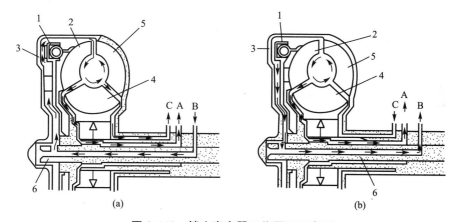

图2.113 锁止离合器工作原理示意图
1—锁止离合器压盘；2—涡轮；3—变矩器壳；4—导轮；5—泵轮；6—变矩器输出轴

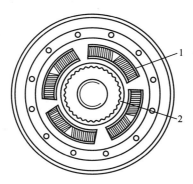

图2.114 带减振弹簧的压盘
1—减振弹簧；2—花键套

2.3.2 自动变速器油泵的结构与工作原理

油泵是自动变速器中的重要总成部件，其作用是为自动变速器的换挡离合器、制动器、液压阀及液力变矩器等部件提供一定压力与流量的液压油，同时油泵让自动变速油在自动变速器内循环流动，吸收各类传动副的工作热量，并润滑各类传动副的工作表面。

油泵安装在液力变矩器的后方，由液力变矩器后端的轴套驱动，自动变速器中常用的油泵有内啮合齿轮油泵、摆线转子式油泵和叶片式油泵。

1. 内啮合齿轮油泵

内啮合齿轮油泵的应用最为广泛，具有结构紧凑、自吸能力强、流量波动小、噪声低等特点。其结构如图 2.115 所示，主要由小齿轮、内齿圈、月牙形隔板、泵壳及泵盖等组成。

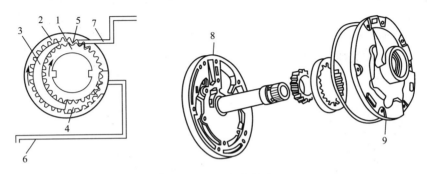

图 2.115　内啮合齿轮油泵
1—小齿轮；2—内齿圈；3—月牙形隔板；4—吸油腔；
5—压油腔；6—进油道；7—出油道；8—泵盖；9—泵壳

在图 2.115 中，泵盖 8 和泵壳 9 用螺栓连接，并固定在自动变速器的壳体上，小齿轮 1、内齿圈 2、月牙形隔板 3 安装在泵盖 8 和泵壳 9 包围形成的内腔中。内齿圈 2 为从动齿轮，内齿圈 2 与小齿轮 1 之间的槽内有一个月牙形隔板 3，月牙形隔板 3 把主、从动齿轮不啮合部分隔成两个工作腔，即高压压油腔和低压吸油腔。小齿轮 1 为主动齿轮，其内圆上有对称的两个凸键，安装时凸键与液力变矩器泵轮轴端的键槽匹配，发动机转动时，发动机飞轮经液力变矩器的泵轮驱动齿轮，使油泵工作。

2. 摆线转子式油泵

摆线转子式油泵主要由一对内啮合的转子组成，其结构与原理可用图 2.116 表示。内转子为外齿轮，其齿廓曲线是外摆线，外转子为内齿轮，齿廓曲线是圆弧曲线。内、外转子的旋转中心不同，两者之间有偏心距，外转子比内转子多一个齿。内转子齿数越多，出油脉动就越小，一般在自动变速器上使用的内转子有 10 个齿。

发动机运转时，带动油泵内、外转子朝相同的方向旋转。内转子为主动齿，外转子的转速比内转子每圈慢一个齿，旋转时，工作腔的容积不断变化，当转子朝顺时针方向旋转时，内、外转子中心线右侧工作腔的容积由小变大，形成局部真空，将液压油从吸油口吸入，内、外转子中心线左侧工作腔的容积由大变小，将液压油从出油口压出摆线转子式油泵。

3. 叶片式油泵

自动变速器叶片式油泵和普通液压传动用的单作用叶片泵一样，其结构也由转子、定子、叶片及端盖等组成,如图2.116所示。定子具有圆柱形内表面,定子和转子之间有偏心距。叶片装在转子槽中,并可在槽中滑动。

当转子回转时,由于离心力的作用,使叶片紧贴在定子内壁,在定子、转子、叶片和端盖间就形成了若干个密封空间。

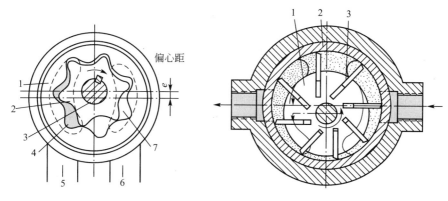

图2.116 摆线转子式油泵结构示意图
1—外转子；2—内转子；3—驱动轴；4—出油工作腔；5—出油口；6—进油口；7—进油工作腔

图2.117 叶片式油泵结构示意图
1—转子；2—定子；3—叶片

2.3.3 自动变速器变速机构的结构与工作原理

自动变速器中的变速机构与手动变速器一样,具有空挡、倒挡及2~4个不同传动比的前进挡,只不过自动变速器中的挡位变换不是由驾驶人直接控制的,而是由自动变速器的液压控制系统或电子控制系统控制换挡执行机构的动作来改变变速齿轮机构的传动比,从而实现自动换挡的。

1. 行星齿轮机构基本结构

行星齿轮机构有很多类型,其中最简单的行星齿轮机构是由1个太阳轮、1个齿圈、1个行星架和支承在行星架上的几个行星齿轮组成的,称为1个行星排,如图2.118所示。

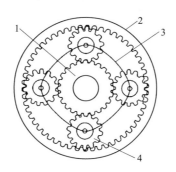

图2.118 行星齿轮机构
1—太阳齿轮；2—齿圈；3—行星齿轮架；4—行星齿轮

行星齿轮机构中的太阳轮、齿圈及行星架有一个共同的固定轴线,行星齿轮支承在固定于行星架的行星齿轮轴上,并同时与太阳轮和齿圈啮合。当行星齿轮机构运转时,空套在行星架上的行星齿轮轴上的几个行星齿轮一方面可以绕着自己的轴线旋转,另一方面又可以随着行星架一起绕着太阳轮回转,就像天上行星的运动那样,兼有自转和公转两种运动状态,在行星排中,具有固定轴线的太阳轮、齿圈和行星架称为行星排的3个基本元件。

2. 单排行星齿轮机构传动原理

由于单排行星齿轮机构有两个自由度,因此它没有固定的传动比,不能直接用于变速传动。为了组成具有一定传动比的传动机构,必须将太阳轮、齿圈和行星架这3个基本元件中的一个加以固定(即使其转速为0,也称为制动),或使其运动受到一定的约束(即让该构件以某一固定的转速旋转),或将某两个基本元件互相连接在一起(即两者转速相同),使行星排变为只有一个自由度的机构,以获得确定的传动化。

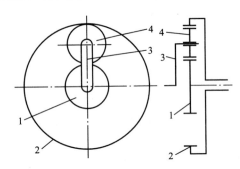

图2.119 行星齿轮机构传动简图
1—太阳轮;2—齿圈;
3—行星架;4—行星齿轮

图2.119所示为行星齿轮机构的传动简图。设太阳轮的齿数为Z_1,齿圈齿数为Z_2,太阳轮、齿圈和行星架的转速分别为n_1、n_2、n_3,并设齿圈与太阳轮的齿数比为α,即

$$\alpha = Z_2/Z_1$$

则行星齿轮机构的一般运动规律可表达为

$$n_1 + \alpha n_2 - (1+\alpha)n_3 = 0$$

由上式可以看出,在太阳轮、齿圈和行星架3个基本元件中,可任选两个分别作为主动件和从动件,而使另一个元件固定不动(使该元件转速为零)或使其运动受一定约束(使该元件的转速为某一定值),则整个轮系即以一定的传动比传递动力。不同的连接和固定方案可得到不同的传动比,3个基本元件的不同组合可有6种不同的组合方案(参见表2-5),加上直接挡传动和空挡,共有8种组合。

表2-5 行星齿轮机构工作状态表

状态	固定	主动部件	从动部件	旋转速度	旋转方向
1	内齿圈	太阳轮	行星架	转速下降	相同方向
2		行星架	太阳轮	转速上升	
3	太阳轮	内齿圈	行星架	转速下降	相同方向
4		行星架	内齿圈	转速上升	
5	行星架	太阳轮	内齿圈	转速下降	相反方向
6		内齿圈	太阳轮	转速上升	

3. 辛普森式行星齿轮机构传动原理

辛普森式行星齿轮机构是一种双排行星齿轮机构,其结构特点是:前、后两个行星排的太阳轮连接为一个整体,称为共用太阳轮组件;前一个行星排的行星架和后一个行星排的齿圈连接为另一个整体，称为前行星架和后齿圈组件；输出轴通常与前行星架和后齿圈组件连接，如图 2.120 所示。辛普森式行星齿轮机构具有 4 个独立元件，即前齿圈、前后太阳轮组件、后行星架、前行星架和后齿圈组件。根据前进挡的挡数不同，可将辛普森式行星齿轮机构分力辛普森式 3 挡行星齿轮机构和 4 挡行星齿轮机构两种。

辛普森式行星齿轮机构以其简单、传动效率高、运转平稳及噪声低等优点而著称，尤其因为其制造成本低而获得了广泛的应用。

4. 拉维诺式行星齿轮机构传动原理

拉维诺式行星齿轮机构的结构如图 2.121 所示，由一个单行星齿轮排和一个双行星齿轮排组合而成。后太阳轮和长行星轮、行星架、齿圈共同组成一个单行星齿轮排，前太阳轮、短行星轮、长行星轮、行星架和齿圈共同组成一个双行星齿轮排。两个行星排共用一个齿圈和一个行星架。拉维诺式行星齿轮机构具有结构简单、尺寸小、传动比变化范围大、灵活多变等特点，可以组成有 3 个前进挡或 4 个前进挡的行星齿轮机构。

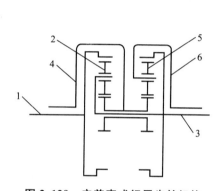

图 2.120 辛普森式行星齿轮机构
1—前齿圈；2—前行星轮；3—前行星架与后齿圈；
4—共用太阳轮；5—后行星轮；6—后行星架

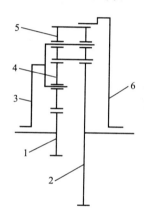

图 2.121 拉维诺式行星齿轮机构
1—前太阳轮；2—后太阳轮；3—行星架；
4—短行星轮；5—长行星轮；6—齿圈

2.3.4 换挡执行机构的结构与工作原理

行星齿轮变速器的换挡执行机构由离合器、制动器和单向超越离合器 3 种不同的执行元件组成。它有 3 个基本作用，即连接、固定和锁止。所谓连接，是指将行星齿轮变速器的输入轴与行星排中的某个基本元件连接，以传递动力，或将前一个行星排的某一个基本元件与后一个行星排的某个基本元件连接，以约束这两个基本元件的运动。所谓固定，是指将行星排的某一基本元件与自动变速器的壳体连接，使之被固定住而不能旋转。所谓锁止，是指把某个行星排的 3 个基本元件中的两个连接在一起，从而将该行星排锁止，使某 3 个基本元件以相同的转速一同旋转，产生直接传动。换挡执行机构各执行元件通过按一定规律对行星齿轮机构的某些基本元件进行连接、固定或锁止，让行星齿轮机构获得不同的传动比，从而实现挡位变换。

1. 离合器的结构与工作原理

行星齿轮变速器换挡执行机构中的离合器一般为多片湿式离合器，其通常由离合器鼓、活塞、回位弹簧、1组钢片、1组摩擦片及密封圈等部件组成，如图2.122所示。

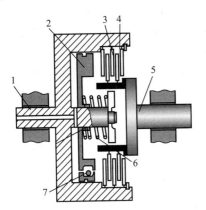

图2.122　多片湿式离合器结构原理图
1—输入轴（离合器鼓）；2—活塞；
3—摩擦片；4—钢片；5—输出轴；
6—回位弹簧；7—单向阀

离合器活塞安装在离合器鼓内，为一种环状活塞，由活塞内、外圆的密封圈保证其密封，从而和离合器鼓一起形成一个封闭的环状液压缸，并通过离合器内圆轴颈上的进油孔和控制油道相通。钢片和摩擦片交错排列，两者统称为离合器片。钢片的外花键齿安装在离合器鼓的内花键齿圈上，可沿齿圈键槽做轴向移动；摩擦片由其内花键齿与离合器毂的外花键齿连接，也可沿键槽做轴向移动，摩擦片的两面均为摩擦系数较大的铜基粉末冶金层或合成纤维层。

当来自控制阀的液压油进入离合器液压缸时，作用在离合器活塞上液压油的压力推动活塞，使之克服回位弹簧的弹力而移动，将所有的钢片和摩擦片相互压紧在一起；钢片和摩擦片之间的摩擦力使离合器输入轴和离合器输出轴连接为一个整体，此时离合器处于结合状态。

当液压控制系统将作用在离合器液压缸内的液压油的压力解除后，离合器活塞在回位弹簧的作用下压回液压缸的底部，并将液压缸内的液压油从进油孔排出。此时钢片和摩擦片相互分离，两者之间无压力，离合器输入轴和离合器输出轴可以朝不同的方向或以不同的转速旋转，离合器处于分离状态。此时，离合器活塞和离合器片或离合器片和卡环之间有一定的轴向间隙，以保证钢片和摩擦片之间无任何轴向压力，这一间隙称为离合器的自由间隙。其大小可以用挡圈的厚度来调整。一般离合器自由间隙的标准为0.5～2.0mm。离合器自由间隙标准的大小取决于离合器的片数和工作条件。通常离合器片数越多或该离合器的交替工作越频繁，其自由间隙就越大。

有些离合器在活塞和钢片之间有一个碟形环。它具有一定的弹性，可以减缓离合器结合时的冲击力。

离合器处于分离状态时，其液压缸内仍残留有少量液压油。由于离合器鼓是和变速器输入轴或行星排某一基本元件一同旋转的，残留在液压缸内的液压油在离心力的作用下会被甩向液压缸外缘处，并在该处产生一定的油压。若离合器鼓的转速较高，这一压力有可能推动离合器活塞压向离合器片，使离合器处于半结合状态，导致钢片和摩擦片因互相接触摩擦而产生不应有的磨损，影响离合器的使用寿命。为了防止这种情况出现，在离合器活塞或离合器鼓的液压缸壁面上设有一个由钢球组成的单向阀。当液压油进入液压缸时，钢球在油压的推动下压紧在阀座上，单向阀处于关闭状态，保证了液压缸密封；当液压缸内的油压被解除后，单向阀钢球在离心力的作用下离开阀座，使单向阀处于开启状态，残留在液压缸内的液压油在离心力的作用下从单向阀的阀孔中流出，保证了离合器的彻底分离。

当离合器处于结合状态时，互相压紧在一起的钢片和摩擦片之间要有足够的摩擦力，以保证传递动力时不产生打滑现象。离合器所能传递的动力的大小主要取决于摩擦片的面积、片数及钢片和摩擦片之间的压紧力。钢片和摩擦片之间压紧力的大小由作用在离合器活塞上的液压油的油压及活塞的面积决定。当压紧力一定时，离合器所能传递的动力的大小就取决于摩擦片的面积和片数。在同一个自动变速器中通常有几个离合器,它们的直径、面积基本上相同或相近,但它们所传递的动力的大小往往有很大的差异。为了保证动力的传递,每个离合器所使用的摩擦片的片数也各不相同。离合器所要传递的动力越大,其摩擦片的片数就应越多。一般离合器摩擦片的片数为2~6片。离合器钢片的片数应等于或多于摩擦片的片数,以保证每个摩擦片的两面都有钢片。此外,同一厂家生产的同一类型的自动变速器可以在不改变离合器外形、尺寸的情况下,通过增减各个离合器摩擦片的片数来形成不同型号的自动变速器,以满足不同排量车型的使用要求。在这种情况下,当减少或增加摩擦片的片数时,要相应增加或减少钢片的个数或增减调整垫片的厚度,以保证离合器的自由间隙不变。因此,有些离合器在相邻两个摩擦片之间装有两片钢片,这是为了保证自动变速器在改型时的灵活性,并非漏装了摩擦片。

2. 制动器的结构与工作原理

制动器的作用是将行星齿轮机构中的太阳轮、齿圈和行星架这3个基本元件之一与变速器壳体相连,使该元件被约束固定而不能旋转。制动器的结构形式较多,目前最常见的是带式制动器和片式制动器两种。

1)带式制动器

带式制动器是利用围绕在鼓周围的制动带收缩而产生制动效果的一种制动器。带式制动器的优点是:有良好的抱合性能;占用变速器较小的空间;当制动带贴紧旋转时,会产生一个使制动鼓停止旋转的所谓自增力作用的楔紧作用。

带式制动器主要由制动鼓、制动带、液压缸及活塞等组成,如图2.123所示。

带式制动器中的制动带是制动器的关键元件之一,它是由在卷绕的钢带底板上粘结摩擦材料所制成的。钢带的厚度为0.76~2.64mm。厚的钢带能产生大的夹紧力,用于发动机功率大的汽车自动变速器。薄的钢带能施加的夹紧力小,但因其柔性好,自增力作用强,所以能产生较大的制动力。

粘结在钢带内表面上的摩擦材料,其摩擦性能对自动变速器的性能来说是十分重要的。用于自动变速器的摩擦材料有多种类型,在商用汽车上一般采用硬度较高的铜基粉末冶金材料和半金属摩擦材料,在小客车上采用纸基摩擦材料。纸基摩擦材料由纤维素纤维、酚醛树脂和填充剂组成。酚醛树脂作为粘结剂,将纤维素纤维连接成连续的基体;填充剂用来增加材料的强度、提高摩擦性能和耐磨性。自动变速器摩擦材料中的填充剂有石墨、金属和陶瓷材料的粉末。现代的纸基摩擦材料已

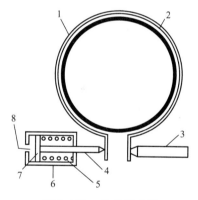

图2.123 带式制动器
1—制动带;2—制动鼓;3—制动带固定端;4—推杆;5—回位弹簧;6—液压缸;7—活塞;8—进油孔

经可以用作重载下工作的摩擦元件,摩擦性能稳定,且纤维素纤维资源丰富,成本低,制造摩擦材料的工艺也较简单,可以降低自动变速器的造价,因而得到广泛的应用。

2)片式制动器

片式制动器由制动鼓、制动器活塞、回位弹簧、钢片、摩擦片及制动毂等部件组成。它的工作原理和多片湿式摩擦离合器基本相同,但片式制动器的制动鼓(相当于离合器鼓)

固定在变速器壳体上,如图 2.124 所示。钢片通过外花键齿安装在固定于变速器壳体上的制动鼓内花键齿圈中,或直接安装在变速器壳体上的内花键齿圈中,摩擦片则通过内花键齿和制动鼓上的外花键齿连接。当制动器不工作时,钢片和摩擦片之间没有压力,制动器毂可以自由旋转。当制动器工作时,来自控制阀的液压油进入制动器毂内的液压缸中,油压作用在制动器活塞上,推动活塞将制动器摩擦片和钢片夹紧在一起,与行星排某一基本元件连接的制动器毂就被固定住而不能旋转。

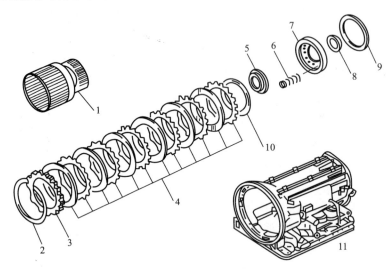

图 2.124 片式制动器

1—制动毂;2—卡环;3—挡圈;4—钢片和摩擦片;5—弹簧座;
6—回位弹簧;7—制动器活塞 8、9—密封圈;10—碟形环;11—变速器壳体

片式制动器的工作平顺性优于带式制动器,因此近年来在乘用车自动变速器中,采用片式制动器的越来越多。另外,片式制动器也易于通过增减摩擦片的片数来满足不同排量发动机的要求。

3. 单向超越离合器的结构与工作原理

单向超越离合器又称单向啮合器,其特点是能单向传递力矩,且不需要控制机构。单向超越离合器有多种形式,常用的有棘轮式、滚柱斜槽式和楔块式 3 种形式。

1) 棘轮式单向超越离合器

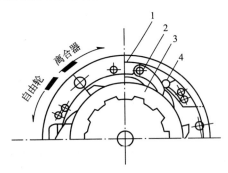

图 2.125 棘轮式单向超越离合器

1—外轮;2—棘爪;3—棘轮;4—叶片弹簧

棘轮式单向超越离合器主要由外轮、棘轮、棘爪和叶片弹簧等组成,如图 2.125 所示为棘轮式单向超越离合器的一种形式。当外轮相对于棘轮顺时针方向旋转时,棘爪卡住棘轮,外轮与棘轮连为一体,不能相对运动,离合器处于锁止状态;当外轮相对于棘轮逆时针方向旋转时,棘爪与棘轮之间产生相对滑动,外轮成为自由轮,单向超越离合器处于自由状态。

2) 滚柱斜槽式单向超越离合器

滚柱斜槽式单向超越离合器由外环、内环、滚柱、滚柱回位弹簧等组成,如图2.126所示。内环通常用内花键与行星齿轮排的某个基本元件或者和变速器壳体连接,外环则通过外花键与行星排的另一侧基本元件连接或者和变速器外壳连接。在外环的内表面制有与滚柱相同数目的楔形槽。内、外环之间的楔形槽内装有滚柱和弹簧。弹簧的弹力将各滚柱推向楔形槽较窄的一端。当外环相对于内环朝顺时针方向转动时,在刚刚开始转动的瞬间,滚柱便在摩擦力和弹簧弹力的作用下被卡死在楔形较窄的一端,于是内、外环互相连接成一个整体,不能相对转动,此时单向超越离合器处于锁止状态,与外环连接的基本元件被固定住或者和与内环相连接的元件连成一整体。当外环相对于内环朝逆时针方向转动时,滚柱在摩擦力的作用下克服弹簧的弹力,滚向楔形槽较宽的一端,出现打滑现象,外环相对于内环可以做自由滑转,此时单向超越离合器脱离锁止而处于自由状态。

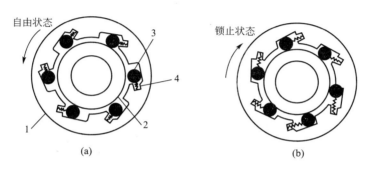

图2.126 滚柱斜槽式单向超越离合器
1—外环;2—内环;3—滚柱;4—弹簧

单向超越离合器的锁止方向取决于外环上楔形槽的方向。在装配时不得装反,否则,会改变其锁止方向,使行星齿轮变速器不能正常工作。

有些单向超越离合器的楔形槽开在内环上,其工作原理和楔形槽开在外环上的相同。

3) 楔块式单向超越离合器

楔块式单向超越离合器的结构和滚柱斜槽式单向超越离合器的结构基本相似,也有外环、内环、滚子(楔块)等,如图2.127所示。不同之处在于,它的外环或内环上都没有楔形槽,其滚子不是圆柱形的,而是特殊形状的楔块。楔块在A方向上的尺寸略大于内、外

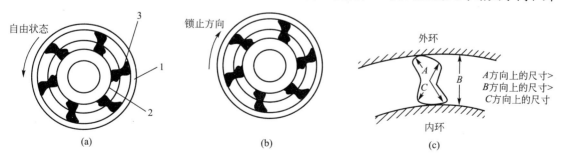

图2.127 楔块式单向超越离合器
1—外环;2—内环;3—楔块

环之间的距离 B，而在 C 方向上的尺寸略小于 B。当外环相对于内环朝顺时针方向转动时，楔块在摩擦力的作用下立起，因自锁作用而被卡死在内、外环之间，使内环与外环无法相对滑转，此时单向超越离合器处于锁止状态；当外环相对于内环朝逆时针方向旋转时，楔块在摩擦力的作用下倾斜，脱离自锁状态，内环与外环可以相对滑动，此时单向超越离合器处于自由状态。楔块式单向超越离合器的锁止方向取决于楔块的安装方向。维修时不可装反，以免影响自动变速器的正常工作。

2.4 自动变速器检修

本节以大众汽车 01V 型自动/手动一体式变速器为对象，讲解自动变速器的检修。

01V 型 5 挡自动/手动一体式变速器可以和 4 缸、6 缸发动机匹配在一起，装在汽车上。变速器代码在变速器下部铭牌上，如图 2.128 所示（箭头所指）。铭牌所在位置如图 2.129 所示。

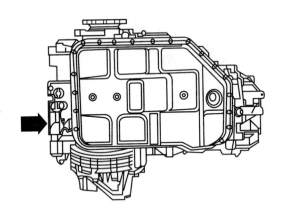

图 2.128 变速器代码所在位置

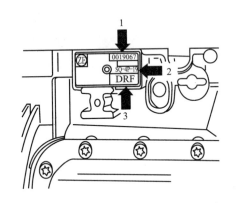

图 2.129 铭牌所在位置
1—变速器流水号；2—变速器名称；3—变速器代码

01V 型自动变速器的技术参数如表 2-6 所示。

表 2-6 01V 型自动变速器技术参数

自动变速器		01V.A	01V.F	01V.E	01V.J
变速器	代码	DPS (China/GUS)	EBV (China)	EBZ (China)	EKC (China)
	制造 从 到	07.97 —	10.99 —	10.99 —	10.99 —
变速器 代码		F31	K28	F31	N28
匹配发动机		2.8L 5V-132kW	2.4L 5V-121kW	2.8L 5V-140kW	2.8L 5V-140kW

(续)

自动变速器		01V. A	01V. F	01V. E	01V. J
传动比	1挡	3.665	3.665	3.665	3.665
	2挡	1.999	1.999	1.999	1.999
	3挡	1.407	1.407	1.407	1.407
	4挡	1.000	1.000	1.000	1.000
	5挡	0.742	0.742	0.742	0.742
	倒挡	4.096	4.096	4.096	
中间传动	齿数 驱动齿轮	29	29	29	29
	齿数 从动齿轮	34	35	34	35
	传动比	1.172	1.207	1.172	1.207
主传动	齿数 主驱动轮	11	11	11	11
	齿数 盘形齿轮	32	30	30	34
	传动比	2.909	2.727	2.727	3.091
CAN 总线		带 CAN 总线	带 CAN 总线	带 CAN 总线	带 CAN 总线
电子油门		不带电子油门	带电子油门	带电子油门	带电子油门
液压控制		E17	E18/2	E18/2	E18/2

自动变速器是一个复杂的机、电、液集成系统，拆装、检修时需注意以下事项：

1. 变速器拆装操作规范

自动变速器维修时应遵守清洁规则。拆下的零件要放到干净的地方并盖好，擦拭零件时要使用塑料和纸，不能使用纤维擦布。如果维修工作不能马上进行，拆开的部件要盖好及锁好。在松开变速器之前要清理连接及周边位置。只能使用干净的零件，备件也必须使用带包装的。

拆下油底壳或者未加自动变速器油时发动机不能工作，车辆也不能拖动。拆下的变速器要确保液力变矩器不掉下来。

在安装变速器之前要检查变矩器的安装尺寸，在安装变速器时要注意轴套的安装位置。在更换自动变速器后，要检查油位，必要时须添加。

2. O形圈、密封环和密封垫的使用

O形圈、密封环和密封垫原则上要更换。

拆下密封垫后，要检查壳体上的轴承面及轴的拆卸飞边或者缺陷。壳体分离面在装配前要彻底清洁。

在装配径向密封环之前，在密封环唇口之间应涂润滑脂，密封环张开侧对着要密封的液体。安装密封环时，在外侧和环唇口根据安装位置用自动变速器油或变速器机油润滑。为了防止在装配O形圈时出现倾斜，要涂自动变速器油。

压入新密封环时，其唇口不要压在旧的环唇位置（利用压入深度偏差）。安装完毕以后,要检查自动变速器油的量是否适当,必要时修正。

3. 螺栓和螺母的使用

螺栓和螺母在没有说明拧紧顺序时,应采用分步交叉法松开和拧紧盖和壳体上的螺栓及螺母。特别是敏感元件(如滑阀箱)注意不要弯曲并且采用分步交叉方法松开和拧紧。本章中的拧紧力矩是按照无油螺栓螺母给出的。

如果要将密封剂涂到螺栓的螺纹上,要先用钢丝刷清理,然后用"AMV 185 101 A1"装入。使用密封剂的螺纹孔也要清理(可用丝锥),如不清理就有可能出现下次拆卸时螺栓被拉断的现象。

4. 卡簧的更换

卡簧不要过度张开,损坏或者过度张开的卡簧要更换。通常情况下卡簧要放入槽内。

5. 轴承的更换

滚针轴承有字的一侧应对着敲入冲头(较大板厚),并且根据安装位置用变速器油或者自动变速器油润滑轴承。

大轴承内外相同的环不要互换。同一轴上的圆锥滚柱轴承要一起更换,并使用同一厂家的产品。

安装圆锥滚柱轴承内套时要加热到100℃左右,安装时轴向无间隙压入。

6. 调整垫片

调整垫片要用千分尺多测量几个位置。检查调整垫片有无飞边和损坏地方,只能安装完好的调整垫片。

2.4.1 液力变矩器检修

安装变速器之前要检查液力变矩器的安装尺寸,用自动变速器油润滑密封环。液力变矩器的安装如图2.130所示。

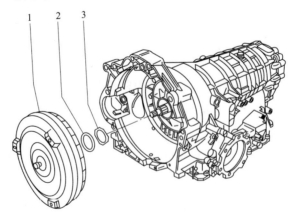

图2.130 液力变矩器
1—液力变矩器;2—密封环(更换);3—轴承套(密封环后面,损坏时更换)

1. 液力变矩器标识

液力变矩器有许多种,通常用代码来标识液力变矩器,如图 2.131 所示。

2. 液力变矩器检查

检查液力变矩器轮毂的导入轨迹,如图 2.132 所示(箭头所指)。由于变矩器是焊接的,出现损坏或者缺陷时要整个更换,不能进行修理。

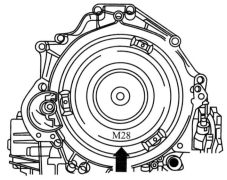 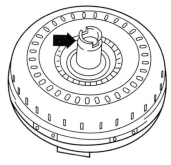

图 2.131　液力变矩器标识　　　　图 2.132　液力变矩器轮毂导入轨迹

3. 液力变矩器排空

排空液力变矩器需要的专用工具、检测仪和辅助用具有抽油器"V.A.G 1358 A"和抽油探针"V.A.G 1358 A/1"。

检修变速器时要用"V.A.G 1358 A"和"V.A.G 1358 A/1"把变矩器中的变速器油抽出来。

4. 液力变矩器油封更换

1) 更换液力变矩器油封的专用工具

更换液力变矩器油封的专用工具"VW 681"如图 2.133 所示,专用工具"3295"如图 2.134 所示。

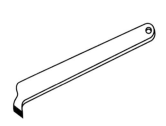 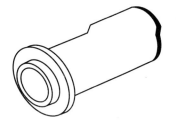

图 2.133　专用工具 VW 681　　　　图 2.134　专用工具 3295

2) 液力变矩器油封拆卸

拆下变矩器,将变矩器固定到装配支架上。将专用工具"VW 681"放到密封环上,如图 2.135 所示,这样可避免下面的轴承环损坏。

3) 液力变矩器油封安装

在密封环外沿和唇口涂点自动变速器油，用专用工具"3295"将密封环压入，如图2.136所示。安装液力变矩器油封时，密封环张开侧应指向变速器。

5. 液力变矩器安装

(1) 装入轮毂，然后将液力变矩器向里旋转，直到液力变矩器轮毂的槽进入到泵轮的接合杆中并且能感到液力变矩器往里滑。

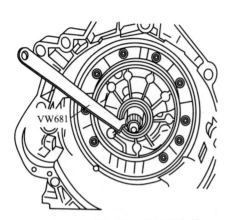

图2.135 拆卸液力变矩器油封

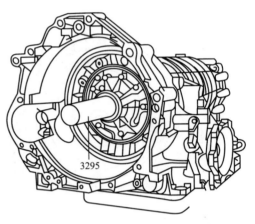

图2.136 安装液力变矩器油封

(2) 如果液力变矩器安装正确，则变速器固定面到液力变矩器槽面距离最小为23mm，如图2.137所示。如果液力变矩器没有装好，则此距离大约为11mm。

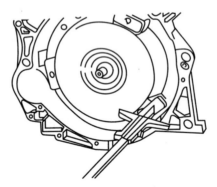

图2.137 变速器固定面到液力变矩器槽面距离

注意：如果液力变矩器安装错误，会造成液力变矩器的接合杆及自动变速器油泵损坏。

2.4.2 自动变速器油泵检修

自动变速器油泵是否正常工作，对自动变速器至关重要。油泵一旦发生故障，就会对整个自动变速器液压系统的工作产生严重影响，甚至可能造成汽车无法行驶。油泵检修的主要内容为主油路油压检测与解体检修两个方面。

1. 主油路油压检测

主油路油压检测为不解体检测,主要是通过测量自动变速器油泵对外输出的油压来判断油泵是否正常。自动变速器制造厂家为了检修方便,一般在自动变速器壳体外都留有多个压力测试孔,主油路油压检测可以通过主油路上的压力测试孔进行油压测量。

1) 主油压测试方法

(1) 暖机,使发动机和变速器达到正常的工作温度。

(2) 在压力测试口上正确连接压力测试表。

(3) 用挡块塞住前后车轮,拉紧驻车制动器。

(4) 起动发动机,检查怠速转速。

(5) 左脚踩下制动踏板,将变速杆移到 D 位。

(6) 在发动机怠速时,测量主油路油压。

(7) 将加速踏板踩到底,测量发动机失速条件下的主油路最高油压。

(8) 用同样方法测量在 R 位时的主油路油压。

2) 结果分析

(1) 压力值偏小,说明油泵磨损过大或系统泄漏严重。

(2) 压力值出现波动,并伴随有规律的响声,可能是油泵损坏。

(3) 压力值过高,可以肯定油泵无故障,极有可能是主油路调压阀有故障。

(4) 没有压力,说明油泵没有工作,可能是定位套磨损或者泵转子破裂,需要解体修理。

2. 解体检修

解体检测前,应标记轮齿的位置。如果再次装配后,磨损部位在别的位置而不是它的原啮合位置,那么油泵噪声及振动会加大。

解体后,应先目视检查油泵内各摩擦表面是否平整,检查齿轮与油泵部件是否有深裂缝、飞边或擦痕;检查泵壳是否磨损;检查轴与齿轮是否有擦痕及泵齿轮是否磨损;是否有折断零件。

之后利用塞尺检测相关间隙。内啮合齿轮泵需要检测的间隙有:

(1) 用塞尺测量内齿圈外缘与泵体之间的间隙如图 2.138 所示。

(2) 测量小齿轮及内齿圈端面与泵壳平面的端隙,如图 2.139 所示。

图 2.138 内齿圈外缘与泵体之间的间隙测量

图 2.139 端隙测量

(3) 检查油泵内齿圈与月牙形隔板之间或小齿轮与月牙形隔板之间的间隙如图2.140所示。

图 2.140　内齿圈、小齿轮与月牙形隔板之间的间隙测量

以上测量结果若超过规则值，则需要更换小齿轮、内齿圈、月牙形隔板或是整个油泵。

2.4.3　换挡机构检修

换挡机构进行检修工作时，必须先拆下副仪表板。同时变速杆应置于 P 位并拉驻车制动。

1. 点火开关拉力锁死检查

(1) 将点火开关转到点火位置。
(2) 踩下制动踏板并保持不动。
(3) 按住变速杆上的键后，变速杆能无卡滞地从 P 位移开。当变速杆不在 P 位时点火锁不能拔下。
(4) 变速杆置于 P 位，此时点火锁必须能无卡滞地打到拔出位置。
(5) 拔出点火开关，此时按住变速杆上的键和踩下踏板后，变速杆应不能从 P 位移开。

2. 换挡机构检查

(1) 变速杆置于 P 位，接通点火开关。
①不踩下制动踏板，变速杆锁死，此时按住变速杆上的键，应该不能使变速杆从 P 位移开。
②踩下制动踏板，变速杆锁死应无效，此时可按住变速杆上键进行换挡。
③将变速杆从 P 位按顺序慢慢换到 RND432，检查仪表板上显示挡位和操作是否相符。
(2) 变速杆置于 N 位，接通点火开关。
①不踩制动踏板，变速杆应锁死，不能从 N 位移开。
②踩下制动踏板，变速杆锁死应无效，可以按住变速杆上的键后移动变速杆随意挂挡。

(3) 变速杆置于 D 位，接通点火开关。

换挡装置上显示的 D 字符变亮，踩住制动踏板起动发动机后，松开制动踏板，车辆有向前移动的趋势，或是缓慢向前行驶。

变速杆从 D 位进入 Tiptronic(即手动/自动一体化变速器)通道后，换挡装置上显示的 D 消失，"+" 和 "-" 符号变亮。

起动发动机，怠速运转，踩下制动踏板时，当变速杆移到 Tiptronic 挡位后，仪表板上显示的挡位应从 PRND432 变为 54321。

3. 变速杆拉线检查和调整

1) 变速杆拉线检查

(1) 将变速杆置于 P 位。

(2) 升起车辆，拆下隔热板/变速杆拉线。

(3) 用专用工具抬起变速杆拉线，如图 2.141 所示。

(4) 使变速杆从 P 位移到 2 位，此时换挡机构和变速杆拉线必须移动灵活，否则，应更换变速杆拉线或者维修换挡机构。

(5) 将变速杆置于 P 位，杠杆/换挡轴也应能移到 P 位，停车锁止必须切入，两个前轮不能朝同一方向转动。变速杆拉线必须移向杠杆/换挡轴，否则，应调整变速杆拉线。

2) 变速杆拉线调整

(1) 从杠杆/换挡轴上松开变速杆拉线。

(2) 将变速杆置于 P 位。杠杆/换挡轴移到 P 位，停车锁止必须切入，两个前轮不能朝同一方向转动。

(3) 如图 2.142 所示，松开支承架螺栓。

图 2.141 抬起变速杆拉线

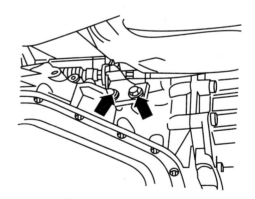
图 2.142 松开支承架螺栓

(4) 朝杠杆/换挡轴方向拉变速杆拉线，调整支承架上的变速杆拉线位置。

(5) 装入隔热板，拧紧支承架上的固定螺栓。

4. 锁止拉线检查和调整

1) 锁止拉线拆卸

(1) 将变速杆打到 2 挡位。

(2) 注意带编码收音机的车辆,必要时查询密码。拆下蓄电池地线。

(3) 拆下变速杆手柄。

(4) 拆下前部副仪表板和方向盘。

(5) 将点火锁转到接通位置(接通点火开关),将变速杆置于 P 位。

(6) 如图 2.143 所示,拉出锁钩卡夹 1,拉出锁止拉线,拆下导槽盖板(变速杆操作机构)3。

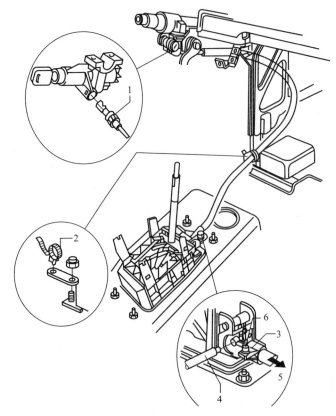

图 2.143 锁止拉线

1—锁钩卡夹;2—绑带;3—支承架;4—杠杆;5—锁止拉线;6—螺栓(10N·m)

(7) 微拉卡簧使锁止拉线从卡簧中脱开,松开绑带 2,取出锁止拉线。

2) 锁止拉线安装

(1) 将锁止拉线无弯折铺设。

(2) 将点火开关打到接通位置,将锁止拉线插到点火开关内。

(3) 检查锁止钩定位,用绑带 2 把锁止拉线系到安全气囊传感器上。

(4) 点火开关转到锁止位置(熄火),变速杆置于 P 位。

(5) 将锁止拉线装到轴承卡簧上,把锁止拉线支承架 3 挂到换挡机构上,锁止拉线挂耳挂到杠杆上。

3) 锁止拉线调整

(1) 变速杆置于 P 位。把螺栓 6 松开,支承架 3 沿箭头方向必须能够用手推动。

(2) 向下调整转向柱。将调整棒 3352A 插到杠杆(锁止拉线用)和锁止拉线挂耳之间。

(3) 用 10N·m 拧紧螺栓 6 按箭头方向调节锁止拉线 5，拿下调整棒。
(4) 进行完锁止拉线调整后，检查点火锁拉出锁止。
(5) 装上方向盘、前部副仪表板和变速杆手柄。
(6) 接上蓄电池地线。对于带编码收音机的车辆，要使编码有效。

2.5 变速器故障诊断

2.5.1 手动变速器故障诊断

1. 变速器异响

1) 空挡发响

(1) 故障现象：发动机低速运转，变速器处于空挡位置有异响，踏下离合器板时响声消失。
(2) 可能故障原因：
① 变速器与发动机安装时曲轴与变速器第一轴中心线不同心，或变速器壳变形。
② 第二轴前轴承磨损、有污垢、起毛。
③ 变速器常啮齿轮磨损，齿侧间隙过大，或个别齿轮齿破裂。
④ 常啮齿轮未成对更换，啮合不良。
⑤ 轴承松旷、损坏、齿轮轴向间隙大。
⑥ 拨叉与接合套间隙过大。

2) 挂挡后发响

(1) 故障现象：变速器挂入挡位后发响，且车速越高声响越大。
(2) 可能故障原因：
① 轴弯曲变形，花键与滑动齿轮毂配合松旷。
② 齿轮啮合不当，轴承松旷。
③ 操纵机构各连接处松动，拨叉变形。

2. 变速器跳挡

(1) 故障现象：变速器自动跳回空挡。
(2) 可能故障原因：
① 齿轮齿长方向磨成锥形。
② 自锁装置失效。
③ 轴、轴承磨损松旷。
④ 操纵机构变形松旷，使齿轮在齿长方向啮合不足。

3. 挂挡困难

(1) 故障现象：不能顺利挂入挡位。
(2) 可能故障原因：

① 拨叉轴变形。
② 自锁和互锁装置卡滞。
③ 变速杆损坏。
④ 同步器耗损或有缺陷。
⑤ 变速轴弯曲或花键损坏。

4. 变速器乱挡

(1) 故障现象：所挂挡位与所需挡位不符，或一次挂入两个挡。

(2) 可能故障原因：

① 互锁装置失效，如拨叉轴、互锁销或互锁钢球磨损过甚等。
② 变速杆上端弧形工作面磨损过大或拨叉轴上拨块的凹槽磨损过大。
③ 变速杆球头定位销折断或球孔、球头磨损导致过于松旷。

2.5.2 自动变速器故障诊断

自动变速器故障有两大类，即机械故障与电气故障，由于本书仅涉及自动变速器的机械部件，所以本节也仅讨论自动变速器机械故障及其诊断与排除方法。

1. 异响

(1) 故障现象：在汽车行驶过程中，自动变速器内始终有异常响声，停车挂空挡后异响消失。

(2) 可能故障原因：

① 油泵因磨损严重或自动变速器油的油面高度过低、过高而产生异响。
② 变矩器因锁止离合器、导轮、单向离合器等损坏而产生异响。
③ 行星齿轮机构异响。
④ 换挡执行元件异响。

(3) 故障诊断与排除：

① 检查自动变速器油的油面高度，若太高或太低，应调整至正确高度。
② 用举升器将汽车升起，起动发动机，在空挡、前进挡、倒挡等状态下检查自动变速器产生异响的部位和时刻。
③ 若在任何挡位下自动变速器前部始终有连续异响，通常为油泵或变矩器异响。此时应检查油泵有无磨损、变矩器内有无大量摩擦粉末。如有异常，应更换油泵或变矩器。
④ 若自动变速器只有在行驶中才有异响，空挡时无异响，则为行星齿轮机构异响。此时应检查行星齿轮机构各个零件有无磨损痕迹，齿轮有无断裂，单向离合器有无磨损、卡滞，轴承或止推垫片有无损坏。如有异常，应予以更换。

2. 自动变速器油易变质

(1) 故障现象：新更换自动变速器油，在使用不久后即变质，自动变速器温度高，从加油口能看到向外冒烟。

(2) 可能故障原因：

① 汽车使用不当，经常超负荷行驶，如经常用于拖车，或经常急加速、超速行驶等。

② 自动变速器至自动变速器油散热器的通道堵塞，使自动变速器油得不到及时冷却，从而使其工作温度过高。

③ 离合器或制动器的间隙过小，在不工作时也存在摩擦打滑现象，造成油温过高而变质。

④ 主油路油压太低，离合器或制动器在工作中打滑。

（3）故障诊断与排除：

① 让汽车以中低速行驶5～10min，待自动变速器达到正常工作温度后，在发动机运转过程中检查自动变速器油散热器的温度。

② 自动变速器油散热器的温度为60℃左右。若自动变速器油散热器的温度过低，说明油管堵塞，或通往自动变速器油散热器的限压阀卡滞，自动变速器油因得不到及时冷却而使其油温过高，导致变质。若自动变速器油散热器的温度太高，说明离合器或制动器自由间隙太小。对此，应拆解自动变速器，调整离合器或制动器的自由间隙。若自动变速器油散热器的温度正常，应测量主油路油压。

③ 若上述检查均正常，则故障可能是汽车经常超负荷行驶所致，或未按规定使用合适牌号的自动变速器油所致。对此，可将自动变速器油全部放出，加入规定牌号和数量的自动变速器油。

3. 打滑

（1）故障现象：起步时踩下节气门踏板，发动机转速很快升高但车速升高缓慢；行驶中踩下节气门踏板加速时，发动机转速升高但车速没有很快提高；平路行驶基本正常，但上坡无力，且发动机转速异常高。

（2）可能故障原因：

① 自动变速器油的油面过低，导致离合器、制动器打滑。

② 离合器或制动器摩擦片、制动带磨损严重或烧焦。

③ 油泵磨损严重或主油路泄漏，造成油路油压过低。

④ 单向离合器打滑。

⑤ 离合器或制动器、蓄压器活塞密封圈损坏，导致漏油。

（3）故障诊断与排除：

① 检查自动变速器油的油面高度和品质。若油面过低或过高，应先调整至正常后再做检查。若油面调整正常后自动变速器不再打滑，则不必拆修自动变速器。若自动变速器油呈棕黑色或有烧焦味，说明离合器或制动器的摩擦片或制动带有烧焦，应拆修自动变速器。若油面高度和油品质均正常，则进行下述检查。

② 进行道路试验。道路试验可以确定自动变速器是否打滑，并检查出现打滑的挡位和打滑的程度。将自动变速器操纵手柄拨入不同的位置，让汽车行驶，若自动变速器升至某一挡位时发动机转速突然升高，但车速没有相应地提高，即说明该挡位有打滑。打滑时发动机的转速越容易升高，说明打滑越严重。

③ 检查主油路油压。在拆检自动变速器之前，先检测一下主油路油压。若主油路油压正常，则只要更换磨损或烧焦的摩擦元件即可。若主油路油压不正常，则在拆修自动变速器的过程中，应根据主油路油压相应地对油泵或阀体进行检修，并更换自动变速器的所有密封圈和密封环。

4. 换挡冲击大

（1）故障现象：在起步时，由驻车挡或空挡挂入前进挡或倒挡时，汽车有明显的振动，而在汽车行驶中，在自动变速器升挡的瞬间汽车也有较明显的冲击。

（2）可能故障原因：

① 发动机怠速过高。

② 节气门拉索或节气门位置传感器调整不当，使主油路油压过高；或者是主油路调压阀有故障，使主油路油压过高导致的换挡冲击。

③ 自动变速器计算机有故障，升挡过迟，或是升挡过早。

④ 蓄压器活塞卡住，不能起减振作用。

⑤ 单向球阀阀球漏装，换挡执行元件（离合器或制动器）接合过快。

⑥ 换挡执行元件打滑。

⑦ 油压电磁阀不工作。

（3）故障诊断与排除：

① 检查发动机怠速。若怠速过高，应按标准（怠速一般为750r/mm左右）予以调整。

② 检查节气门拉索或节气门位置传感器的调整情况。如不符合标准，应重新予以调整。

③ 进行道路试验。判断自动变速器有无打滑或升挡过迟故障。

④ 检测主油路油压。若怠速时主油路油压过高，则说明主油路调压阀或节气门阀有故障，可能是调压弹簧的预紧力过大或阀芯卡滞所致。若怠速时主油路油压正常，但起步挂挡时有较大的冲击，则说明前进挡离合器或倒挡及高速挡离合器的进油单向球阀阀球损坏或漏装。对此，应拆卸阀体，予以修理。若换挡时主油路油压没有下降，则说明蓄压器活塞卡滞。对此，应拆检阀体和蓄压器。

⑤ 电子控制自动变速器如果出现换挡冲击过大的故障，应检查油压电磁阀的线路及油压电磁阀工作是否正常、计算机是否在换挡的瞬间向油压电磁阀发出控制信号。如果线路有故障，应予以修复；如果电磁阀损坏，应更换电磁阀；如果计算机在换挡的瞬间没有向油压电磁阀发出控制信号，说明计算机有故障，对此，应更换控制计算机。

5. 无倒挡

（1）故障现象：汽车前进挡能正常行驶，但倒挡时车辆不能行驶。

（2）可能故障原因：

① 操纵手柄调整不当。

② 倒挡油路泄漏。

③ 倒挡及高速挡离合器或低速挡及倒挡制动器打滑。

（3）故障诊断与排除：

① 检查自动变速器操纵手柄的位置。若有异常，应按规定程序重新调整。若正常，进行下一步检查。

② 检查倒挡油路油压。若油压过低，则说明倒挡油路泄漏。应拆检自动变速器。若倒挡油路油压正常，应拆检自动变速器，更换损坏的离合器片或制动器片。

6. 无前进挡

(1) 故障现象：汽车可以倒车，但在 D 位时不能正常向前行驶。
(2) 可能故障原因：
① 前进挡离合器严重打滑。
② 前进挡单向离合器打滑或装反。
③ 前进挡离合器油路严重泄漏。
(3) 故障诊断与排除：
① 检查操纵手柄的调整情况。若有异常，应重新调整。
② 测量前进挡主油路油压。若油压过低，说明主油路严重泄漏，应拆检自动变速器，更换前进挡油路上各处的密封圈和密封环。若前进挡的主油路油压正常，应拆检前进挡离合器。如摩擦片表面粉末冶金层有烧焦或磨损过甚，应更换摩擦片。
③ 若主油路油压和前进挡离合器均正常，则应检查前进挡单向离合器有无打滑，安装方向是否正确。

7. 汽车不能行驶

(1) 故障现象：无论操纵手柄位于倒挡或是前进挡，汽车都不能行驶。
(2) 可能故障原因：
① 自动变速器油底壳油全部漏光。
② 主油路严重泄漏。
③ 油泵进油滤网堵塞或油泵损坏。
④ 操纵手柄和手动阀摇臂之间的连杆或拉索松脱，手动阀保持在空挡或驻车挡位置。
⑤ 变矩器损坏而不能传递动力。
(3) 故障诊断与排除：
① 检查自动变速器油的油面高度。如果油面正常，进行下一步检查。
② 检查自动变速器操纵手柄与手动阀摇臂之间的连杆或拉索有无松脱。如有松脱，应重新调整好操纵手柄的位置。若无松脱，进行下一步检查。
③ 检查主油路油压。拆下主油路测压孔上的螺塞，起动发动机，将操纵手柄拨至前进挡或倒挡位置，检查测压孔内有无自动变速器油流出。

a. 若测压孔内有大量油液喷出，说明主油路油压正常，故障出在自动变速器中的输入轴、行星齿轮机构或输出轴。对此，应拆检自动变速器。

b. 若主油路测压孔内没有油液流出，打开油底壳，检查手动阀摇臂是否松脱。若手动阀工作正常，说明油泵损坏，应维修或更换油泵。

c. 若主油路测压孔内只有少量油液流出，油压很低或基本上没有油压，应打开油底壳，检查油泵进油滤网有无堵塞。若无堵塞，应拆卸分解自动变速器，检查油泵和主油路调压阀。

d. 若冷车起动时主油路有一定的油压，但热车后油压即明显下降，说明油泵磨损严重，应更换油泵。

习题

1. 汽车变速器的功能主要有哪些？
2. 汽车手动变速器的主要类型有哪些？其各自都有哪些结构特征？
3. 汽车手动变速器同步器的主要类型有哪些？其各自的原理是什么？
4. 与手动变速器相比，自动变速器的优点有哪些？
5. 简述锁止式液力变矩器的结构与工作原理。
6. 辛普森式行星齿轮机构与拉维诺式行星齿轮机构的结构差异在哪里？
7. 自动变速器单向超越离合器有哪些类型？简述其各自的结构与工作原理。
8. 汽车自动变速器油泵检修的主要内容有哪些？简述其各自的操作步骤。
9. 汽车手动变速器的常见故障有哪些？
10. 汽车自动变速器的常见故障有哪些？

第3章 汽车万向传动装置检修

教学目标

熟悉万向传动装置的组成、工作原理及结构类型；了解万向节的结构及工作特点，以及万向传动装置的传动轴及中间支承；掌握典型车型万向传动装置的拆装、常见故障诊断和维修方法。

教学要点

知识要点	能力要求	相关知识
万向传动装置的组成与工作原理，万向节的速度特性分析	熟悉万向传动装置的组成、工作原理及结构类型，以及万向传动装置在汽车上的应用	万向节和传动轴的功用，万向节的结构特点
万向传动装置的拆装	掌握万向传动装置的拆装方法	万向传动装置的布置、传动轴与中间支承等
万向传动装置的故障诊断与排除	掌握万向传动装置的故障诊断与维修方法	万向传动装置组成结构特点、故障产生的原因分析

3.1 万向传动装置的结构与工作原理

万向传动装置在汽车上有很多应用,结构也有所不同,但功用都是一样的,即在轴线相交且相互位置经常发生变化的两转轴之间传递动力。万向传动装置一般由万向节和传动轴组成,有的还加装中间支承。

位于变速器与驱动桥之间的万向传动装置是汽车中最常见的应用,如图 3.1 所示。由于汽车布置、设计等原因,变速器输出轴和驱动桥输入轴不可能在同一轴线上,并且变速器虽然是安装在车架(车身)上,可以认为位置是不动的,但驱动桥会由于悬架变形而引起其位置经常发生变化,所以在变速器和驱动桥之间装有万向传动装置正好可以满足这些使用、设计要求。

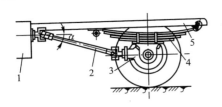

图 3.1 变速器与驱动桥之间的万向传动装置

1—变速器;2—万向传动装置;3—驱动桥;4—后悬架;5—车架

万向传动装置在汽车上的应用主要有以下几个方面:

(1)变速器与驱动桥之间(4×2汽车),如图 3.2 所示。一般汽车的变速器、离合器与发动机三者装合为一体装在车架上,驱动桥通过悬架与车架相连。在负荷变化及汽车在不平路面行驶时会引起跳动,使驱动桥输入轴与变速器输出轴之间夹角和距离发生变化,所以需要使用万向传动装置。

(2)变速器与分动器、分动器与驱动桥之间(越野汽车),如图 3.3 所示。为消除车架变形及制造、装配误差等引起的其轴线同轴度误差对动力传递的影响,须装有万向传动装置。

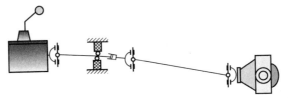

图 3.2 变速器与驱动桥之间的万向传动装置

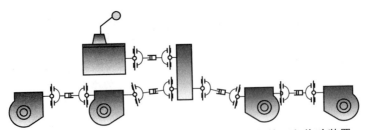

图 3.3 变速器与分动器、分动器与驱动桥之间的万向传动装置

(3)转向驱动桥的内、外半轴之间,如图 3.4 所示。转向时两段半轴轴线相交且交角变化,因此要用万向节。

(4)断开式驱动桥的半轴之间,如图 3.5 所示。主减速器壳在车架上是固定的,桥壳上下摆动，半轴是分段的，须用万向节。

图 3.4 转向驱动桥内、外半轴之间的万向传动装置　　图 3.5 断开式驱动桥半轴之间的万向传动装置

（5）转向机构的转向轴与转向器之间，如图 3.6 所示。使用万向传动装置有利于转向机构总体布置。

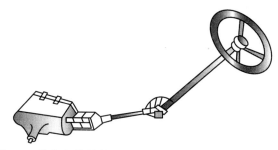

图 3.6 转向机构的转向轴和转向器之间的万向传动装置

3.1.1 万向节

万向节的功用是在轴间夹角及相互位置不断变化的两转角之间传递动力。在汽车上使用的万向节可以从不同角度分类。按其刚度大小，分为刚性万向节和挠性万向节。

刚性万向节按其速度特性分为不等速万向节（常用的为十字轴式）、准等速万向节（双联式和三销轴式）和等速万向节（包括球叉式和球笼式）。目前在汽车上应用较多的是十字轴式刚性万向节和等速万向节。十字轴式刚性万向节主要用于发动机前置后轮驱动的变速器与驱动桥之间，等速万向节主要用于发动机前置前轮驱动的内、外半轴之间。

1. 十字轴式刚性万向节

十字轴式刚性万向节结构简单，传动可靠，效率高，且允许两传动轴之间有较大交角（一般为 15°～20°），普遍应用于各类汽车传动系统中。

1）十字轴式刚性万向节的构造

十字轴式刚性万向节如图 3.7 所示，两万向节叉 2 和 6 上的孔分别活套在十字轴 4 的两对轴颈上，当主动轴转动时，从动轴既可随之转动，又可绕十字轴中心在任意方向摆动。十字轴轴颈和万向节叉孔间装有由滚针 8 和套筒 9 组成的滚针轴承，用螺钉和轴承盖 1 将套筒 9 固定在万向节叉上，并用锁片将螺钉锁紧，以防止轴承在离心力作用下从万向节叉内脱出。十字轴做成中空的，润滑油从注油嘴 3 注入十字轴内腔。在十字轴的轴颈上套着装在金属座圈内的毛毡油封 7，防止润滑油流出及尘垢进入轴承。十字轴中部装有带弹簧的溢流阀 5。若十字轴内腔润滑油压力大于允许值，安全阀即被顶开而润滑油外溢，使油封不致因油压过高而损坏。

近年来在十字轴式万向节中多采用橡胶油封，橡胶油封的密封性能远优于老式的毛毡或软木垫油封。如图 3.8 所示，当用注油枪向十字轴内腔注入润滑油而使内腔油压大于允许值时，多余的润滑油便从橡胶油封内圆表面与十字轴轴颈接触处溢出，故在十字轴上无须安装安全阀。

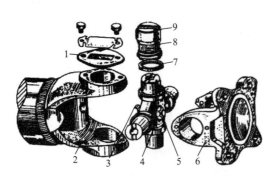
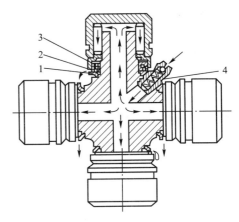

图 3.7 十字轴式刚性万向节

1—轴承盖；2、6—万向节叉；3—注油嘴；
4—十字轴；5—溢流阀；7—油封；8—滚针；9—套筒

图 3.8 十字轴润滑油道及密封装置

1—油封挡盘；2—油封；3—油封座；4—注油嘴

万向节中常见的滚针轴承的轴向定位方式，除上述盖板式外，还可采用互盖式、U形螺栓式及卡圈固定式等结构。

2）十字轴式刚性万向节传动的不等速性与等速排列

万向节在运动过程中，有两个特殊位置。若主动叉处于垂直位置，则十字轴平面与主动叉轴相垂直；若主动叉处于水平位置，则十字轴平面与从动叉轴相垂直。下面通过这两个特殊的运动来分析说明单个万向节传动的不等速性。

如图 3.9 所示为十字轴式刚性万向节传动示意图。设主动叉轴 1 为垂直布置而且以 ω_1 等角速度旋转，从动叉轴 2 与主动叉轴 1 有夹角 α，其角速度为 ω_2。十字轴旋转半径 OA 与 OB 相等，设其为 r。

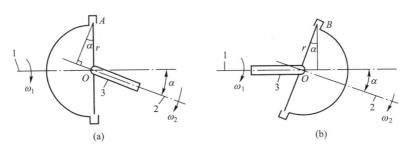

图 3.9 十字轴式刚性万向节传动的速度特性分析

1—主动叉轴；2—从动叉轴；3—十字轴

当万向节转动到图 3.9(a)所示位置，即主动叉处于垂直位置时，十字轴平面与主动叉轴相垂直，十字轴上 A 点的线速度 V_A 如下：

视十字轴随主动叉轴 1 一起转动时

$$V_{A1}=\omega_1 r$$

视十字轴随从动叉轴 2 一起转动时

$$V_{A2}=\omega_2 r\cos\alpha$$

因为 $V_{A1}=V_{A2}$，故 $\omega_2=\omega_1/\cos\alpha$，此时，$\omega_2>\omega_1$。

当万向节再转动 90°至图 3.9(b)所示位置，即主动叉处于水平位置时，十字轴平面与从动叉轴 2 相垂直，十字轴 B 点的线速度 V_B 也可求出，即

$$V_{B1}=\omega_1 r\cos\alpha$$
$$V_{B2}=\omega_2 r$$

因为 $V_{B1}=V_{B2}$，所以 $\omega_2=\omega_1\cos\alpha$，此时 $\omega_2<\omega_1$。

通过上述两个特殊位置分析可以看出，当主动叉轴 1 以等角速度转动时，从动叉轴 2 是不等角速度转动的，即主动轴与从动轴的瞬时角速度不相等。这就是十字轴式刚性万向节传动的不等速性。从图 3.9(a)位置转动到图 3.9(b)位置转动了 90°，从动轴 2 的角速度由最大值 $\omega_1/\cos\alpha$ 变为最小值 $\omega_1\cos\alpha$；再转 90°又回到图 3.9(a)位置，从动轴的角速度 ω_2 又由最小值 $\omega_1\cos\alpha$ 变为最大值 $\omega_1/\cos\alpha$。可见，从动轴角速度的变化以 180°为一个周期，在 180°内时快时慢，且不等角速度程度随轴间夹角 α 的增大而增大。但两轴的平均速度相等，即主动轴转一周，从动轴也转一周。因此，传动的不等速性是指从动轴在转动一周内其角度不均匀。

单个十字轴式刚性万向节的不等速性会使从动轴及与其相连的传动部件产生扭转振动，从而产生附加交变载荷，影响部件的使用寿命。但是，十字轴式刚性万向节的优点是结构简单，工作可靠，允许在轴间夹角为 15°~20°的两轴间传递动力，且采用两个或两个以上万向节，可近似地满足等速传动，因此在汽车传动系统中被广泛应用。

从以上分析可以想到，在两轴（如变速器的输出轴和驱动桥的输入轴）之间，若采用如图 3.10 所示的双万向节传动，则第一个万向节的不等速性效应就有可能被第二个万向节的不等速效应所抵消，从而实现两轴间的等角速传动。依运动学分析可知，要达到这一目的，必须满足两个条件：①第一个万向节两轴间夹角 α_1 与第二个万向节两轴间夹角相等；②第一个万向节的从动叉与第二个万向节的主动叉处于同一平面内。条件②完全可

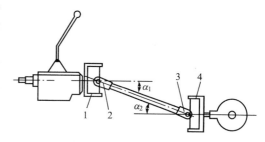

图 3.10 双万向节等速传动布置图
1、3—主动叉；2、4—从动叉

由传动轴和万向节叉的正确装配来保证。但是条件①只有在采用驱动轮独立悬架时，才有可能通过整车的总体布置设计和总装配工艺保证而实现。因为在此情况下，主减速器和变速器相对位置是固定的。当驱动轮采用非独立悬架时，由于弹性悬架振动，驱动桥输入轴与变速器输出轴相对位置不断变化，不可能任何时候都能保证条件①成立，故此时该两部件之间的万向传动只能做到使传动不等速性尽可能小。但对于每一个万向节而言，只要存在交角，万向节在工作中内部各零件之间就存在相对运动，就会导致摩擦损失。交角越大，摩擦损失越大，故在汽车总体布置中应尽量减小交角。

上述双万向节传动虽能近似地解决等速传动问题，但在某些情况下已难以适应实际需要。经过长期实践，人们创造了各种形式的等速和准等速万向节。只要用一个这样的万向节，就能实现或基本实现等角速传动。在转向驱动桥及独立悬架的后驱动桥中广泛采用了等速万向节。

2. 准等速万向节和等速万向节

1) 准等速万向节

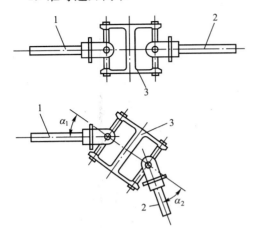

图 3.11 双联式万向节示意图
1、2—轴；3—双联叉

准等速万向节是根据上述双万向节实现等速传动的原理而设计的，常见的有双联式和三销轴式。

(1) 双联式万向节。双联式万向节实际上是一套传动轴长度缩减至最小的双万向节等速传动装置。图 3.11 中的双联叉 3 相当于两个在同一平面上的万向节叉。欲使轴 1 和轴 2 的角速度相等，应保证 $α_1 = α_2$。为此，在双联式万向节结构中装有分度机构，以期双联叉的对称线平分所连两轴的夹角。

图 3.12 为双联式万向节的结构实例。在万向节叉 6 的内端有球头，与球碗 9 内圆面配合，球碗座 2 镶嵌在万向节叉 1 内端。球头与球碗中心与十字轴中心的连线中点重合。当万向节叉 6 相对万向节叉 1 在一定角度范围内摆动时，双联叉 5 也被带动偏转相应角度，使两十字轴中心连线与两万向节叉 1 和 6 的轴线的交角(即图 3.11 中的 $α_1$ 和 $α_2$)差值很小，从而保证两轴角速度接近相等，其差值在容许范围内，故双联式万向节具有准等速性。

双联式万向节用于转向驱动桥时，可以没有分度机构，但必须在结构上保证双联式万向节中心位于主销轴线与半轴轴线的交点，以保证准等速传动。

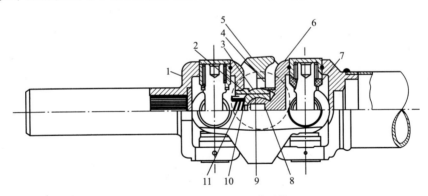

图 3.12 双联式万向节结构
1、6—万向节叉；2—球碗座；3—衬套；4—防护圈；
5—双联叉；7—油封；8、10—垫圈；9—球碗；11—弹簧

双联式万向节允许有较大的轴间夹角，且具有结构简单、制造方便、工作可靠等优点，故在转向驱动桥中的应用逐渐增多。北京吉普汽车有限公司生产的切诺基轻型越野汽车的前传动轴与分动器前输出轴之间，即采用了这种双联式万向节。

(2) 三销轴式万向节。三销轴式万向节是由双联式万向节演变而来的准等速万向节。如图 3.13 所示为东风 EQ2080 型汽车转向驱动桥中所采用的三销轴式万向节。它

主要由两个偏心轴叉 1 和 3、两个三销轴 2 和 4 及 6 个轴承、密封件等组成。主、从动偏心轴叉分别与转向驱动桥的内、外半轴制成一体。叉孔中心线与叉轴中心线互相垂直但不相交。

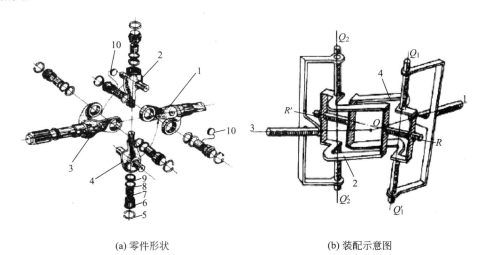

(a) 零件形状　　　　　　(b) 装配示意图

图 3.13　三销轴式准等角速万向节

1—主动偏心轴叉；2、4—三销轴；3—从动偏心轴叉；5—卡环；
6—轴承座；7—衬套；8—毛毡圈；9—密封罩；10—推力垫片

主、从动叉由两个三销轴连接。三销轴的大端有一穿通轴承孔，其中心线与小端轴颈中心线重合。靠近大端两侧有两轴颈，其中心线与小端轴颈中心线垂直并相交。装合时，每一偏心轴叉的两叉孔与一个三销轴的大端两轴颈配合，而后两个三销轴的小端轴颈互相插入对方的大端轴承孔内，这样便形成了 $Q_1—Q_1'$、$Q_2—Q_2'$ 和 $R—R'$ 三根轴线。

在与主动偏心轴叉 1 相连的三销轴 4 的两个轴颈端面和轴承座 6 之间加装有推力垫片 10。其余各轴颈端面均无推力垫片，且端面与轴承座之间留有较大的空隙，以保证在转向时三销轴万向节不致发生运动干涉现象。

三销轴式万向节的最大特点是允许相邻两轴有较大的交角，最大可达 45°。在转向驱动桥中采用这种万向节可使汽车获得较小的转弯半径，提高汽车的机动性。三销轴式万向节的缺点是所占空间较大。

2) 等速万向节

等速万向节的基本原理是从结构上保证万向节在工作过程中，其传力点永远位于两轴交点的平分面上。图 3.14 所示为一对大小相同的锥齿轮传动示意图。两齿轮的接触点 P 位于两齿轮轴线交角 α 的平分面上，由接触点 P 到两轴垂直距离都等于 r。在 P 点处两齿轮的圆周速度相等，因而两个齿轮旋转角速度也相等。与此相似，若万向节的传力点在其交角变化时始终位于角平分面内，则可使两万向节叉保持等角速的关系。目前采用较广泛的球叉式万向节和球笼式万向节均根据这一原理制成。

(1) 球叉式万向节。球叉式万向节的结构如图 3.15 所示。主动叉 5 与从动叉 1 分别与内、外半轴制成一体。在主、从动叉上，各有 4 个曲面凹槽，装合后形成两个相交的环形槽作为钢球滚道。4 个传动钢球 4 放在槽中，中心钢球 6 放在两叉中心的凹槽内，以定中心。

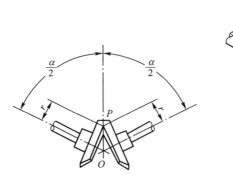

图 3.14 一对大小相同的锥齿轮传动示意图

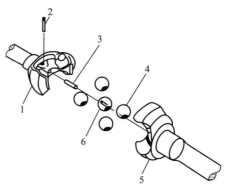

图 3.15 球叉式万向节结构
1—从动叉；2—锁止销；3—定位销；
4—传动钢球；5—主动叉；6—中心钢球

为顺利地将钢球装入槽内，在中心钢球 6 上铣出一个凹面，凹面中央有一深孔。装合时，先将定位销 3 装入从动叉 1 内，放入中心钢球 6，然后在两球叉槽中陆续装入 3 个传动钢球，再将中心钢球的凹面对向未放钢球的凹槽，以便装入第 4 个传动钢球，而后再将中心钢球 6 的孔对准从动叉孔，提起从动叉轴使定位销 3 插入球孔中，最后将锁止销 2 插入从动叉上与定位销垂直的孔中，以限制定位销轴向移动，保证中心钢球的正确位置。

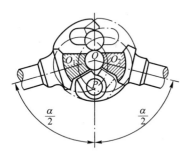

图 3.16 球叉式万向节等角速传动原理

球叉式万向节等角速传动原理如图 3.16 所示。主动叉和从动叉凹槽的中心线是以 O_1、O_2 为圆心的两个半径相等的圆，而圆心 O_1、O_2 与万向节中心 O 的距离相等。因此，在主动轴和从动轴以任何角度相交的情况下，传动钢球中心都位于两圆的交点上，亦即所有传动钢球都位于角平分面上，因而保证了等角速的传动。

球叉式万向节结构简单，允许最大交角为 32°～33°，一般应用于转向驱动桥中，如图 3.17 所示。

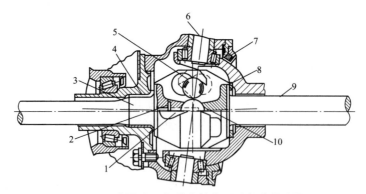

图 3.17 球叉式万向节在转向驱动桥中的布置
1—定位销；2—锁止销；3—从动叉；4—径向推力轴承；5—传动钢球
6—主销；7—油封；8—推力轴承；9—主动叉；10—中心钢球

近年来，有些球叉式万向节中省去了定位销和锁止销，中心钢球上也没有凹面，靠压力装配。这样，结构更为简单，但拆装不便。球叉式万向节工作时，只有两个钢球传力，反转时，则由另两个钢球传力。因此，钢球与曲面凹槽之间的单位压力较大，磨损较快，影响使用寿命。

(2) 球笼式万向节。球笼式万向节的结构如图 3.18 所示。星形套 7 以内花键与主动轴 1 相连，其外表面有 6 条凹槽，形成内滚道。球形壳 8 的内表面有相应的 6 条凹槽，形成外滚道。6 个钢球 6 分别装在各条凹槽中，并由保持架 4 使之保持在一个平面内。动力由主动轴 1 经钢球 6、球形壳 8 输出。

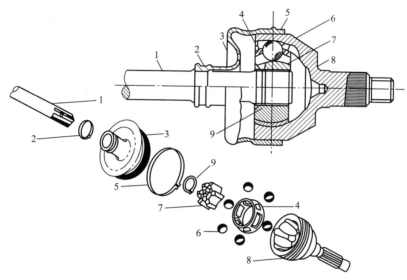

图 3.18 球笼式万向节结构
1—主动轴；2、5—钢速箍；3—外罩；4—保持架（球笼）；6—钢球；
7—星形套（内滚道）；8—球形壳（外滚道）；9—卡环

球笼式万向节等角速传动原理如图 3.19 所示。外滚道的中心 A 与内滚道的中心 B 分别位于万向节中心 O 的两边，且与 O 等距离。钢球中心 C 到 A、B 两点的距离也相等。

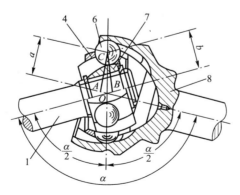

图 3.19 球笼式万向节等角速传动原理
A—外滚道中心；B—内滚道中心；C—钢球中心；O—万向节中心；α—两轴交角（指钝角）
1—主动轴；4—保持架（球笼）；6—钢球；7—星形套（内滚道）；8—球形壳（外滚道）

保持架的内外球面、星形套的外球面和球形壳的内球面，均以万向节中心 O 为球心。因此，当两轴交角变化时，保持架可沿内、外球面滑动，以保持钢球在一定位置。

由图 3.19 可见，由于 $OA=OB$，$CA=CB$，CO 是共边，则 △COA 与 △COB 全等。因此，∠COA=∠COB，即两轴相交任意角，亦即传力钢球 6 的中心 C 总是位于两轴交角平分面上，从而保证了从动轴与主动轴以相等的角速度旋转。

球笼式等角速万向节在两轴最大交角达 47° 的情况下，仍可传递转矩，且在工作时，无论传动方向如何，6 个钢球全部传力。与球叉式万向节相比，其承载能力强，结构紧凑，拆装方便，因此应用越来越广泛。该结构形式简称 RF 节。

伸缩型球笼式万向节（简称 VL 节）的结构如图 3.20 所示。该结构形式的内、外滚道是圆筒形的，在传递转矩过程中，星形套 2 与筒形壳 4 可以沿轴向相对移动，故可省去其他万向传动装置中必须有的滑动花键。这不仅使结构简化，而且由于星形套 2 与筒形壳 4 之间的轴向相对移动是通过钢球 5 沿内、外滚道滚动来实现的，与滑动花键相比，其滑动阻力小，最适用于断开式驱动桥。

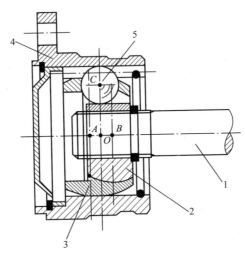

图 3.20 伸缩型球笼式万向节（VL 节）结构
1—主动轴；2—星形套（内滚道）；
3—保持架（球笼）；4—筒形壳（外滚道）；
5—钢球；O—万向节中心；$α$—两轴交角（指钝角）

这种万向节保持架的内球面中心 B 与外球面中心 A 位于万向节中心 O 的两边，且与 O 等距离。钢球中心 C 到 A、B 距离相等，以保证万向节做等角速传动。

上述伸缩型球笼式万向节（VL 节）在转向驱动桥中均布置在靠传动器一侧（内侧），而轴向不能伸缩的球笼式万向节（RF 节）则布置在万向节处（外侧），如图 3.21 所示。

3. 挠性万向节

挠性万向节依靠其中弹性件的弹性变形来保证在相交两轴间传动时不发生机械干涉。弹性件可以是橡胶盘、橡胶金属套筒、六角形橡胶圈或其他结构形式。由于弹性件的弹性变形量有限，故挠性万向节一般用于两轴间夹角不大（3°～5°）和只有微量轴向位移的万向传动场合。例如，常用来连接固定安装在车架上的两个部件（如发动机与变速器或变速器

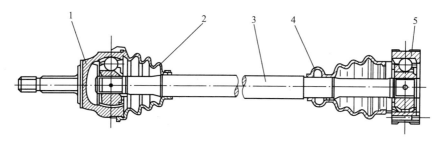

图 3.21 RF 节与 VL 节在转向驱动桥中的布置
1—球笼式万向节（RF 节）；2、4—防尘罩；3—传动轴（半轴）；5—伸缩型球笼式万向节（VL 节）

与分动器）之间，以消除制造安装误差和车架变形对传动的影响。此外，它还具有能吸收传动系统中的冲击载荷和衰减扭转振动、结构简单、无须润滑等优点。

原上海 SH380A 型自卸汽车上用来连接发动机输出轴与液力机械变速器输入轴的挠性万向节图如 3.22 所示。它主要由借螺栓固定在发动机飞轮上的大圆盘 2、与花键毂 5 铆接在一起的连接圆盘 4、连接二者的 4 副弹性连接件 3 及定心用的中心轴 1 组成。弹性连接件的结构如图 3.23 所示。两个橡胶块 1 装在两半对合的外壳 3 中，每个橡胶块中各有一衬套 2。每副弹性连接件中的一个橡胶块用螺栓固定在大圆盘上，而另一橡胶块用螺栓固定于连接圆盘上，如图 3.22 所示。动力经大圆盘输入，通过衬套传给每一副弹性连接件中的一个橡胶块，再经外壳、另一橡胶块和衬套传给连接圆盘，最后经花键毂和花键轴输出。

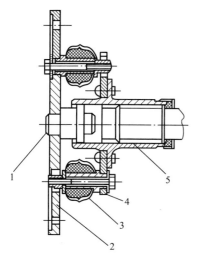

图 3.22 原上海 SH380A 型自卸汽车的挠性万向节
1—中心轴；2—大圆盘；3—弹性连接件；
4—连接圆盘；5—花键毂

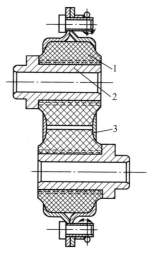

图 3.23 弹性连接件结构
1—橡胶块；2—衬套；3—外壳

3.1.2 传动轴和中间支承

常见的轻、中型货车中，连接变速器与驱动桥的传动轴部件由传动轴及其两端焊接的花键轴和万向节叉组成。

汽车行驶过程中，变速器与驱动桥的相对位置经常变化，为避免运动干涉，传动轴中设有由滑动叉和花键轴组成的滑动花键连接，以实现传动轴长度的变化。为减少磨损，还装有用以加注润滑脂的注油嘴、油封、堵盖和防尘套。

传动轴在高速旋转时，由于离心力作用将产生剧烈振动。因此，当传动轴与万向节装配后，必须满足动平衡要求，平衡用的平衡片如图3.24中的零件3。

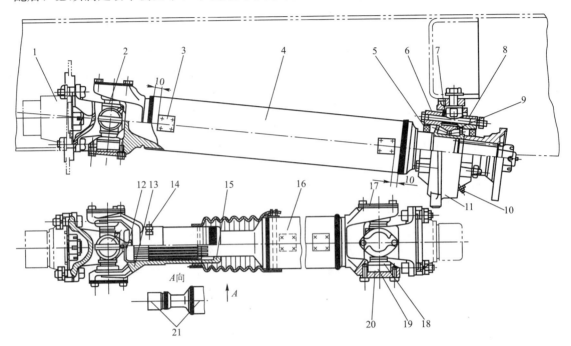

图3.24　解放CA1091型汽车的传动轴与中间支承

1—凸缘叉；2—万向节十字轴；3—平衡片；4—中间传动轴；5、15—油封；
6—中间支承前盖；7—橡胶垫环；8—中间支承后盖；9—双列圆锥滚子轴承；
10、14—注油嘴；11—支架；12—堵盖；13—万向节滑动叉；16—主传动轴；
17—锁片；18—滚针轴承油封；19—万向节滚针轴承；20—滚针轴承盖；21—装配位置标记

平衡后，在万向节滑动叉13与主传动轴16上刻上装配位置标记21，以便拆卸后重装时保持二者的相对角位置不变。传动轴过长时，自振频率降低，易产生共振，故常将其分为两段并加中间支承。前段称中间传动轴（如图3.24上图所示），后段称主传动轴（如图3.24下图所示）。

为了得到较高的强度和刚度，传动轴多做成空心的，一般用厚度为1.5～3.0mm的薄钢板卷焊而成。超重型货车的传动轴则直接采用无缝钢管。

在转向驱动桥、断开式驱动桥或微型汽车万向传动装置中，通常将传动轴制成实心轴。

为减小传动轴中花键连接的轴向滑动阻力和磨损，可对花键进行磷化处理或喷涂尼龙层。有的则在花键槽内设置滚动元件，如国外有的汽车传动轴采用了如图3.25所示的圆柱滚子式滚动花键连接。在传动轴内套管3上制有4个均布的夹角为90°的凹槽（滚道），在传动轴外套管2上也相应地制有4个均布的夹角为90°的贯通凹槽（滚道）。内、外套管的凹槽装配吻合后，放入滚柱1，并使相邻的滚柱各按向右和向左的顺序间隔排列。内、外传动套管 3 和 2 的两端装有挡圈 4，以防滚柱 1 脱落及限定内、外套管的相对移动量。工作中，内、外套管的相对滑动由滚柱在凹槽内滚动实现。当传动轴逆时针方向旋转时，各凹槽中向右倾斜安装的滚柱传力，如图 3.25 所示的 A—A 剖视图；反之，向左倾斜的滚柱传力。

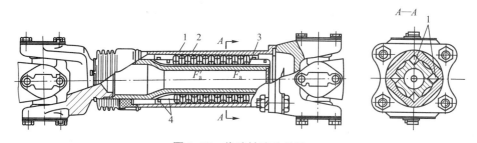

图 3.25　传动轴滚动花键

1—滚柱；2—传动轴外套管；3—传动轴内套管；4—挡圈

此外，有些汽车的断开式后驱动桥中，采用了半轴滚动花键连接，如图 3.26 所示。在万向节套管叉 2 与外半轴 4 之间装有花键轴套 1。套管叉 2 的内圆表面开有 3 条凹槽，与此对应，花键轴套 1 的外圆表面上有 3 条凸起，凸起的宽度为凹槽宽度的一半，二者装合后，每一凸起的两边形成一条矩形断面的滚道。花键轴套的两端各有一个导块 7，导块外表面切有 3 条半圆形矩形断面的凹槽，与上述每一凸起两边的矩形滚道相通形成 3 条封闭的滚道。在滚道中装有若干个滚柱 8，因而外半轴与万向节套管叉之间的相对滑动由滚柱在滚道中的滚动实现。上述滚动花键能减少摩擦损失，提高传动效率，但结构较复杂，成本高。

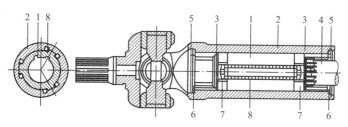

图 3.26　半轴滚动花键

1—花键轴套；2—万向节套管叉；3、5—卡环；4—外半轴；6—垫圈；7—导块；8—滚柱

传动轴分段时须加中间支承。通常中间支承安装在车架横梁上，应能补偿传动轴轴向和角度方向的安装误差，以及车辆行驶过程中由于发动机窜动或车架等变形所引起的位移。

东风 EQ1090E 型汽车的中间传动轴采用蜂窝软垫式中间支承，如图 3.27 所示。其与车架相连接，轴承 3 可在轴承座 2 内滑动。由于蜂窝形橡胶垫 5 的弹性作用，故能适应上述安装误差和行驶中出现的位移。此外，还可吸收振动并减少噪声传导。蜂窝软垫式结构简单，效果良好，应用较广泛。

解放 CA1091 型汽车双列圆锥滚子轴承式中间支承如图 3.24 所示，其特点是圆锥滚子轴承可承受较大的轴向力，且便于调整，使用寿命较长。

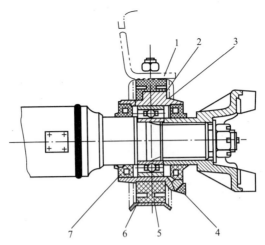

图 3.27　东风 EQ1090E 型汽车传动轴中间支承

1—车架横梁；2—轴承座；3—轴承；4—注油嘴；5—蜂窝形橡胶垫；6—U 形支架；7—油封

有的汽车采用摆动式中间支承，如图 3.28 所示。当发动机轴向窜动时，中间支承可绕支承轴 3 摆动，改善了轴承的受力状况。此外，橡胶衬套 2 和 5 能适应传动轴轴线在横向平面内少量的位置变化。

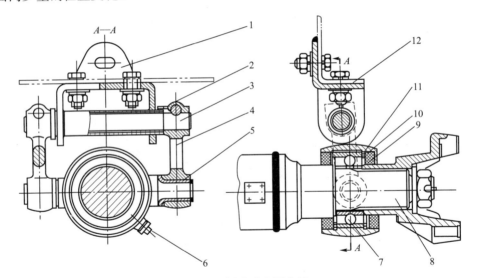

图 3.28　摆动式中间支承

1—支架；2、5—橡胶衬套；3—支承轴；4—摆臂；6—注油嘴；7—轴承；
8—中间传动轴；9—油封；10—支承座；11—卡环；12—车架横梁

东风 EQ2080 型越野汽车分动器到后驱动桥之间的万向传动装置采用的中间支承轴式中间支承，如图 3.29 所示。中间支承轴 13 穿过中间支承壳体，支于安装在中间支承壳体 14 内的两个圆锥滚子轴承 10 上。整个中间支承用两个 U 形螺栓 4 和中间支承托板 2 固定在中桥壳 3 上，并用两个定位销 17 在中桥壳上定位。调整垫片 9 用以调整滚子轴承的紧度。

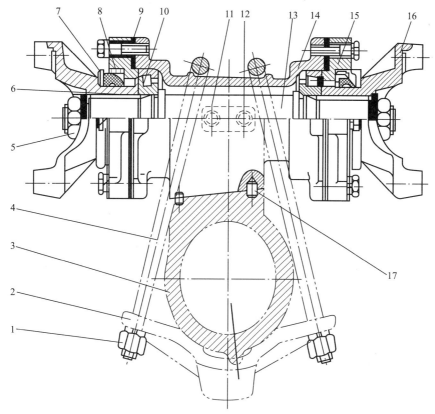

图 3.29 东风 EQ2080 型汽车传动轴中间支承

1—U 形螺柱紧固螺母；2—中间支承托板；3—中桥壳；4—U 形螺栓；5—万向节叉紧固螺母；6—垫片；7—防尘罩；8—油封；9—调整垫片；10—圆锥滚子轴承；11—通气塞；12—注油嘴；13—中间支承轴；14—中间支承壳体；15—油封座；16—万向节叉；17—定位销

3.2 万向传动装置的拆装方法

3.2.1 单十字轴万向节传动轴的拆装

1. 传动轴总成从车上的拆装

拆卸时，首先把汽车前后轮制住，拆下传动轴后端与后桥主轴突缘连接的 4 个螺栓。拆卸前，应在各突缘叉和传动轴上做好标记。其次，拆下后传动轴前端与中间传动轴后突缘的 4 个固定螺栓，边用锤子敲打边向后推动滑动叉，拆下后传动轴。最后，拆下中间传动轴与手制动鼓上突缘相联螺栓及中间支承与车架中横梁相联螺栓，并连同中间支承一起拆下中间传动轴。

装配顺序与拆卸相反，但装配一定要注意以下几点：

(1) 严格按拆卸前做的记号进行装配。
(2) 重新装配后的传动轴，其润滑油加注嘴应在一条线上。

(3) 安装好的传动轴第一主动叉、第二主动叉、第三被动叉应在一个平面内。

(4) 中间支承与中间梁上的固定螺栓、中间支承轴承盖的螺栓先不要拧紧,待整车装复后,短距离路试后再紧固。

2. 十字轴万向节的拆装

十字轴总成分解图如图 3.30 所示。

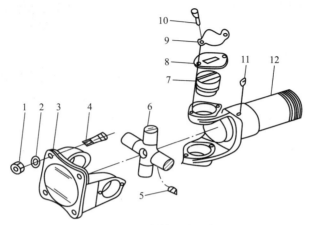

图 3.30 十字轴总成分解图

1—螺母;2—弹簧垫圈;3—传动轴突缘叉;4—螺栓;5—十字轴润滑嘴;6—十字轴;7—万向节滚针轴承;8—滚针轴承支承;9—锁片;10—支承片固定螺栓;11—黄油嘴;12—传动轴滑动叉

1) 拆卸

(1) 打开锁片的锁爪,拆下支承片固定螺栓,取下锁片及支承片。

(2) 用手推出十字轴承壳及滚针轴承。

(3) 对于较紧的轴承,可用手握住传动轴或伸缩套,用锤子敲击万向节叉,使十字轴撞击轴承壳,振出滚针轴承。

2) 装配

按与拆卸相反的顺序进行。

3. 中间支承的拆卸

中间支承分解图如图 3.31 所示。

拆卸时,拆下中间传动轴后面开口销,拿下锁紧螺母和垫圈,拆下中间轴突缘,较紧时,可用锤子敲打突缘边缘,从中间支承总成上拆下中间传动轴。拆下紧固轴承座螺栓,依次取下前后轴承盖、中间轴轴承油封总成、轴承、中间支承轴承外圈、中间支承轴承隔套,拆开中间轴承架和垫环。

装配时,按与拆装相反的顺序进行。

3.2.2 球笼式等角速度万向节传动轴的拆装

常见的球笼式等角速度万向节传动轴的结构如图 3.32 所示。

1. 传动轴拆卸

(1) 拆下传动轴与轮毂间的固定螺母,拆下传动轴与结合盘螺栓,将传动轴与结合盘

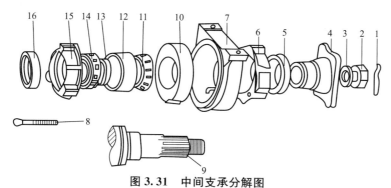

图3.31 中间支承分解图

1—开口销；2—锁紧螺母；3—垫圈；4—中间轴突缘；5、16—中间轴轴承油封总成；
6—后轴承盖；7—中间支承架；8—轴承盖固定螺栓；9—中间传动轴；10—垫环；
11、14—轴承；12—中间支承轴承外圈；13—轴承隔圈；15—前轴承

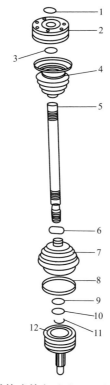

图3.32 球笼式等角速度万向节传动轴结构

1—弹簧挡圈；2—内等角速万向节；3—碟形座圈；
4—万向节保护套；5—传动轴；6—夹箍；7—防尘罩；8—软管卡箍；
9—垫片；10—隔套；11—弹簧挡圈；12—外等角速万向节

分开，从车轮轴承壳内拆下传动轴。

（2）拆下传动轴时，要注意球形插头与前悬挂上臂连接的位置，并从前悬挂下臂上拆下球形插头。

（3）拆卸时，应使用压力装置拆卸汽车轮毂内传动轴，不允许采用加热轮毂的方法卸传动轴，否则会损坏轮毂轴承。

(4) 拆卸时，应先拆下车轮，再将压力装置安装在轮毂的凸缘上，将传动轴压出，如图 3.33 所示。压出过程中，应注意内等角速度万向节与变速器之间的空间。

2. 万向节的分解

(1) 用钢锯锯开原装卡箍。拆下软管卡箍或夹头，拆下防尘罩。

(2) 将万向节内、外圈解体。先拆弹簧卡环，再用木棰敲打万向节外圈使之从传动轴上卸下，然后用专用工具压出万向节内圈，如图 3.34 所示。

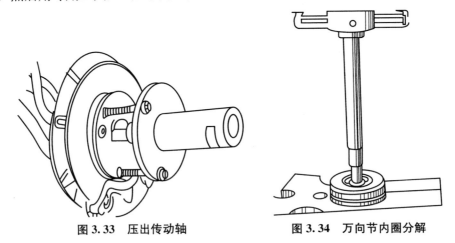

图 3.33　压出传动轴　　　图 3.34　万向节内圈分解

(3) 等角速万向节解体。分解前，在钢球球笼和壳上标出球毂位置，然后从传动轴毂、球笼中依次取出钢球。用力转动球笼使两个方孔与壳体对上，将球毂、球笼一起拆下。将球毂上扇形齿旋入球笼的方孔里，然后从球笼中取出球毂。

(4) 内等角速万向节解体。转动球笼和球毂，按垂直向前的方向压出球笼里的钢球，从球槽上面取出球笼里的球毂。因球毂与壳体是选配件，拆卸时注意将球毂与壳体成对放置，不允许互换。

3. 万向节的装配

(1) 外等角速万向节的装配。将润滑脂注入万向节，将球笼连同球壳一起装入球笼壳体，对角交替地压入钢球，必须保持球壳在球笼及球笼壳原来位置。将弹簧挡圈装入球毂，并将剩余的润滑脂压入万向节。

图 3.35　星形套与球形壳安装位置

(2) 内等角速万向节的装配。对准凹槽，将星形套嵌入球笼，再将钢球压入球笼。装配时，注意球形壳上的宽间隙应对准星形套上的窄间隙，如图 3.35 所示。且球形壳花键齿上的倒角必须对准球笼的大直径端。转动星形套，星形套就能转出球笼。安装时应保证球形壳体中的球槽有足够间隙。最后检查万向节功能，若用手能将星形套在轴向范围内来回灵活推动，则表明球形壳装配正确。

(3) 碟形座圈的安装。将碟形座圈装在传动轴带齿端配合位置上，其安装位置如图 3.32 所示。

(4) 压入万向节内圈。先用专用工具压入万向节内圈，再将万向节压入轴座使其与卡环贴合。装配时，必须使球毂花键齿上的倒角面向传动轴靠肩。

（5）安装防尘罩。万向节防尘罩受到挤压后内部将产生真空，所以安装防尘罩小口径后，要稍微充点气，使其压力平衡，不产生皱褶。

4. 传动轴的安装

装配前，应将传动轴与轮毂花键上的油污擦净，再将等速万向节的花键涂上一圈5mm厚的防护剂，然后装上传动轴花键套。

注意涂上防护剂后应停车1h后方可运行汽车。将球形插头重新装配在原位置，拧紧螺母，拧紧力矩为50N·m。检查前轮外倾角，在前悬挂下臂上固定球形插头。注意不要损坏波纹管护套。

3.3 万向传动装置故障诊断与检修

汽车在行驶过程中，万向传动装置要承受很大的转矩和冲击载荷，并且因高速转动会伴随不断的振动。在长期使用之后，各部零件会发生磨损、变形等损坏，从而影响万向传动装置的正常工作。

3.3.1 万向传动装置的常见故障

1. 汽车起步或行驶中车速变换时的撞击声

汽车起步时，车身发抖并伴有撞击声，当改变车速时，响声更加明显。产生此种响声的主要原因有：

（1）万向节十字轴及滚针磨损松旷或滚针破碎。
（2）传动轴与滑动叉配合花键磨损过甚。
（3）各连接部分紧固螺栓松动或中间支承松动等。

2. 汽车行驶中有异响

汽车在起步时没有异响，但在行驶中发生严重噪声，而且车速越快，噪声越大。当脱挡滑行时，噪声仍清晰可闻。产生这种故障的主要原因有：

（1）中间支承轴承位置不恰当或支架偏斜。
（2）中间支承橡胶垫环紧固螺栓过紧或过松，橡胶垫环损坏。
（3）中间支承轴承磨损过大或润滑不良。
（4）万向节装配过紧。

3. 汽车在行驶中有异响并伴随车身振抖

汽车行驶过程中发生异响，并随着车速的提高响声也增大，严重时使车身振抖。产生此现象的原因主要有：

（1）传动轴弯曲变形。
（2）传动轴装配时未按标记装配，或平衡片脱落，或轴管凹陷，破坏了动平衡。

（3）万向节轴承磨损过大或已损坏。

（4）传动轴花键齿面与键槽配合松旷，或传动轴各连接部分的固定螺栓松动，或中间支承的固定螺栓松动。

（5）中间支承轴承损坏。万向传动装置如发生故障，就会影响到其他传动部分，使其他传动机件加速磨损或损坏。因此，必须经常对万向传动装置进行检查，发现损坏必须及时修理。

3.3.2 万向传动装置的检修

1. 万向节检修

在进行分解万向节作业时，用专用工具拆下滚针轴承。在没有专用工具时，可用手握住传动轴，用锤子敲击万向节叉边缘，使十字轴撞击其轴承壳，将其轴承壳振出来。敲击时应注意：万向节叉安装轴承壳的孔的边缘处不能用锤子击打，以免产生变形，而使轴承壳不能脱出；也不可用锤子硬击轴承壳底部，以免打坏。

万向节分解完成后，用煤油或柴油清洗各零件，检查各零件的损伤、磨损情况，按以下要求检验和修复。

（1）检查滚针轴承，如果滚针断裂、油封失效，应更换新件。

（2）检查十字轴轴颈磨损、压痕剥落等情况。十字轴轴颈轻微磨损、轻微压痕或剥落，仍可继续使用，如果轴颈磨损过甚、严重压痕（深度超过0.1mm）或严重剥落，应予以更换。

（3）万向节叉不得有裂纹或其他严重损伤，否则应更换新件。

（4）万向节装配完毕后，可用手扳动十字轴进行检验，以转动自如没有松旷感觉为合适。若装配过紧或过松，应查明原因，必要时应拆检及重新装配。

2. 传动轴及中间支承检修

在解体传动轴时，首先要注意总成上装配标记是否清晰、齐全。如果标记不清晰或不齐全，应在拆检前做出标记，以便装配时按原位装复，确保总成平衡精度，否则会因不平衡而产生振动、噪声和附加载荷。

检验传动轴花键轴键齿与滑动叉花键槽配合情况时，可用手握住传动轴，来回转动滑动叉，以没有过大的松旷感觉为宜；或把滑动叉夹持在台钳上，将花键轴按装配标记插入滑动叉中，并使部分花键露在外面，转动花键轴，用百分表测出某花键侧面的读数变化值，此值即滑动副的配合间隙。一般该间隙不得大于0.5mm，磨损过甚或花键有扭曲、弯曲变形时应予以更换。

传动轴弯曲变形的检查，可在车床上或放在检验平板上面的两块V形铁上，用百分表测量轴管外圆的径向圆跳动量。传动轴中间最大弯曲度一般不得超过1mm。超过时允许在压床上进行冷态校正。校正达不到技术要求时，应更换新件。

经校正修复或更换主要零件（如花键轴、滑动叉、万向节叉）的传动轴，应进行平衡试验，试验时应带两端的万向节。中型载货汽车，其传动轴的动不平衡量一般应不大于100g·cm，超过时可采用在轴管两端加焊平衡片的方法来校正不平衡量，但每端不得多于两片。

动平衡达到技术要求后，应在万向节叉与传动轴、滑动叉与传动轴花键轴上分别打上装配标记，以便以后拆装时按记号装配，避免破坏其平衡精度。

中间支承拆散后，应清洗轴承等零件。中间支承轴承如有麻点、凹痕、退火变色、磨损过甚等损坏情况，都应更换新件。轴承磨损情况的检查，可将轴承外圈夹在台钳上，轴向推动内圈用百分表测量其轴向间隙。中间支承油封如有损坏或失效、橡胶垫环开裂，均应更换新件。

以上所述是十字轴式万向传动装置的一般检修方法。

3. 典型汽车万向传动装置的检修

典型汽车万向传动装置检修作业，主要是检查内、外等角速万向节中各组件的磨损情况和装置游隙。一般外等角速万向节酌情单件更换；内等角速万向节，如某组件磨损严重，则应整体更换。

外等角速万向节的 6 颗钢球要求有一定的配合公差，并与星形套一起组成一组配合件。检查轴、球笼、星形套与钢球有无凹陷与磨损，若万向节游隙过大，则需更换万向节。内等角速万向节的检修要检查球笼壳、球毂、球笼及钢球有无凹陷与磨损，如磨损严重则应更换。内等角速万向节只能整体调换，不可单个更换。检查传动轴，如有弯曲、凹陷等损坏，应更换。防尘罩及卡箍、弹簧挡圈等损坏时，应予以更换。

1. 简述万向传动装置的组成。
2. 万向传动装置在汽车上应用有几种形式？
3. 简述万向节的功用与分类。
4. 简述十字轴式刚性万向节的特点。
5. 简述等速万向节工作的基本原理。
6. 简述球笼式万向节等速传动的原理。
7. 简述万向传动装置的常见故障与原因。

第 4 章
汽车主减速器与差速器检修

教学目标

熟练掌握主减速器与差速器的总体构造、工作原理、拆卸与装配步骤和要求,以及常见故障诊断步骤和方法。

教学要点

知识要点	能力要求	相关知识
主减速器与差速器的总体构造	了解主减速器与差速器的功用和类型,具备认识主减速器与差速器的结构的能力,熟练掌握主减速器与差速器的结构	单级式主减速器、双级式主减速器、双速式主减速器、普通差速器和防滑差速器
主减速器与差速器的工作原理	熟练掌握主减速器与差速器的工作原理	齿轮传动、行星齿轮
主减速器与差速器的拆卸、装配及故障诊断	掌握主减速器与差速器的拆卸与装配步骤和要求,了解主减速器与差速器的常见故障诊断步骤和方法	从动锥齿轮轴承预紧度、主减速器啮合间隙等

4.1 主减速器与差速器概述

4.1.1 主减速器

1. 主减速器的功用

主减速器的功用是将输入的转矩增大、转速降低,并将动力传递的方向改变后(有些横向布置发动机的除外)传给差速器。

2. 主减速器的类型

按参加传动的齿轮副数目,可分为单级式主减速器和双级式主减速器。有些重型汽车又将双级式主减速器的第二级圆柱齿轮传动装置设置在两侧驱动轮处,称为轮边减速器。

按主减速器传动速比个数,可分为单速式主减速器和双速式主减速器。单速式的传动比是一定值,而双速式则有两个传动比(即两条传动路线)供驾驶人选择。

按齿轮副结构形式,可分为圆柱齿轮式(又可分为定轴轮系和行星轮系)主减速器和锥齿轮式(又可分为螺旋锥齿轮式和双曲面锥齿轮式)主减速器。

3. 主减速器的构造与工作原理

1) 单级式主减速器

如图4.1所示,万向传动装置传来的动力由叉形凸缘经花键传给单级式主减速器主动齿轮,通过主动齿轮传给从动齿轮,减速变向后,通过螺栓传给差速器壳,由差速器传给两侧半轴驱动齿轮。主动锥齿轮的支承形式一般采用跨置式和悬臂式,主动锥齿轮轴承预紧度采用多用垫片来调整,而从动锥齿轮轴承预紧度一般采用调整螺母和调整垫片进行调整。

单级式主减速器一般应用于乘用车和轻、中型货车,其主要特点是结构简单、体积小、质量轻、传动效率高。

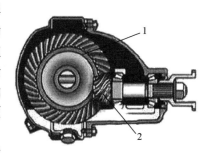

图4.1 单级式主减速器
1—从动锥齿轮;2—主动锥齿轮

2) 双级式主减速器

一些减速比比较大的减速器常采用双级式主减速器,第一级为锥齿轮传动,第二级为圆柱斜齿轮传动,如图4.2所示。

由于双级式主减速器第一级为锥齿轮传动,其轴承预紧度调整装置与单级式主减速器类同,由于双级减速减小了从动锥齿轮的尺寸,其背面一般不需要止推装置;第二级为圆柱齿轮传动,圆柱齿轮多采用斜齿或人字齿,传力平稳。双级式主减速器的减速比为两对副减速比的乘积。

另外,现在在一些重型载货汽车、越野汽车或大型客车上,一般将双级式主减速器中的第二级减速齿轮机构制成同样的两套,分别安装在两侧驱动车轮的近旁,称为轮边减速器,如图4.3所示。其特点是可以获得较大的主传动比和较大的离地间隙,使半轴和差速器等零件尺寸减小；但结构较复杂，成本较高。

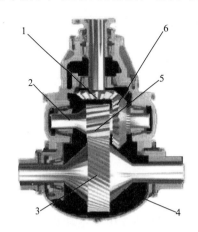 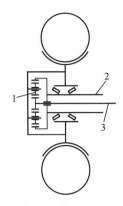

图 4.2　双级式主减速器　　　　图 4.3　轮边减速器
1—主动锥齿轮；2—中间轴；3—从动圆柱齿轮；　1—行星齿轮机构；2—半轴套管；3—半轴
4—差速器盖；5—主动圆柱齿轮；6—从动锥齿轮

3）双速式主减速器

为充分提高汽车的动力性和经济性，有些汽车装有具有两挡传动比的主减速器。常见的结构形式是由一对圆锥齿轮和一个行星齿轮机构组成的。齿圈和从动锥齿轮连成一体，行星架则与差速器的壳体刚性地连接。如图 4.4 所示，动力由锥齿轮副经行星齿轮机构传给差速器，最后由半轴传输给驱动轮。

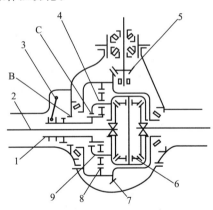

图 4.4　双速主减速器
1—接合套；2—半轴；3—拨叉；4—行星齿轮；5—生动链齿轮；
6—差速器；7—从动锥齿轮；8—齿圈；9—行星架
B—接合齿圈；C—行星架上的齿圈

4.1.2　差速器

1. 差速器的功用

（1）差速器使左、右车轮能以不同的转速进行纯滚动转向或直线行驶，称为差速特性

(即 n 特性)。

(2) 把主减速器传来的转矩平分给两半轴，使两侧车轮驱动力尽量相等，称为转矩等分特性(即 M 特性)。

2. 差速器的分类型

差速器按其用途分为轮间差速器和轴间差速器。轮间差速器装在驱动桥内，轴间差速器装在各个驱动桥之间。

差速器按其工作特性分为普通差速器和防滑差速器。

3. 差速器的构造与工作原理

1) 普通差速器(对称式锥齿轮差速器)

(1) 构造。对称式锥齿轮差速器主要由 4 个行星齿轮、行星齿轮轴、2 个半轴齿轮和差速器壳等组成，如图 4.5 所示。动力传递路线是由主减速器主动齿轮传到从动齿轮，再传到差速器壳，再传到行星齿轮轴，接着传到行星齿轮和半轴齿轮，经半轴传至驱动轮。

(2) 工作原理。车轮在转弯时也会自动趋向能耗最低的状态，自动地按照转弯半径调整左、右轮的转速。当转弯时，由于外侧轮有滑拖的现象，内侧轮有滑转的现象，两个驱动轮此时就会产生两个方向相反的附加力，由于"最小能耗原理"，必然导致两边车轮的转速不同，从而破坏了三者的平衡关系，并通过半轴反映到半轴齿轮上，迫使行星齿轮产生自转，使内侧半轴转速减慢，外侧半轴转速加快，从而实现两边车轮转速的差异。

驱动桥两侧的驱动轮若用一根整轴刚性连接，则两轮只能以相同的角度旋转。这样，当汽车转向行驶时，由于外侧车轮要比内侧车轮移过的距离大，将使外侧车轮在滚动的同时产生滑拖，而内侧车轮在滚动的同时产生滑转。即使是汽车直线行

图 4.5 普通差速器(对称式锥齿轮差速器)
1—差速器壳；2—行星齿轮轴；3—行星齿轮；
4—半轴齿轮；5—主减速器从动齿轮

驶，也会因路面不平或虽然路面平直但轮胎滚动半径不等(轮胎制造误差、磨损不同、受载不均或气压不等)而引起车轮的滑动。车轮滑动时不仅加剧轮胎磨损、增加功率和燃料消耗，还会使汽车转向困难、制动性能变差。为使车轮尽可能不发生滑动，对称式锥齿轮差速器可以保证各车轮能以不同的角度转动。

差速器工作时，当行星齿轮只随行星架绕差速器旋转轴线公转时，差速器不起作用，半轴角速度等于差速器壳的角速度。行星齿轮除公转外，还绕行星齿轮轴自转时，左、右两半轴齿轮转速之和等于差速器壳转速的两倍，与行星齿轮转速无关，即 $n_1+n_2=2n_0$。分析差速器的转矩特性，当行星齿轮没有自转时，将传来的转矩 M_0 平均分配给左、右两半轴齿轮，即 $M_1=M_2=M_0/2$；当两半轴齿轮转速不同时，产生自转，摩擦力矩方向与自转方向相反，附加在两半轴齿轮上，即 $M_1=1/2M_0-1/2M_r$，$M_2=1/2M_0+1/2M_r$，M_r 为差速器的内摩擦力矩，如图 4.6 所示。

对称式锥齿轮差速器的转矩特性表明：

① 目前广泛使用的对称式锥齿轮差速器，其内摩擦力矩 M_r 很小。实际上可认为无论

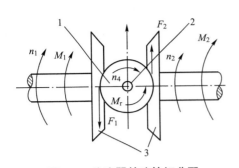

图 4.6 差速器转速转矩分配
1—行星齿轮；2—行星齿轮轴；3—半轴齿轮

左、右半轴转速是否相同，而转矩总是平均分配的。这样的分配比例反映了对称式锥齿轮差速器的转矩平均分配特性。

② 差速器转矩的平均分配特性对于汽车在良好路面上直线或转弯行驶时，都是满意的。而当汽车在坏路面行驶时，却严重影响了它的通过能力。如汽车的一侧驱动轮行驶在泥泞或冰雪路面，而另一侧驱动轮在良好路面上，由于在坏路面上的轮子与地面附着力小，所产生的驱动力矩也很小。这时根据转矩的平均分配特性，另一侧在好路面上的驱动力矩也很小，无法产生足够的驱动力来使汽车前进。这时车轮运动现象为，一侧车轮转速为零，另一侧车轮以差速器壳转速的 2 倍高速空转。

2) 防滑差速器

防滑差速器可以克服上述对称式锥齿轮差速器的弊病。它可以使一侧驱动轮打滑空转，同时，将大部分或全部转矩传给不打滑的驱动轮，以利用这一驱动轮的附着力产生较大的驱动力矩使汽车行驶。

常用的防滑差速器有强制锁止式和自锁式两大类。

(1) 强制锁止式差速器。强制锁止式差速器就是在对称式锥齿轮差速器上加一差速锁。工作时，由驾驶人操纵差速锁，使差速器不起差速作用，相当于把两根半轴连成一体。

(2) 自锁式差速器。自锁式差速器的特点是在两驱动轮或两驱动桥转速不同时，不需人力操纵，而是自动向慢转的驱动轮或驱动桥多分配转矩，以提高汽车的通过性。自锁式差速器包括摩擦片式差速器、凸轮滑块式差速器和托森差速器。

4.2　主减速器与差速器检修

4.2.1　主减速器和差速器的拆卸与装配

1. 主减速器主动锥齿轮和从动锥齿轮总成的拆卸

(1) 拆卸变速器，将其固定在支架上。拆下轴承支座和后盖。
(2) 取下车速里程表的传感器，如图 4.7 所示。
(3) 锁住传动轴(半轴)，拆下紧固螺栓，如图 4.8 所示。取下传动轴。
(4) 取下车速里程表的主动锥齿轮导向器和齿轮。
(5) 拆下主减速器盖，如图 4.9 所示。从变速器壳体上取下差速器。
(6) 用铝质的夹具将差速器壳固定在台虎钳上，拆下从动锥齿轮的紧固螺栓。从动锥齿轮的紧固螺栓是自动锁紧的，一经拆卸就必须更换。
(7) 取下从动锥齿轮，如图 4.10 所示。

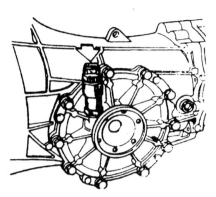
图 4.7 取下车速里程表的传感器

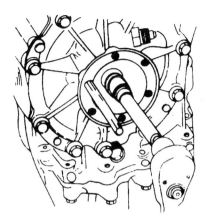
图 4.8 拆卸紧固螺栓

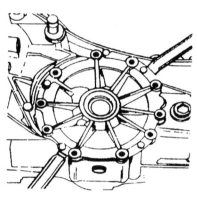
图 4.9 拆下主减速器盖

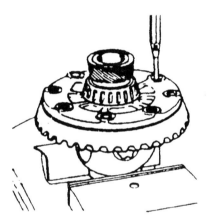
图 4.10 拆卸从动锥齿轮

(8) 拆下并分解变速器输出轴。仔细检查所有零件,尤其是同步器环和齿轮,对于损坏和磨损的,应进行更换。

2. 主减速器主动锥齿轮和从动锥齿轮总成的装配

(1) 在变速器输出轴上装上所有齿轮、轴承及同步器,计算输出轴的调整垫片 S3 的厚度。

(2) 如图 4.11 所示,用 120℃ 的温度给从动锥齿轮加热,并将其装在差速器壳上,安装时用两个螺纹销作导向。

(3) 装上新的从动锥齿轮螺栓,并用 70N·m 的力矩交替旋紧。

(4) 计算从动锥齿轮的调整垫片 S1 和 S2 的厚度。把计算好的垫片装在适当的位置上。

(5) 将轴承支座装在变速器壳体上,并用新的衬垫。装上变速器后盖。

(6) 将差速器装在变速器壳体上。将主减速器盖装

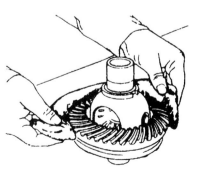
图 4.11 安装从动锥齿轮

在壳体上,用25N·m的力矩旋紧螺栓。

(7) 装上车速里程表的主动锥齿轮和导向器。装上车速里程表的传感器。

(8) 装上半轴凸缘中的一个,用凿子将它锁住,装上螺栓,用20N·m的力矩把它旋紧。装另一个半轴凸缘。

(9) 加注齿轮油并装上变速器。

3. 差速器半轴齿轮和行星齿轮的拆卸

(1) 拆卸变速器,拆下差速器,拆下从动锥齿轮。

(2) 拆下行星齿轮轴的夹紧套筒,如图4.12所示。

(3) 取下行星齿轮轴,再取下行星齿轮和半轴齿轮。

4. 差速器半轴齿轮和行星齿轮的装配

在安装之前,检查复合式止推垫片有否损坏,如需要应进行更换。

(1) 通过半轴凸缘将半轴齿轮固定在差速器壳上,如图4.13所示。

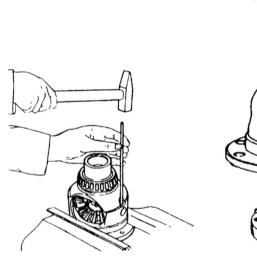
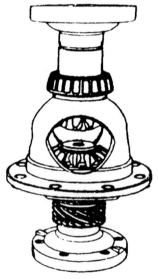

图 4.12　拆下行星齿轮轴的夹紧套筒　　图 4.13　安装半轴齿轮

(2) 将行星齿轮放在适当的位置上,接着转动半轴凸缘使行星齿轮进入差速器壳,如图4.14所示。

(3) 装上行星齿轮轴,如图4.15所示。在行星齿轮轴上装上夹紧销。

(4) 取下差速器半轴凸缘。用120℃的温度加热,将从动锥齿轮装在差速器壳上。

(5) 将差速器装在变速器壳体内。装上半轴凸缘。

(6) 装上变速器。

5. 差速器壳的拆卸

(1) 拆卸变速器,拆下差速器。

(2) 拆下差速器轴承(与从动锥齿轮相对的一边),如图4.16所示。

图 4.14 安装行星齿轮　　图 4.15 安装行星齿轮轴

(3) 拆下差速器另一边轴承,如图 4.17 所示,同时取下车速表主动锥齿轮和锁紧套筒。

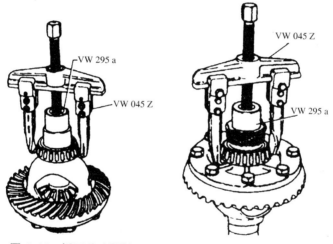

图 4.16 拆下差速器轴承　　图 4.17 拆下另一边差速器轴承

(4) 拆下变速器侧面的密封圈,如图 4.18 所示。
(5) 从主减速器盖上拆下差速器轴承的外圈和调整垫片 S1,如图 4.19 所示。
(6) 从变速器壳体上拆下差速器轴承的外圈和调整垫片 S2,如图 4.20 所示。当差速器轴承在更换时,外圈需一起更换,同时必须计算出从动锥齿轮的调整垫片 S1 和 S2 的厚度。

6. 差速器壳的装配

(1) 计算从动锥齿轮调整垫片 S1 和 S2 的厚度。
(2) 装上调整垫片 S2 和差速器轴承外圈,如图 4.21 所示。

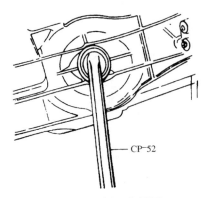

图 4.18 拆下密封圈

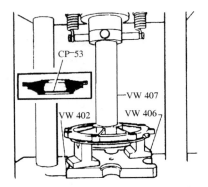

图 4.19 拆下差速器轴承外圈和调整垫片

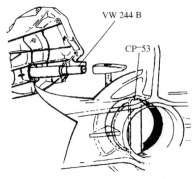

图 4.20 拆下另一边差速器轴承外圈和调整垫片

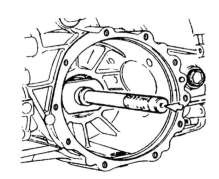

图 4.21 安装调整垫片 S2 和差速器轴承外圈

（3）装上调整垫片 S1 和轴承外圈，如图 4.22 所示。

（4）装上变速器的侧面密封圈。用 120℃ 的温度加热差速器轴承（与从动锥齿轮相对的一面）并装在差速器壳上。

（5）将轴承压到位，如图 4.23 所示。

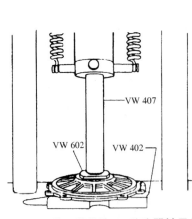

图 4.22 安装调整垫片 S1 差速器轴承外圈

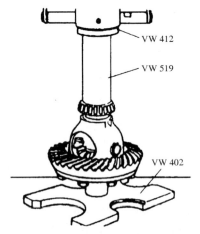

图 4.23 压入轴承

(6) 用120℃的温度加热差速器另一轴承，并装在差速器罩壳上。

(7) 装上车速里程表主动锥齿轮和锁紧套筒，如图4.24所示。

(8) 用适当的变速器油润滑差速器轴承。将差速器装入变速器壳体内，装上主减速器盖。拆下变速器后盖和轴承支座。

(9) 用专用工具VW 521/4和VW 521/8同扭力扳手一起装在差速器上，如图4.25所示。

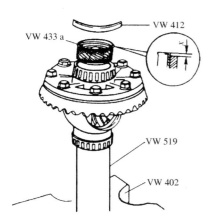

图4.24 安装车速里程表主动锥齿轮和锁紧套筒

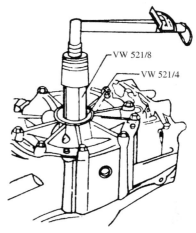

图4.25 安装专用工具

(10) 通过扭力扳手，转动差速器，检查摩擦力矩，对新的轴承来说最小应为2.5N·m。

(11) 调整从动锥齿轮。装上变速器后盖和轴承支座。

(12) 装上半轴凸缘并给变速器加油。装上变速器。

4.2.2 主减速器检修

1. 从动锥齿轮轴承预紧度的检查与调整

用手转动从动锥齿轮，应该转动自如，且轴向推动无间隙。用弹簧秤钩在从动锥齿轮紧固螺栓上测量时的切向拉力为11.3~25.9N，如图4.26所示。慢慢拧动从动锥齿轮两端的调整螺母，即可调整差速器轴承的预紧度。

2. 主减速器啮合间隙的检查与调整

用磁性百分表固定在主减速器壳的凸缘上，百分表的触头应垂直于从动锥齿轮齿大端的凸面，用手把住主动锥齿轮，然后轻轻往复摆转从动锥齿轮，观测百分表指针摆动的读数。

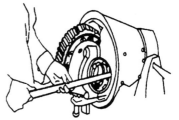

图4.26 从动锥齿轮轴承预紧度的检查

移动从动锥齿轮，当从动锥齿轮远离主动锥齿轮时间隙变大，反之则变小。移动从动锥齿轮的方法是将一侧的轴承调整螺母旋入几圈，另一侧就旋出几圈。注意：调整前应先将从动锥齿轮的轴承预紧度调整好。正确的主、从动锥齿轮啮合间隙范围为0.15~0.40mm，调整时要保证啮合间隙不小于最小值。若齿隙大于上述规定数值的上限

(0.40mm)，应使从动锥齿轮往靠近主动锥齿轮的方向移动；若齿隙小于下限值(0.15mm)，则反向移动。原则：间隙过小，松开左侧螺母，拧进右侧螺母，这样可使从动锥齿轮离开主动锥齿轮；间隙过大，松开右侧螺母，拧进左侧螺母，这样可使从动锥齿轮靠近主动锥齿轮。

3. 啮合印痕的检查

在从动锥齿轮相隔120°的3处用红丹油在轮齿的正、反面各涂3个齿，再用手对从动锥齿轮稍施加阻力并正反向各转动主动锥齿轮数圈。观察从动锥齿轮的啮合印痕是否符合要求。如果啮合印痕不符合要求，可按表4-1所示方法来调整。啮合印痕和啮合间隙的调整是同时进行的。

表4-1 啮合印痕调整方法

从动锥齿轮面接触区		调整方法	齿轮移动方向
前驱	倒车		
		将从动锥齿轮向主动锥齿轮移近，若这时齿隙过小，则将主动锥齿轮向外移开	
		将从动锥齿轮向主动锥齿轮移开，若这时齿隙过大，则将主动锥齿轮移近	
		将主动锥齿轮向从动锥齿轮移过，若这时齿隙过小，则将从动锥齿轮移开	
		将主动锥齿轮向从动锥齿轮移开，若这时齿隙过大，则将主动锥齿轮移开	

4.2.3 差速器检修

差速器检修步骤如下：

(1) 差速器壳应无裂缝，壳体与行星齿轮、半轴齿轮垫片的接触面应光滑，无沟槽。

(2) 十指轴承孔轴线长度在160mm以上的，两轴线垂直度公差为0.10mm；小于或等于160mm的，其垂直度公差为0.60mm；两轴线应相交，其位置度公差为0.15mm；每条轴线应与半轴齿轮轴承孔轴线位于同一平面，其位置度公差为0.20mm。

(3) 十指轴与差速器壳及行星齿轮的配合间隙，整体式十指轴分别为不大于0.10mm及0.25mm，分开式十指轴分别为不大于0.05mm及0.08mm。

(4) 当分别以左、右差速器壳内、外圆柱面的轴线及对接面为基准时,与差速器轴承配合轴颈的径向圆跳动公差及半轴齿轮轴承孔的径向圆跳动公差为 0.08mm。

(5) 差速器轴承与壳体及轴承的配合应符合原设计规定,差速器壳轴承孔与半轴齿轮轴颈的配合间隙为 0.05～0.25mm,差速器壳装复螺栓拧紧力矩及行星齿轮端隙均应符合原厂规定。

(6) 差速器半轴齿轮和行星齿轮剥落不得大于全长的 1/10 和齿高的 1/3。损伤齿数不得多于两个且不相邻,经修磨后允许继续使用。

(7) 行星齿轮磨损应不大于 0.40mm,齿轮工作面上不得有严重的金属剥落和阶梯磨损。检查行星齿轮、半轴齿轮、行星齿轮轴是否磨损松旷或相互间不配套,若不符合标准,应更换新件。

4.3 主减速器与差速器故障诊断

主减速器与差速器常见故障现象、原因及排除方法如表 4-2 所示。

表 4-2 主减速器与差速器常见故障现象、原因及排除方法

故障现象	故障原因	故障排除方法
漏油	油封有磨损或毁坏	更换油封
	轴承固定螺母松脱	更换固定螺母
	变速器壳断裂	如必须则修理
主动锥齿轮轴漏油	油量太多或油质不良	泄掉、更换油料
	油封磨损或损坏	更换油封
	前端凸缘松开或磨损	扭紧或更换凸缘
有杂音	油量太少或油质差	添加、更换新油
	在主、从动锥齿轮或差速器齿轮之间齿隙过大	检查齿隙
	主、从动锥齿轮或差速器齿轮磨损	检查齿轮
	主动锥齿轮轴承有磨损	更换轴承
	轮毂轴承有磨损	更换轴承
	差速器轴承松脱或磨损	扭紧或更换轴承

习 题

1. 主减速器的功用是什么?主减速器有哪些类型?
2. 什么是轮边减速器?它有什么优、缺点?
3. 什么是双速式主减速器?它与双级式主减速器有什么区别?采用双速式主减速器的目的是什么?

4. 差速器有几种类型？各起什么作用？
5. 试述对称式锥齿轮差速器的结构和差速原理。
6. 试述主减速器主动锥齿轮和从动锥齿轮总成的拆卸步骤。
7. 试述差速器半轴齿轮和行星齿轮的拆卸与装配步骤。
8. 主减速器检修包含哪些内容？
9. 差速器检修包含哪些内容？
10. 主减速器和差速器有哪些常见故障？

第5章 汽车转向系统检修

熟悉转向系统的组成、工作原理及结构类型；了解转向的基本特性及机械转向系统和动力转向系统的结构；掌握转向系统故障诊断和维修方法。

知识要点	能力要求	相关知识
转向系统的组成、转向的基本特性	熟悉转向系统的组成、工作原理及结构类型	机械转向系统和动力转向系统的结构特点
转向操纵机构、转向器和转向传动机构的工作原理；转向油泵结构与工作原理	了解转向传动机构的组成与布置形式；熟悉机械转向器的传动效率	转向操纵机构、转向器、传动机构主要零部件的结构
机械转向系统和动力转向系统的故障诊断与排除	掌握转向系统故障诊断与维修方法	转向系统组成结构特点、故障产生的原因分析

5.1 汽车转向系统的组成与工作原理

汽车转向系统是指由驾驶人操纵,能实现转向轮偏转和回位的一套机构。当汽车需要改变行驶方向时,必须使转向轮绕主销轴线偏转一定角度,直到新的行驶方向符合驾驶人要求时,再将转向轮恢复到直线行驶的位置。

汽车转向系统的功用是按照驾驶人的意愿改变汽车行驶方向和保持汽车稳定地直线行驶。

5.1.1 汽车转向的基本特性

汽车转向时,所有车轮需要绕着一个转向中心转动,各车轮在转向过程中不产生滑动,均为纯滚动。汽车4个车轮转轴的延长线相交于一点O,O点即为车轮的转动中心,4个车轮的运动轨迹形成同心圆,如图5.1所示,这就是汽车转向的基本特性。

当车轮转向机构的几何关系为平行四边形转向机构时,转向车轮的偏转角度相同,如图5.2(a)所示,4个车轮转轴延长线交汇点有两个,因而形成两个转动中心,转向车轮不能实现纯滚动,其转向过程异常。

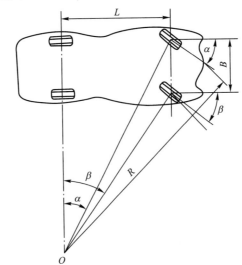

图 5.1 车轮的运动轨迹

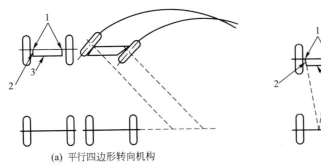
(a) 平行四边形转向机构

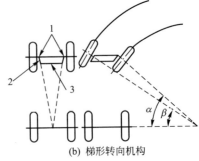
(b) 梯形转向机构

图 5.2 前轮的运动轨迹

1—转向主销;2—万向节臂;3—横拉杆

为满足汽车转向基本特性,运用阿克曼原理,转向机构的几何关系呈梯形,如图 5.2 (b)所示。梯形转向机构由梯形臂和横拉杆组成。梯形转向机构使两侧转向车轮偏转时形成一个转向中心,即汽车的 4 个车轮均绕着一个点转动。显然,这只有在所有车轮的轴线都交于一点(此点为转向中心)时才能实现。如图 5.1 所示,设内偏转轮偏转角为 β,外偏转轮偏转角为 α,在不考虑车轮变形的条件下,前轴左、右两车轮的偏转角应该不相等,而且必须是内侧转向车轮的偏转角 β 大于外侧转向车轮的偏转角 α,其理想关系式为

$$\cot\alpha = \cot\beta + B/L$$

式中:B 为两侧主销轴线与地面交点之间的距离,也称为轮距;L 为汽车轴距。

转向时,外偏转轮和地面的接触点距转向中心 O 的距离称为转弯半径。转弯半径越小,汽车转弯时所需的场地越小,机动性越好,当外偏转轮偏转角达到最大值 α_{max} 时,转弯半径 R_{min} 最小。在图 5.1 所示理想情况下,最小转弯半径 R_{min} 与 α_{max} 的关系为

$$R_{min} = L/\sin\alpha_{max}$$

5.1.2 转向系统的类型、组成及工作原理

汽车转向系统分为两大类:机械转向系统和动力转向系统。完全靠驾驶人手力操纵的转向系统称为机械转向系统。借助动力来操纵的转向系统称为动力转向系统。动力转向系统又可分为液压动力转向系统和电动助力动力转向系统。

1. 机械转向系统

机械转向系统以驾驶人体力作为转向能源,如图 5.3 所示。汽车转向时,驾驶人对转向盘 7 施加一个转向力矩,使转向盘以某种角速度向指定方向转动,该力矩通过转向盘柱 5 输入给转向器 4,转向器将转向盘的力矩放大以后传给转向摇臂 10,在经过万向直拉杆 2 传给左万向节 1 上的万向节臂 11,使左万向节和它支承的左转向轮偏转。为使右万向节 6 及其所支承的右转向轮也随之偏转相应的角度,还设置了向梯形机构。转向梯形机构由固定在左、右万向节上的梯形臂 12、8 和两端与梯形臂作球铰链连接的转向横拉杆 9 组成。左万向节带动左梯形臂转动,左梯形臂通过转向横拉杆推动右梯形臂,使右万向节转动。转向结束时,将转向盘恢复原始位置,使转向车轮恢复直线行驶。

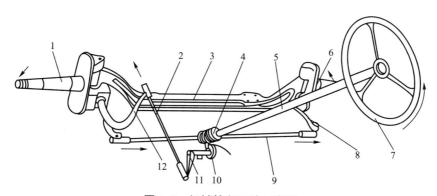

图 5.3 机械转向系统示意图

1—左万向节;2—转向直拉杆;3—前轴;4—转向器;5—转向盘柱;6—右万向节;
7—转向盘;8—右梯形臂;9—转向横拉杆;10—转向摇臂;11—万向节臂;12—左梯形臂

当转向盘直径一定时,驾驶人操纵转向盘手力的大小取决于转向系统角传动比的大小。转向系统角传动比 i_{ω} 可用转向盘转角增量与同侧万向节相应转角增量之比来表示。其数值是转向器角传动比 $i_{\omega 1}$ 和转向传动机构角传动比 $i_{\omega 2}$ 的乘积。转向器角传动比是转向盘转角增量与同侧摇臂轴转角相应增量之比。万向传动机构角传动比是摇臂轴转角增量与同侧万向节转角相应增量之比。

对于一般汽车而言,$i_{\omega 2}$ 大约为1。由此可见,转向系统角传动比主要取决于转向器角传动比。转向系统角传动比越大,转向时加在转向盘上的力矩就越小,转向就越轻便。但转向系统角传动比大会导致转向操纵不灵敏。所以,转向系统角传动比的大小要协调好"转向轻便"与"转向灵敏"之间的矛盾。

2. 动力转向系统

使用机械转向装置可以实现汽车转向,当转向轴负荷较大时,仅靠驾驶人的体力作为转向能源则难以顺利转向。动力转向系统就是在机械转向系统的基础上加设一套转向加力装置而形成的。转向加力装置减轻了驾驶人操纵转向盘的作用力。转向能源来自驾驶人的体力和发动机(或电动机),其中发动机(或电动机)占主要部分,通过转向加力装置提供。正常情况下,驾驶人能轻松地控制转向。但在转向加力装置失效时,就回到机械转向系统状态,一般来说还能由驾驶人独立承担汽车转向任务。

1) 液压动力转向系统

汽车向右转向时,驾驶人顺时针转动转向盘,如图5.4所示,转向摇臂7推动转向直拉杆6后移,直拉杆的推力作用于万向节臂4,并依次传到梯形臂3、13和转向横拉杆12,使之右移。与此同时,转向直拉杆6还带动转向控制阀5中的滑阀,使转向动力缸11中的右腔接通转向油泵10的出油口,左腔接通回油口,于是转向动力缸11的活塞所受向右的液压作用力便经活塞杆施加在横拉杆12上。这样,驾驶人需要加在转向盘上的力矩比用机械转向系统时小得多。

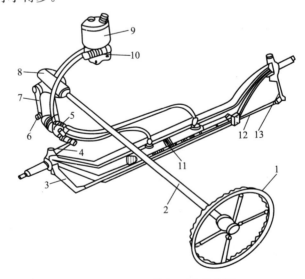

图5.4 动力转向系统示意图

1—转向盘;2—转向轴;3、13—梯形臂;4—万向节臂;5—转向控制阀;6—转向直拉杆;
7—转向摇臂;8—机械转向器;9—转向油罐;10—转向油泵;11—动力缸;12—转向横拉杆

2) 电动助力动力转向系统

电动助力动力转向系统简称电动式 EPS，是在机械转向机构的基础上，增加了信号传感器、电子控制单元和转向助力机构。该系统利用电动机作为助力源，根据车速和转向参数等因素，由电子控制单元完成助力控制。电动助力动力转向系统在本书中不做详细介绍。

5.2 机械转向系统

前已述及，机械转向系统主要由转向操纵机构、机械转向器和转向传动机构 3 部分组成。

5.2.1 转向操纵机构

1. 转向操纵机构的功用与组成

转向操纵机构的功用是将驾驶人转动转向盘的操纵力矩传给转向器。它主要由转向盘 1、转向轴及转向柱管 2 和万向传动装置 3 等组成，如图 5.5 所示。转向轴上部与转向盘固定连接，下部装有转向器。转向轴与转向器的连接方式，一种是与转向器的输入轴直接连接，另一种是通过万向传动装置间接与转向器的输入轴相接连。

2. 转向盘

转向盘主要由轮圈 1、轮辐 2 和轮毂 3 组成，其结构如图 5.6 所示。轮辐的形式有两根辐条式、3 根辐条式和 4 根辐条式。轮辐和轮圈的心部有钢或铝合金等金属制骨架，外层以合成树脂或合成橡胶包覆，下侧形成波浪状以利于驾驶人把持。转向盘与转向轴通常通过带锥度的细花键连接，端部通过螺母轴向压紧固定。

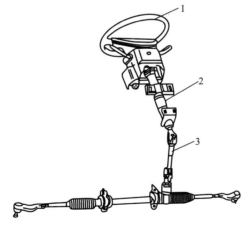

图 5.5 转向操纵机构示意图
1—转向盘；2—转向轴及转向柱管；3—万向传动装置

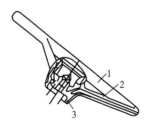

图 5.6 转向盘结构
1—轮圈；2—轮辐；3—轮毂

在整个转向系统中，各传动件之间存在装配间隙，这些间隙反映到转向盘上来就变成转动转向盘的空转角度。在空转角度阶段，驾驶人操纵转向盘，对各转向轮的偏转是不起作用的。转向轮在直线行驶位置时，转向盘的空转角度称为转向盘自由行程。转向盘自由行程对于缓和路面冲击及避免驾驶人过度紧张是有利的。转向轮处于直线行驶位置时转向盘向左或向右的自由行程应不超过 15°。

3. 转向轴和转向管柱

转向轴用来连接转向盘和转向器，并将转向盘的转向转矩传给转向器。转向轴分为普通式和能量吸收式。现代汽车更多地采用能量吸收式转向轴结构。

转向管柱安装在车身上，支承转向轴及转向盘。转向轴从转向管柱内穿过，靠转向管柱内的轴承和衬套支承。为方便不同体形的驾驶人操纵转向盘，转向管柱上装有能改变转向盘位置的装置。为适应驾驶人的体形和驾驶习惯，转向盘的安装角度和高度可以在一定范围内调整，如图 5.7 所示。

4. 安全保护装置

汽车在行驶中不可避免地会发生意外事故，出现汽车碰撞，此时汽车的被动安全技术为减轻人员的伤害提供保障。在转向操纵机构上体现的汽车被动安全技术有安全气囊和能量吸收式转向轴。

1) 安全气囊

安全气囊 SRS 安装在转向盘上。它的结构主要由传感器、气体发生器、气囊系统 3 部分组成。传感器检测汽车发生碰撞时的车速、冲击参数，气体发生器根据传感器指令释放高压气体，或引爆固体燃料，瞬时产生高压氮气并迅速向气囊充气，使气囊膨胀，达到保护乘员的目的。

2) 能量吸收式转向轴

除了能满足转向轴常规的功能外，在汽车发生正面碰撞时，能够有效地吸收碰撞能量，防止或减少碰撞能量伤害驾驶人的转向轴叫做能量吸收式转向轴。在汽车发生正面碰撞时，会出现两次碰撞，即在汽车碰撞力作用下汽车的前部发生塑性变形，转向轴向驾驶人胸部方向运动的首次碰撞；随汽车减速，驾驶人在惯性力作用下向转向轴方向运动的二次碰撞。首次碰撞的能量通过转向轴以机械方式予以吸收，防止或减少其直接作用于驾驶人身上，避免造成人身伤害。二次碰撞即驾驶人本身的运动能量一部分由约束装置如安全带、安全气囊等加以吸收，以防止超出人体承受能力的碰撞伤害驾驶人。汽车发生正面碰撞时转向轴-驾驶人系统的碰撞关系如图 5.8 所示。

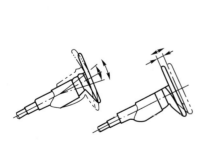

图 5.7 转向盘安装角度和高度的调整

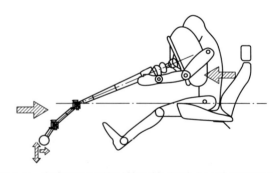

图 5.8 汽车正面碰撞时转向轴-驾驶人系统的碰撞关系

根据能量吸收的机理和形式的不同，以及转向管柱与车身受撞脱开方式及转向轴受撞压缩形式的不同，能量吸收式转向轴的种类很多。典型的能量吸收式转向轴有万向传动装置防撞结构、网状管轴式结构。

5.2.2 机械转向器

机械转向器是转向系统中的降速增矩传动装置，其功用是增大由转向盘传到万向节的力，并改变力的传动方向。

1. 机械转向器的传动效率与类型

1) 机械转向器的传动效率

机械转向器在转向系统中起到减速增矩和改变转向力矩的传动方向的作用。汽车行驶时，驾驶人操纵转向盘的转向力通过转向器传到转向轮，同时路面的冲击力也能够通过转向器反传到转向盘。

机械转向器的传动效率是指转向器的输出功率与输入功率之比。转向摇臂输出功率与转向轴输入功率之比称为正效率，而转向摇臂输入功率与转向轴输出功率之比称为逆效率。为了减轻驾驶人操纵转向盘的体力消耗，应尽量提高转向器的传动效率，特别是其正效率。

2) 机械转向器的类型

按转向器中的传动副的结构形式不同，可以分为循环球式、齿轮齿条式、蜗杆曲柄指销式、蜗杆滚轮式等几种。

按传动效率的不同，转向器还可以分为可逆式、极限可逆式和不可逆式。

可逆式转向器是指正、逆传动效率都很高的转向器。这种转向器有利于汽车转向后转向轮的自动回正，转向盘"路感"很强，但也容易在坏路行驶时出现"打手"，所以主要应用于经常在良好路面行驶的车辆。

极限可逆式转向器是指正传动效率远大于逆传动效率的转向器。这种转向器能实现汽车转向后转向轮的自动回正，但"路感"较差，只有当路面冲击力很大时才能部分地传到转向盘，主要应用于中型以上的越野汽车、工矿用自卸汽车等。

不可逆式转向器是指逆传动效率很低的转向器，这种转向器使驾驶人不能得到路面的反馈信息，没有"路感"，而且转向轮也不能自动回正，所以很少采用。

2. 转向器的结构

1) 齿轮齿条式转向器

如图 5.9 所示，齿轮齿条式转向器由转向齿轮 2、转向齿条 3、壳体和预紧力调整装置等组成。转向齿轮 2 通过轴承支承在壳体内，转向齿轮 2 的一端与转向轴连接，将驾驶人的转向操纵力输入，另一端与转向齿条直接啮合，形成一对传动副，并通过转向齿条 3 传动，带动横拉杆 1，使万向节转动。为保证齿轮齿条无间隙啮合，补偿弹簧 5 产生的压紧力通过压板 6 将转向齿轮 2 和转向齿条 3 压靠在一起。弹簧的预紧力可以通过调整螺柱 4 进行调整。

齿轮齿条式转向器属于可逆式转向器，其正效率与逆效率都很高，自动回正能力强。齿轮齿条式转向器结构简单、加工方便、工作可靠、使用寿命长、不需要调整齿轮齿条的间隙，在现代汽车中得到了广泛应用。图 5.10 所示为可变传动比齿轮齿条式转向器的啮

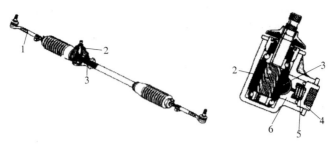

图 5.9 齿轮齿条式转向器示意图

1—转向横拉杆；2—转向齿轮；3—转向齿条；4—调整螺柱；5—补偿弹簧；6—压板

合，转向齿轮处于中间位置时传动比小，在两端位置时传动比大，以满足汽车低速行驶时转向轻便、高速行驶时转向灵敏的需要。

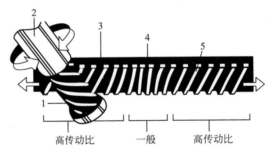

图 5.10 可变传动比齿轮齿条式转向器的啮合

1—转向齿轮；2—转向螺杆；3—转向齿条；4—转向螺杆中心；5—转向齿条的齿

2）循环球式转向器

循环球式转向器由两级传动副、壳体、钢球和间隙调整装置等组成。第一级传动副是螺杆-螺母传动副，第二级是齿条-齿扇传动副。图 5.11 所示为一种循环球式转向器的整体结构。它的两级传动副分别是：一级传动副是转向螺杆和转向螺母，转向螺杆与转向轴连接；另一级传动副是齿条和齿扇，在转向螺母下平面上加工成齿条，齿扇与齿扇轴形成一体。转向螺母既是第一级传动副的从动件，又是第二级传动副的主动件。为减少转向螺杆与转向螺母之间的摩擦与磨损，二者螺纹不直接接触，而是做成内外滚道，滚道中间装有许多钢球，以实现滚动摩擦。转向螺母上装有两个钢球导管，钢球导管内装满了钢球，钢球导管与滚道连通，形成两条独立的供钢球循环滚动的封闭通道。

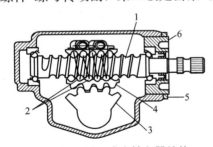

图 5.11 循环球式转向器结构

1—转向螺杆；2—钢球；3—齿扇；4—转向螺母；5—上盖；6—锁紧螺母

扇形齿轮有定传动比和变传动比两种形式。定传动比扇形齿轮的齿形相同，而变传动比扇形齿轮的齿形不同，如图 5.12 所示为变传动比循环球式转向器的齿轮机构。变传动比扇形齿轮上每一个齿的节圆半径是不相等的，中间齿的节圆半径小，两端齿的节圆半径大。当转向盘或转向摇臂处于中间位置时，转向器的传动比小，转向盘稍有转动，转向车轮就有明显的偏转，因此转向非常灵活。这对经常在高速路上行驶的汽车很重要。当汽车要急转弯时,随着车速的降低和转向盘转角的增大,转向器传动比增加,使转向比较轻便。变传动比转向器通常只用于动力转向机构中。

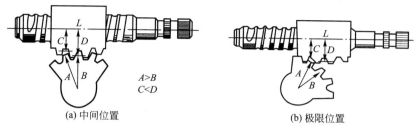

(a) 中间位置　　　　　　　　　(b) 极限位置

图 5.12　变传动比循环球式转向器的齿轮机构

循环球式转向器的正效率很高,操纵轻便,使用寿命长,工作平稳可靠,但其逆效率也较高。对经常在良好道路上行驶的汽车而言,没有大的影响。循环球式转向器是目前国内外应用最为广泛的结构形式之一。

5.2.3　转向传动机构

转向传动机构的功用是将转向器输出的力和运动传给转向轮,使两侧转向轮偏转以实现汽车转向,并保证左、右转向轮的偏转角按一定关系变化。

1. 转向传动机构的组成与布置形式

转向传动机构的组成与布置形式由转向器的位置和转向桥悬架的类型决定。

1) 与非独立悬架配用的转向传动机构

与非独立悬架配用的转向传动机构由转向摇臂 2、转向直拉杆 3、转向节臂 4、转向横拉杆 6 和两个梯形臂 5 组成,转向横拉杆和梯形臂与前桥构成转向梯形结构,如图 5.13 所示。

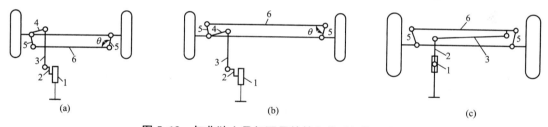

图 5.13　与非独立悬架配用的转向传动机构示意图

1—转向器；2—转向摇臂；3—转向直拉杆；4—转向节臂；5—梯形臂；6—转向横拉杆

这种转向传动结构的布置形式有 3 种,如图 5.13 所示。一是转向梯形结构后置,适合于前桥仅为转向桥的情况,如图 5.13(a)所示,国内中型载重汽车上大多采用这种结构。二是转向梯形结构前置,可避免布置转向传动机构时的运动干涉,适合于前桥为转向-驱动桥的情况,如图 5.13(b)所示。三是转向梯形结构前置且转向直拉杆横置,如图 5.13(c)所示,有的越野汽车上采用这种结构。

2) 与独立悬架配用的转向传动机构

与独立悬架配用的转向桥是断开式转向桥,因而转向传动机构中的转向梯形也必须是断开式的,分成几段,如图 5.14 所示。

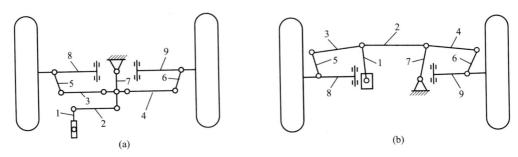

图 5.14　与独立悬架配用的转向传动机构示意图

1—转向摇臂；2—转向直拉杆；3—左转向横拉杆；4—右转向横拉杆；
5—左梯形臂；6—右梯形臂；7—摇杆；8—悬架左摆臂；9—悬架右摆臂

图 5.14(a)为循环球式转向器配用的转向传动机构的布置形式。图 5.14(b)为齿轮齿条式转向器配用的转向传动机构布置形式。

2. 转向传动机构主要零部件的结构

转向传动机构的主要零部件包括转向摇臂、转向直拉杆和转向横拉杆。这些杆件都是传动件并做空间运动,因此杆件之间的连接都采用球头销做空间铰链连接。杆件连接部分易磨损,需要定期加注润滑脂润滑。

1) 转向摇臂

常见转向摇臂的结构形式如图 5.15 所示,其大端具有三角细花键锥形孔,用以与转向摇臂轴外端相连接,并用螺母固定；其小端带有球头销,以便与转向直拉杆做空间铰链连接。转向摇臂安装后从中间位置向两边摆动的角度应大致相等,故在把转向摇臂安装到摇臂轴上时,二者相应的角度位置应正确。为此,常在摇臂大孔外端面上和摇臂轴的外端面上各刻有短线,或是在二者的花键部分上都少铣一个齿作为装配标记。装配时应将标记对齐。

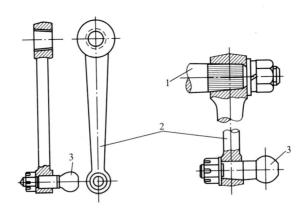

图 5.15　转向摇臂结构

1—转向摇臂轴；2—转向摇臂；3—球头销

2）转向直拉杆

解放 CA1092 型汽车的转向直拉杆如图 5.16 所示。直拉杆体由两端扩大的钢管制成，在扩大的端部里，装有由球头销、球头座、弹簧座、压缩弹簧和螺塞等组成的球铰链。球头销的锥形部分与转向摇臂连接，并用螺母固定；其球头部分的两侧与两个球头座配合，前球头座靠在端部螺塞上，后球头座在弹簧的作用下压靠在球头上，这样，两个球头座就将球头紧紧夹持住。为保证球头与座的润滑，可从注油嘴注入润滑脂。拆装时供球头出入的直拉杆体上的孔口用油封垫的护套盖住，以防止润滑脂流出和污物侵入。

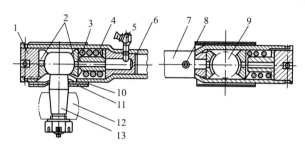

图 5.16　CA1092 型汽车的转向直拉杆

1—端部螺塞；2—球头座；3—压缩弹簧；4—弹簧座；5、8—注油嘴；6—座塞；
7—直拉杆体；9—万向节臂球头销；10—油封垫；11—油封垫护套；12—转向摇臂；13—球头销

压缩弹簧能自动消除因球头与座磨损而产生的间隙，弹簧座的小端与球头座之间留有不大的间隙，作为弹簧缓冲的余地，并可限制缓冲时弹簧的压缩量（防止弹簧过载）。此外，当弹簧折断时此间隙可保证球头销不致从管孔中脱出。端部螺塞可以调整此间隙，调整间隙的同时也调整了前弹簧的预紧度，调好后用开口销固定螺塞的位置，以防松动。

3）转向横拉杆

解放 CA1092 型汽车转向横拉杆如图 5.17（a）所示，横拉杆体用钢管制成，其两端切有螺纹，一端为右旋，另一端为左旋，与横拉杆插头旋装连接。两端插头结构相同，如图 5.17（b）所示。插头的螺纹孔壁上开有轴向切口，故具有弹性，旋装到杆体上后可用螺栓夹紧。旋松夹紧螺栓以后，转动横拉杆体，可改变转向横拉杆的总长度，从而调整转向轮前束。

在横拉杆两端的插头上都装有球头销等零件组成的球形铰链。球头销的球头部分被夹在上、下球头座内，球头座用聚甲醛制成，有较好的耐磨性。球头座的形状如图 5.17（c）所示。装配时上、下球头座凹凸部分互相嵌合。弹簧通过弹簧座压向球头座，以保证两球头座与球头的紧密接触，在球头和球头座磨损时能自动消除间隙，同时还起缓冲作用。弹簧的预紧力由螺塞调整。球铰上部有防尘罩，以防止尘土侵入。球头销的尾部锥形柱与转向梯形臂连接，并用螺母固定、开口销锁紧。

解放 CA1092 型汽车转向横拉杆通过转向节臂与转向节相连。转向横拉杆两端经左、右梯形臂与转向节相连。转向节臂和梯形臂带锥形柱的一端与转向节锥形孔相配合，用键防止螺母松动。臂的另一端带有锥形孔，与相应的拉杆球头销锥形柱相配合，同样用螺母紧固后插入开口销锁住，如图 5.18 所示。

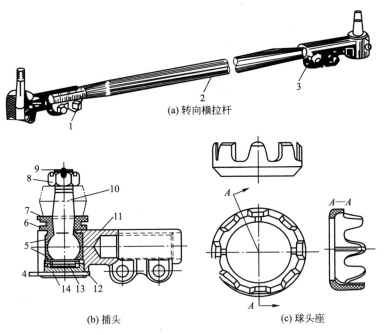

图 5.17　CA1092 型汽车的转向横拉杆

1—夹紧螺栓；2—横拉杆体；3、11—横拉杆插头；4—限位销；5—球头座；6—防尘罩；
7—防尘垫；8—螺母；9—开口销；10—球头销；12—弹簧座；13—弹簧；14—螺塞

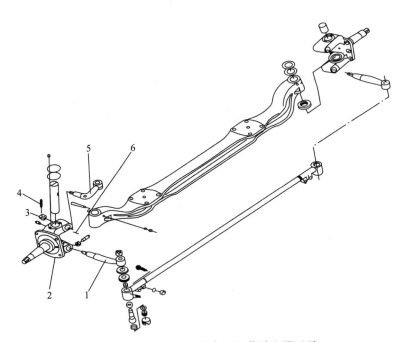

图 5.18　CA1092 型汽车万向节臂和梯形臂

1—左转向梯形臂；2—万向节；3—锁紧螺母；4—开口销；5—万向节臂；6—键

5.3 动力转向系统

动力转向系统是利用一定的动力助力方式，对转向器施加作用力以减少驾驶人转动转向盘的操纵力、减轻驾驶疲劳的转向系统。汽车转向时驾驶人提供小部分的能量，发动机（或电动机）提供大部分能量。一方面减轻转向操纵力，另一方面采用较小的转向器角传动比，就能满足转向灵敏的要求。所以动力转向系统兼顾了操纵省力和灵敏两方面的要求。

动力转向系统按动力介质的不同分为气压式和液压式两类。气压式动力转向系统主要应用于前轴最大载质量为 3～7t 并采用气压制动系统的载货汽车和客车。液压式动力转向系统的工作压力可超过 10MPa 以上，其部件尺寸很小。液压系统工作时无噪声，工作滞后时间短，而且能吸收来自不平路面的冲击，因此，液压式动力转向系统已在各类各级汽车上获得广泛应用。

5.3.1 液压式动力转向系统的组成与类型

液压式动力转向系统由机械转向装置和液压转向加力装置组成。液压转向加力装置包括转向油泵、转向动力缸、转向控制阀、转向油罐和油管等。

根据机械式转向器、转向动力缸和转向控制阀三者在转向装置中的布置和连接关系的不同，液压式动力转向装置可分为整体式、组合式和分离式3种结构形式。

整体式动力转向器的转向控制阀、转向动力缸和机械式转向器三者组合成一个整体，安装在转向轴的下端。这种转向装置结构紧凑，输油管路简单，在汽车上布置容易，但其拆卸修理较为困难。组合式液压动力系统是将机械转向器、转向动力缸及转向控制阀三者中的两者组合制成一个整体。常见的有两种形式：一是将转向动力缸与转向控制阀组合成一个整体（称为转向加力器）布置在转向传动机构中，而将机械转向器作为独立部件；另一种是将转向控制阀与机械转向器组成一个部件（称为半整体式动力转向器），转向动力缸则作为独立部件。转向动力缸、转向控制阀与机械式转向器都是单独设置的，称为分离式动力转向装置。分离式动力转向装置应用范围很小，仅在结构紧凑、安装位置狭窄的轻型载货汽车和乘用车上采用。本书仅介绍整体式液压动力转向装置。

液压动力转向器分为常压式和常流式。常压式液压动力转向器是转向控制阀在中间位置时常闭，工作液压油一直处于高压状态的动力转向器。常流式液压动力转向器是转向控制阀在中间位置时常开，工作液压油一直处于高流状态的动力转向器。由于常流式液压动力转向器具有结构简单、泄漏较少、消耗功率较少等优点，故广泛应用于各种汽车。

转向控制阀又分为转阀式和滑阀式。转阀式转向控制阀是转阀相对于阀体转动的转向控制阀。滑阀式转向控制阀是滑阀相对于阀体做直线运动的转向控制阀。

5.3.2 液压式动力转向系统的工作原理

液压式动力转向系统是在机械式转向系统的基础上加装一套转向加力装置而成的。常见的以齿轮齿条式转向器为基础的液压动力转向系统如图 5.19 所示。转向油泵 6 安装在发动机上,由曲轴通过带驱动并向外输出液压油。转向油罐 5 有进、出油管接头,通过油管分别与转向油泵和转向控制阀 2 连接。转向控制阀用以改变油路。机械转向器和缸体形成左、右两个工作腔,它们分别通过油道和转向控制阀连接。

当汽车直线行驶时,转向控制阀 2 将转向油泵 6 泵出来的工作液与油罐相通,转向油泵处于卸荷状态,动力转向器不起助力作用。当汽车需要向右转向时,驾驶人向右转动转向盘,转向控制阀将转向油泵泵出来的工作液与 R 腔接通,将 L 腔与油罐接通,在油压的作用下,活塞向下移动,通过传动结构使左、右轮向右偏转,从而实现右转向。向左转向时,情况与上述相反。

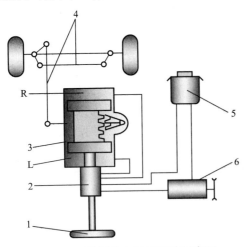

图 5.19　液压动力转向系统示意图

1—转向操纵机构;2—转向控制阀;3—机械转向器与转向动力缸总成;4—转向传动结构;5—转向油罐;6—转向油泵;R—转向动力缸右腔;L—转向动力缸左腔

5.3.3　整体式液压动力转向器

1. 整体式液压动力转向器的结构

整体式液压动力转向器结构如图 5.20 所示,转向控制阀 1、齿轮齿条式转向器 2 和 3、转向动力缸设计成一体,组成整体式动力转向器,其控制阀为转阀式结构。扭杆的一端通过花键与转向齿轮连接,另一端与转阀的阀芯用销子连接,阀芯又与转向轴的末端固定在一起。转向轴的转动可以通过扭杆带动转向齿轮转动。转阀的阀心外圈与阀体相配合,阀芯和阀体构成控制阀,置于转向器壳体内。转向器壳体上有油孔分别通向转向油泵、转向油罐及转向动力缸的左、右两个工作腔。转向齿条与转向动力缸内的活塞制成一体,活塞将转向动力缸分隔为左、右两个工作腔。转向动力缸上有油管通向转向器壳体内的控制阀。

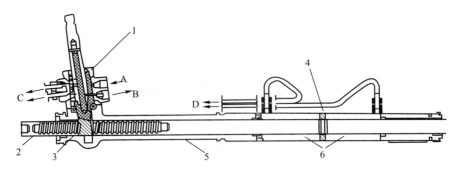

图 5.20　整体式液压动力转向器

1—转向控制阀;2—转向齿条;3—转向齿轮;4—转向动力缸活塞;5—转向器壳体;6—左右动力缸;A—接转向油泵;B—接转向油罐;C—接转向动力缸;D—接转向控制阀

2. 转向控制阀

转向控制阀主要由阀体 11、阀芯 7 及扭杆 9 组成，如图 5.21 所示。控制阀体 11 呈圆筒形，其表面上制有 3 道较宽且深的油环槽和 4 道较窄浅的密封环槽。各油环槽的底部开有与内壁相通的油孔，中间油环槽的油孔是进油通道，与转向油泵相通；两侧油环槽的油孔分别与转向动力缸的左、右腔相通。密封环槽用于安装密封圈组件。在阀体的内表面，与左、右腔相通的油孔处制有 6 条不贯通的纵槽，形成 6 道槽肩。阀芯 7 也制成圆筒形，其外圆表面与阀体 11 滑动配合，二者可以相对转动。阀芯与阀体两者组成偶件，不可更换。阀芯表面上也制有 6 条不贯通的纵槽，形成 6 道槽肩，分别与阀体的槽肩和纵槽配合形成液体流动间隙，在阀芯 7 的不同纵槽上开有 3 个等间隔的径向通孔，用以流通液压油，此油道通向油罐。

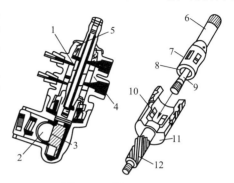

图 5.21　转向控制阀

1、4、11—阀体；2—转向齿条；
3、12—转向齿轮；5、9—扭杆；
6—转向齿轮轴；7—阀芯；
8—与转向油罐相通；10—阀门孔

3. 动力转向器的工作过程

汽车直线行驶时，转阀处于中间位置，如图 5.22(a)所示。工作液自转向油泵从转向器壳体进油口 C 流到阀体 3 的中间油环槽中，经过其槽底的 3 个通孔进入阀体 3 和阀芯 4 之间，此时阀芯处于中间位置，进入的油液分别通过阀体和阀芯纵槽形成的两边相等的间隙，再通过阀芯和阀体的纵槽及阀体的径向孔流向阀体外的上、下油环槽，然后通过壳体中的两条油道分别流到动力缸的左腔 A、右腔 B 中。同时，通过阀芯纵槽的径向油孔流到阀芯内腔与扭杆组件之间的空隙回油道 2 中，经油管回到转向油罐中去，形成了常流式油

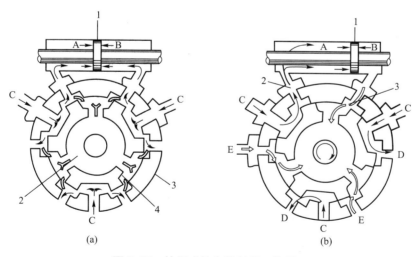

图 5.22　转阀式转向控制阀工作原理

1—活塞；2—回油道；3—阀体；4—阀芯；A、B—动力缸工作腔；
C—来自转向油泵油液；D—进入动力缸 A 腔油液；E—从动力缸 B 腔流出

液循环。此时 A 腔、B 腔油压相等且很小，齿条-活塞既没有受到转向齿轮的轴向推力，也没有受到 A 腔、B 腔因压力差造成的轴向推力。所以齿条-活塞处于中间位置，不产生助力作用。

汽车右转弯时，转动转向盘使转向轴顺时针转动，并带动阀芯同步转动，如图 5.22(b)所示。此时受到万向节臂传来的路面转向阻力作用，动力缸活塞和转向齿条暂时不能运动，所以转向齿轮暂时也不能随转向轴向右转动。这样扭杆受转矩作用，其前、后两端产生扭转变形，转向阀芯相对于阀体转过一个角度。动力缸左腔 A 进入高压油，右腔 B 泄压，动力缸产生向右的转向助力。齿条在液压力作用下向右运动的同时，转向齿轮本身也开始与转向轴同向转动。只要转向盘继续转动，扭杆的扭转变形便一直保持不变，转向控制阀所处的右转向位置也不变。一旦转向盘停止转动，动力缸暂时还继续工作，导致转向轮继续转动，会使扭杆的扭转变形减少，转向助力减少。当转向助力刚好与车轮的回正力矩相平衡时，齿条齿轮停止运动。此时，转向阀即停驻在某一位置不动，转向轮转角保持不变。

转向时，阀体与阀芯的相对角位移量随转向盘转动的速度加快而变大，动力缸两腔压力差增大，转向助力也随之增大，车轮偏转的速度也快；反之，转向盘转动速度慢，助力就小，车轮偏转的速度慢；转向盘不动，转向轮转到某一相应的位置也不动，这称之为转向控制阀的"渐进随动原理"。

转向后回正时，若驾驶人放松方向盘，阀芯会回到中间位置，失去助力作用，此时，车轮在回正力矩的作用下回位。若驾驶人同时逆时针回转转向盘，动力转向器会反向助力，帮助车轮回正。

汽车行驶遇外界阻力使车轮发生偏转时，阻力矩会通过转向传动机构、转向齿条齿轮作用在阀体上，使阀体、阀芯产生相对角位移，动力缸产生与车轮偏转方向相反的助力作用。在此力的作用下，车轮迅速回正，保证了汽车直线行驶的稳定性。

一旦液压助力装置失效，助力缸不起作用，驾驶人需转动转向盘以较大的角度使扭杆产生大的变形，传递更大的转矩，以驱动转向齿轮旋转。此时，该动力转向器变成机械转向器，驾驶人需施加很大的力，使转向盘的自由行程增大。

5.3.4 转向油泵

转向油泵是动力转向的动力源，由发动机通过 V 形带驱动或由曲轴或凸轮轴通过齿轮驱动，通过转向控制阀向动力缸的工作腔供油。其结构形式较多，有叶片式、齿轮式、转子式、柱塞式、滚子叶片式等。

1. 叶片式转向油泵的结构及工作原理

叶片式转向油泵在转向系统中应用广泛。转向油罐与转向油泵制成一体的，称为潜没式转向油泵。转向油罐与转向油泵彼此独立安装的，称为非潜没式转向油泵。一种潜没式双作用叶片转向油泵的结构如图 5.23(a)所示。它由转向油罐 1、转子 6、叶片 5、定子环 4、前配油盘 8、后配油盘 7、流量控制阀 2、驱动轴及带轮 9、泵体 10 等组成。转向油罐 1 置于泵体之上，泵体内的转子 6 由带轮 9 通过驱动轴驱动。转子两侧有前配油盘 8 和后配油盘 7。转子上开有均匀分布的径向槽，如图 5.23(b)所示。径向槽末端形成小油腔，配油盘上有油槽与小油腔相通，使小油腔内充满高压油。叶片安装在转子的径向槽内，并可在槽内往复滑动。定子内表面有两段大半径的圆弧、两段小半径的圆弧和过渡圆弧组成腰形结构。转子6和定子环4同心。

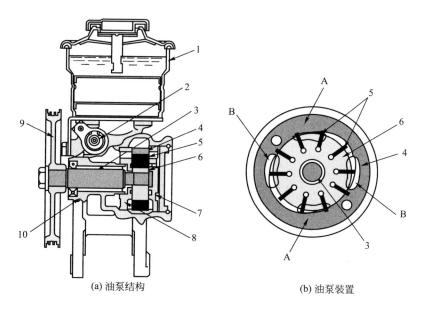

(a) 油泵结构　　　　(b) 油泵装置

图5.23　潜没式双作用叶片转向油泵结构

1—转向油罐；2—流量控制阀；3—转子阀；4—定子环；5—叶片；6—转子；
7—后配置盘；8—前配置盘；9—驱动轴及带轮；10—泵体；A—吸入口；B—输出口

叶片泵工作原理如图5.24所示。当转子顺时针旋转时，叶片在离心力及高压油的作用下，紧贴在定子的内表面上，其工作容积开始由小变大，从吸油口吸进油液；而后工作容积由大变小，压缩油液，经压油口向外供油。由于转子每旋转一周，每个工作腔都各自吸、压油两次，故将这种形式的叶片泵称为双作用叶片泵。双作用叶片泵有两个吸油区和两个排油区，并且各自的中心角是对称的，所以作用在转子上的油压作用力是互相平衡的。因此，这种油泵也称卸荷式叶片泵。

2. 流量-安全组合阀

转向油泵工作时要解决两个问题：一是转子的转速随发动机转速升高时，转向油泵的流量将增大，流量过大时会导致油泵消耗功率过多和油温过高。因此，必须设置用以限制转向油泵最大流量的流量控制阀。二是当动力缸的负载过大时，会使转向油泵的输出压力过高，动力缸和油泵均超载会导致零件损坏。因此，

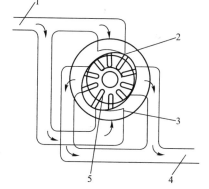

图5.24　双作用叶片转向油泵工作原理

1—进油口；2—叶片；
3—定子；4—出油口；5—转子

液压系统中还必须设置用以限制系统最高压力的安全阀。在转向油泵内将两阀组合形成流量-安全组合阀，以限制液压动力转向系统的最高工作压力和最大流量。

流量-安全组合阀如图5.25所示，流量阀由柱塞6和弹簧2组成；在流量阀体内腔中

由钢球3、阀杆4和弹簧5组成安全阀。其工作原理为：流量阀柱塞6右侧一端承受来自油泵出油腔A室的油力，左侧一端承受来自油泵出油口B室的油压和弹簧的压力，当流量不大时，流量阀柱塞处在靠右侧位置，A室与转向油罐不通；当流量大到一定值时，由于通往B室的节流孔的作用，B室油压低于右侧一端，且流量越大，节流作用越大，压差越大，当流量阀柱塞两侧的压差足以克服弹簧2的压力时，柱塞向左运动，油泵出油腔A室和转向油罐导通，起到限制流量的作用，如图5.26（a）所示。当出油口压力大到一定值时，油液克服安全阀弹簧5的压力，推开单向阀钢球3使出油口与转向油罐相通，以限制液压动力转向系统的最大工作压力，如图5.26（b）所示。

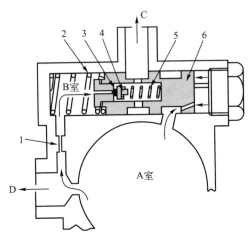

图5.25 流量-安全组合阀

1—节流孔；2—弹簧；3—钢球；4—阀杆；5—弹簧；
6—柱塞；C—流向转向油罐；D—流向转向控制阀

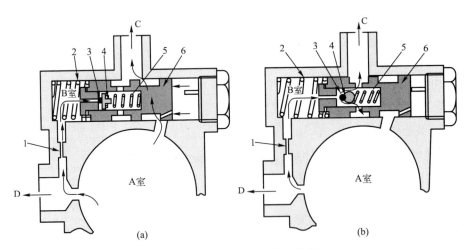

图5.26 流量-安全组合阀工作原理

1—节流孔；2—弹簧；3—钢球；4—阀杆；5—弹簧；
6—柱塞；C—流向转向油罐；D—流向转向控制阀

5.4 转向系统检修

5.4.1 机械转向系统检修

1. 转向器壳体及盖的检修

转向器壳体和盖的裂纹可用渗透探伤等方法检验。如有裂纹,一般应予更换。转向器壳体和盖上各轴承孔与轴承(衬套)的配合间隙不得大于原设计规定的0.02mm,轴承孔磨损后可进行镶套修理。转向摇臂衬套磨损应更换。衬套压入的过盈量一般为0.05~0.08mm。衬套可镗削或铰削,但应保证两孔衬套同轴。衬套与摇臂轴配合的最大间隙不得大于原设计规定的0.005mm。转向器壳体与盖整个接合面的平面度误差不得大于0.1mm,否则应进行修磨。转向器壳体上两蜗杆轴承孔公共轴线与两摇臂轴轴承孔公共轴线的垂直度误差应符合表5-1的规定。两轴线间的距离应符合原设计规定。

表5-1 转向器壳体轴线垂直度误差　　　　　　(单位:mm)

壳体上两蜗杆轴承孔外端面距离	≤100	>100~160	>160
垂直度误差不大于	0.04	0.05	0.06

2. 转向轴及蜗杆的检修

转向轴在使用中,由于装蜗杆的根部啮合受力会产生弯曲变形,其根部的不直度超过0.25mm时,或转向轴中部的直线度大于0.17mm时,应进行冷压校正。转向轴中部弯曲的校正应先在转向轴内充满细砂,然后进行校正。

转向轴与蜗杆过渡处应用敲击法检视有无裂纹,以防隐蔽裂纹存在而导致严重事故。蜗杆的齿面和锥形轴颈有裂纹、疲劳剥落、磨损严重,甚至无法调整啮合间隙时,应予更换。更换蜗杆后,应将其下端轴管翻边铆紧,以保证转向轴与蜗杆牢固结合。如果蜗杆锥形轴颈部磨损较大,可镀铬或镶配锥形套。

3. 转向摇臂轴及滚轮的检修

(1) 摇臂轴与衬套的配合间隙应为0.03~0.07mm,如有松旷感觉,就会增大转向盘的游动间隙,应更换衬套。新套与座孔应有0.06~0.62mm的过盈配合。摇臂轴磨损超过0.15mm的应修复或更换,摇臂轴弯曲应予校正。

(2) 滚轮与轴承的配合间隙应为0.04mm,转动应灵活,如有松旷感觉,将增大转向盘的游动间隙。其轴向间隙应不大于0.15mm,径向间隙不大于0.20mm,否则应修理或更换轴承。滚轮的轴承磨损起槽应予更换,或配换加粗的滚针,并加厚止推垫圈,然后焊修滚轮两端面,以消除过大的径向和轴向间隙。滚轮如有裂纹、疲劳剥落及梯形臂磨损应更换。

(3) 摇臂轴的轴颈磨损不得超过0.05mm,摇臂轴的花键齿扭曲大于1mm时应更换。

(4) 摇臂花键孔磨损,以致花键轴端面伸出花键孔端面的,应更换。

4. 横、直拉杆的检修

(1) 直拉杆的球节孔磨损扩大 2mm 时，应堆焊后加工到标准尺寸。直拉杆端头螺纹损坏的，可重新予以攻螺纹进行修复。

(2) 横拉杆球节座孔的上缘磨损，其厚度小于 2mm 时，应堆焊后进行车削修理。横拉杆的弯曲超过 2mm 时，应进行冷压校正。

(3) 球头销的球面和头部单边磨损超过 1mm 时，应焊接修复。球头碗磨损过大，弹簧失效，螺塞损坏，均应更换。

5.4.2 动力转向系统检修

1. 流量控制阀的检修

1) 控制阀的机械故障

检查流量控制阀凹槽边缘有无磨损、飞边及其他损坏；检查转向泵壳体流量控制阀阀孔有无刮伤和磨损；将流量控制阀装入泵壳体内，检查进出移动是否平滑，有无卡滞现象，若不能平滑移动或有其他机械损伤，应更换转向泵总成。

2) 流量控制阀密封性故障

按图 5.27 所示方法将软管接至流量控制阀一端，将流量控制阀浸入装有液压油的容器内，并从软管吹入压缩空气。当压缩空气压力低于 98kPa 时，流量控制阀中有气体冒出，说明流量控制阀有泄漏。此时可对流量控制阀进行分解(图 5.28)，并彻底清洗，用压缩空气吹干后重新组装进行再次密封性测试。

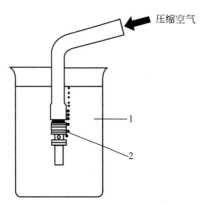

图 5.27 流量控制阀密封性测试
1—液压油；2—流量控制阀

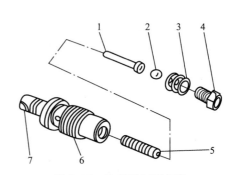

图 5.28 流量控制阀解体
1—安全阀；2—安全阀钢球；3—垫片；4—支座；
5—安全阀弹簧；6—流量控制阀；7—端部

2. 驱动轴的检修

(1) 检查驱动轴是否磨损、弯曲，有无裂纹或其他损伤。如驱动轴磨损严重或弯曲变形或损坏，应予以更换。

(2) 检查驱动轴上的滚珠轴承，缓慢转动外座，如果感觉有间隙或转动不顺畅，应更换轴承。更换轴承应使用压力机或专用工具。

（3）检查转向泵叶片磨损情况，如果叶片磨损严重或有表面划伤，应更换转向泵总成。

（4）检查转向泵壳体和盖是否有裂纹、破损或变形，检查壳体轴承座孔、流量控制阀座孔、辅助阀座孔是否有磨损、刮伤或其他损伤，如果有上述缺陷，应更换转向泵总成。

（5）检查转子与侧盘接触面是否平整，不允许有任何裂缝和划痕，否则应更换转向泵总成。

5.5 转向系统故障诊断

5.5.1 机械转向系统常见故障诊断

1. 转向沉重

汽车在行驶中驾驶人向左、右转动转向盘时，感到沉重费力，无回正感；当汽车低速转弯行驶和调头时，转动转向盘感到超乎正常地沉重，甚至打不动。

1）原因

（1）转向器轴承装配过紧。
（2）传动副啮合间隙过小。
（3）横、直拉杆球头销装配过紧或插头缺油。
（4）万向节主销与衬套配合过紧。
（5）转向轴或柱管弯曲，互相摩擦或卡住。
（6）转向装置润滑不良。
（7）前束调整不当。

2）故障诊断

（1）拆下转向臂，转动转向盘，如感觉沉重则应调整轴承紧度和传动副啮合间隙。若有松紧不均或有卡住现象，则应拆下转向轴检查传动副及轴承有无损坏，转向轴与柱管有无摩擦或卡住现象，必要时进行修理或更换。

（2）转动转向盘时，如感到轻松，则故障在传动机构，应顶起前轴，并用手左右扳动前轮。如过紧，应检查万向节主销与衬套，推力轴承和直、横拉杆球头销配合是否过紧，润滑是否良好，必要时进行调整和润滑。

（3）若上述情况均正常良好，则应检查前轴和车架是否变形，前束是否符合标准，必要时调整前束。

2. 转向不稳

1）原因

（1）转向器轴承过松。
（2）传动副啮合间隙过大。
（3）横、直拉杆球头销磨损严重。
（4）万向节主销与衬套磨损严重，配合间隙过大。
（5）前轮毂轴承松旷。

(6) 前轴弯曲。

(7) 车架和轮辋变形。

(8) 前束过大。

2) 故障诊断

(1) 一人转动转向盘，另一人在车下察看传动机构，如转向盘转了许多而转向臂并不转动，则故障在转向器；如转向臂转动了许多而前轮并不偏转，则故障在传动机构。

(2) 如果故障在转向器，应检查传动副啮合间隙，必要时进行调整。

(3) 如果故障在传动机构，应检查转向臂和横、直拉杆各球头销是否松旷，必要时进行调整。

(4) 经检查上述情况良好，则应架起前轴并用手推动车轮，检查万向节主销与衬套，并检查前轮毂轴承是否松旷，必要时进行调整或修理。

(5) 转向盘经过上述检查、调整后仍不稳定，应检查前轴和车架及轮辋是否变形，前束是否符合标准规定，必要时进行调整或修理。

3. 单边转向不足

1) 原因

(1) 转向摇臂在转向摇臂轴上装配位置不合适。

(2) 有一边前轮转向角限位螺钉过长。

(3) 直拉杆弯曲变形。

(4) 前钢板弹簧骑马螺栓松动或中心螺栓折断。

(5) 中心不对称的前钢板弹簧前后装反。

2) 故障诊断

(1) 若汽车转向原来良好，由于行驶中的碰撞而造成转弯半径一边大一边小时，应检查直拉杆、前轴、前钢板弹簧有无变形和中心螺栓折断现象。

(2) 若在维修后出现单边转向不足，可架起前桥，先检查转向摇臂是否装配正确。可将转向盘向一边转到尽头，再回到另一尽头，记住转向盘转动的总圈数，然后检查转向摇臂的位置，即在总转动圈数之半时前轮是否在居中的位置。倘若位置不对，应拆下转向摇臂另行安装。若摇臂位置始终不能使前轮对中，则应检查直拉杆有无弯曲变形。若转向角不等仅是受到转向限位螺钉不同长度的影响，则应调整限位螺钉。

(3) 对于中心不对称的前钢板弹簧，应检查是否有装反现象。

4. 转向盘自由转动量过大

汽车保持直线行驶位置或静止不动时，转向盘左、右转动的游动角度过大。

1) 原因

(1) 转向器内主、从动啮合部位间隙过大或主、从动部位轴承松旷。

(2) 转向盘与转向轴连接部位松旷。

(3) 转向垂臂与转向垂臂轴连接松旷。

(4) 横、直拉杆球头连接部位松旷。

(5) 横、直拉杆臂与万向节连接松旷。

(6) 万向节主销与衬套磨损后松旷。

(7) 车轮轮毂轴承间隙过大。

2）故障诊断

（1）更换轴承或调整轴承紧度。

（2）更换球头。

（3）调整转向器齿轮啮合间隙或更换损坏的齿轮。

5．车轮回正不良

1）原因

（1）转向车轮轮胎气压不足。

（2）前轮定位失准。

（3）转向器齿轮调整不良或损坏。

2）故障诊断

（1）按标准充气。

（2）检查调整前轮定位。

（3）调整转向器或更换损坏的齿轮。

5.5.2　动力转向系统常见故障诊断

液压动力转向系统实际上是机械转向器加液压助力器。转向系统故障前面已叙述，因此动力转向系统的故障，就是指常见液压传动部分的泄漏、渗进空气、油泵工作不良、操纵阀失效等引起的转向沉重、跑偏等。

1．转向沉重

1）原因

（1）转向油罐缺油或油液高度不足或滤清器堵塞。

（2）回路中有空气。

（3）转向油泵磨损，内部泄漏严重，或驱动带打滑。

（4）安全阀泄漏、弹簧太软或调整不当。

（5）动力缸或分配阀密封圈损坏。

（6）各油管插头泄漏。

2）故障诊断

（1）检查油泵传动带是否打滑或其他驱动形式的齿轮传动等有无损坏。

（2）检查转向器、分配阀、油泵、动力缸、各油管插头等有无渗漏。

（3）从油箱检查油质及油面高度。若发现油中有泡沫，可能是油路中有空气。此时，可架起前桥或拆下直拉杆，起动发动机怠速运转，反复将转向盘从一个尽头转到另一个尽头，使动力缸在全行程往复运动，逐步排除油路中的空气，最后加添油液至规定高度。

（4）检查油泵、安全阀、动力缸是否良好。接上与规定油压相适应的压力表和开关。打开开关，转动转向盘到尽头，起动发动机低速运转。这时，若油压表读数达不到该车型规定的压力值，且在逐步关闭开关时，油压也不提高，说明油泵有故障或安全阀未调整好。若油压表读数达到规定值，在逐步关闭开关时压力有所提高，说明油泵良好，故障在动力缸或分配阀。

2．汽车直线行驶时，转向盘发飘或跑偏

1）原因

（1）控制阀回位弹簧损坏或太软，难以克服转向器逆传动阻力，使滑阀不能及时回位。

（2）因油液脏污使滑阀运动受到阻滞。

（3）由于滑阀与阀体台阶位置偏移使滑阀不在中间位置。

（4）流量控制阀卡住使油泵油量过大；或油压管道布置不合理，导致油压系统管道节流损失过大，使动力缸左、右腔压力差过大。

2）故障诊断

（1）应当检查油液是否脏污，新车或大修后的车辆不认真执行走合维护的换油规定，往往使油液脏污。

（2）对于使用较久的车辆，则可能是流量控制阀或分配阀反作用弹簧失效所致，可在不起动发动机的情况下转动转向盘，凭手感判断滑阀是否开启运动自如。若有怀疑，一般应拆装检查。

3. 左右转向轻重不同

1）原因

（1）分配阀的滑阀偏离中间位置，或虽在中间位置但与阀体台肩的缝隙大小不一致。

（2）滑阀内有脏物阻滞，使左右移动时阻力不一样。

（3）调整螺母调整不当。

2）故障诊断

这种故障多系油液脏污所致，应换新油。如油液良好，对于可调式分配阀，应将调整螺母重新调整，或拆开分配阀检查缝隙台肩是否有飞边、滑阀位置是否居中等。

4. 快转向时转向盘感到沉重

1）原因

（1）转向油泵传动带打滑。

（2）流量控制阀弹簧过软。

（3）安全阀、流量控制阀泄漏严重。

（4）油泵磨损过甚。

（5）油泵选型不对，使供油不足。

2）故障诊断

这种故障多系供油量不足所致。因此，除应先检查传动带有无打滑、油箱存油是否符合规定外，可以顶起前桥，接上压力表及开关，进行快慢转向试验。同时变更发动机转速进行实验，根据压力变化做出诊断。

5. 转向时有噪声

1）原因

（1）转向油罐中油面过低，转向油泵在工作时容易吸进空气；或油泵传动带过松。

（2）油路中存有空气。

（3）滤清器滤网堵塞，或因其破裂造成油管堵塞。

（4）各管路插头松动或油管破裂。

（5）转向油泵损坏或磨损严重。

2）故障诊断

（1）检查转向油罐液面高度，若缺油液，应加注液压油至标准高度。
（2）检查油泵传动带是否打滑，必要时调整传动带紧度。
（3）查看油液中有无泡沫，若有泡沫，应查找漏气处，排除动力转向装置中的空气。
（4）若转向器有损坏或磨损严重，应更换转向器齿轮。
（5）检查油管管路是否松动，若油管破裂，更换油管。

习　　题

1. 简述转向器的功用与分类。
2. 简述转向器的转向特性。
3. 简述机械转向操纵机构的功用与组成。
4. 何谓机械转向器的传动效率？
5. 简述液压式动力转向系统的组成与类型。
6. 试述动力转向器的工作过程。
7. 简述转向沉重故障现象及故障原因。

第 6 章
汽车悬架检修

教学目标

熟悉汽车悬架的组成、工作原理及结构类型,了解汽车悬架弹性元件的结构及工作特点,熟悉减振器的结构与工作原理,掌握典型车型汽车悬架的拆装、常见故障诊断和维修方法。

教学要点

知识要点	能力要求	相关知识
汽车悬架的组成、结构、工作原理;汽车悬架的形式	熟悉汽车悬架的组成、工作原理及结构特点;了解汽车悬架的形式	弹性元件、导向装置和减振器的结构与工作原理、独立悬架和非独立悬架
汽车减振器的结构与工作原理;汽车悬架的拆装	熟悉汽车减振器的结构,掌握汽车悬架的拆装方法	减振器的结构特点,前悬架、副车架、下摆臂、稳定杆、后悬架、减振器等的拆装
汽车悬架的故障诊断与排除	掌握汽车悬架的故障诊断与维修方法	汽车悬架组成结构特点、故障产生的原因分析

6.1 汽车悬架的组成与结构

悬架的主要作用是把路面作用于车轮上的垂直反力(支承力)、纵向反力(驱动力和制动力)和侧向反力及这些反力所形成的力矩传递到车架(或承载式车身)上,以保证汽车的正常行驶。

悬架主要由弹性元件1、导向装置2、5和减振器3这3部分组成,如图6.1所示。

弹性元件使车架与车桥之间做弹性联系,承受和传递垂直载荷,缓和及抑制不平路面所引起的冲击;导向装置是用来传递纵向力、侧向力及其力矩,并保证车轮相对于车架或车身有一定的运动规律;减振器用以加快振动衰减,限制车身和车轮振动。

上述3个组成部分分别起缓冲、导向和减振作用,起到共同传力作用。为防止车身在不平路面行驶或转向时发生过大的横向倾斜,部分汽车还装有横向稳定器和平衡杆辅助弹性元件。

根据汽车两侧车轮运动是否相互关联,汽车悬架可分为非独立悬架和独立悬架两种形式,如图6.2所示。非独立悬架的结构特点是汽车两侧车轮分别安装在一根整体式车轴两端,车轴通过弹性元件与车架相连接,当一侧车轮因道路不平而跳动时,会影响另一侧车轮的工作,因此称为非独立悬架或相关悬架,如图6.2(a)所示。独立悬架则是两侧车轮分别安装在断开式的车轴两端,每段车轴和车轮单独通过弹性元件与车架相连,这样当一侧车轮跳动时,对另一侧车轮不产生影响,因此称为独立悬架,如图6.2(b)所示。独立悬架的前轮可调整其定位,故在乘用车上被广泛应用;而非独立悬架因结构简单、制造和维修方便,故在中、重型汽车中被普遍采用。

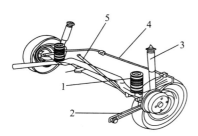

图 6.1 悬架组成示意图
1—弹性元件;2、5—导向装置;
3—减振器;4—横向稳定器

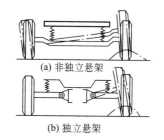

图 6.2 非独立悬架与独立悬架示意图

6.1.1 弹性元件

汽车悬架所用的弹性元件可分为钢板弹簧、螺旋弹簧、扭杆弹簧、气体弹簧和橡胶弹簧等。一般载货汽车的非独立悬架广泛采用钢板弹簧;大多数乘用车的独立悬架采用螺旋弹簧和扭杆弹簧;而气体弹簧在重型载货汽车上得到广泛应用。

1. 钢板弹簧

钢板弹簧是汽车悬架中应用最广泛的一种弹性元件。它是由若干片长度不等、曲率半径不同、厚度相等或不等的弹簧钢片叠合在一起组成的一根近似等强度的弹性梁，如图6.3所示。

钢板弹簧的中部一般由U形螺栓9、10与车桥刚性固定，其两端用钢板弹簧销13、23铰接在车架的支架上。为加强第一片的卷耳，常将第二片末端也弯成卷耳，把第一片卷耳包住。弹簧受压变形时为防止它们之间产生相对滑动，在第一片与第二片卷耳之间留有较大的空隙。钢板弹簧中心由中心螺栓连接各弹簧片，并保证装配时各片的相对位置。中心螺栓距两端卷耳距离可以相等(对称式钢板弹簧)，也可以不等(非对称式钢板弹簧)。

在车架加载弹簧变形时，钢板弹簧各片之间因产生相对滑动而产生摩擦，轮胎所受到的冲击要直接传给车架，并直接使钢板弹簧各片磨损，故安装钢板弹簧时，应在各片之间涂上适量的石墨润滑剂。

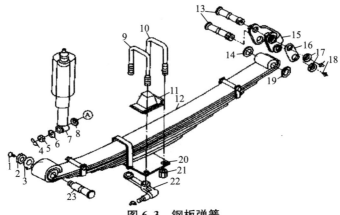

图6.3 钢板弹簧

1、18—黄油嘴；2、17、21—锁紧螺母；3—防松垫圈；4—开口销；5—带槽口螺母；6、8—避振器垫圈；7—避振器总成；9、10—U形螺栓；11—钢板弹簧减振垫；12—前钢板弹簧总成；13、23—钢板弹簧销；14、19—衬垫；15—钢板弹簧吊耳；16—锁紧片；20—底板；22—避振器支架

不同断面形状的弹簧钢板，受力状况不同。矩形断面钢板弹簧结构简单，但受拉应力一面的棱角处易产生疲劳裂纹，如图6.4(a)所示。上下不对称的横断面[图6.4(b)、(c)]，由于断面抗弯的中性轴线上移，不但可减小拉应力，而且可节省材料。

钢板弹簧端部有3种结构形式，如图6.5所示。端部为矩形的钢板[图6.5(a)]，其制造简单，广泛应用在载货汽车上。端部为梯形的钢板[图6.5(b)]，其质量小、节省钢材，较多地用在载货汽车上。端部为椭圆形的钢板[图6.5(c)]，这种结构改善了应力分布状况，片端弹性好，片间摩擦小，质量也较轻，但制造工艺复杂，成本较高，一般在乘用车上应用较多。

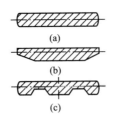

图6.4 钢板弹簧断面

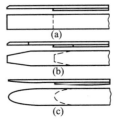

图6.5 钢板弹簧端部形式

2. 螺旋弹簧

螺旋弹簧广泛地应用于前独立悬架。螺旋弹簧与钢板弹簧相比,具有无须润滑、不忌泥污、所占纵向空间小、弹簧质量小等优点,如图 6.6 所示。

螺旋弹簧本身没有减振作用,因此在螺旋弹簧悬架中必须另装减振器。此外,螺旋弹簧只能承受垂直载荷,故必须装设导向机构以传递垂直力以外的各种力和力矩。螺旋弹簧常用弹簧钢棒料卷制而成,可做成等螺距或变螺距的,前者刚度不变,后者刚度是可变的。

3. 扭杆弹簧

扭杆弹簧是一根具有扭转弹性的直线金属杆件 3,断面一般为圆形,少数为矩形或管形。它的两端可以做成花键、方形、六角形或带平面的圆柱形等,以便将一端固定在车架 4 上,另一端通过摆臂 2 固定在车轮 1 上,如图 6.7 所示。当车轮跳动时,摆臂便绕着扭杆轴线而摆动,使扭杆产生扭转弹性变形,以保证车轮与车架的弹性联系。有的扭杆由一些矩形断面的薄扭片组合而成,这样弹簧更为柔软。

图 6.6　乘用车悬架螺旋弹簧

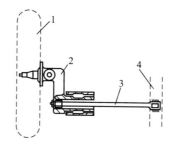

图 6.7　扭杆弹簧

1—车轮;2—摆臂;3—扭杆;4—车架

扭杆本身扭转刚度虽然是常数,但采用扭杆的悬架刚度却是可变的。若将扭杆固定端转过一个角度,则摆臂的初始位置将改变,以此可调节车架与车轮间的距离,即调节车身高度。

扭杆是用铬钒合金弹簧钢制成的,表面经过加工后很光滑。为了保护其表面,通常涂以沥青和防锈油漆或者包裹一层玻璃纤维布,以防碰撞、刮伤和腐蚀。扭杆具有预扭应力,安装时左、右扭杆预加扭转的方向都与扭杆安装在车上后承受工作载荷时扭转的方向相同,不能互换,为此,在左、右扭杆上刻有不同的标记。扭杆弹簧与钢板弹簧相比较,具有质量小、不需润滑的优点。

4. 气体弹簧

气体弹簧是在一个密封容器中充入压缩气体,利用气体可压缩性实现其弹簧作用。这种弹簧刚度是可变的,当作用在弹簧上的载荷增加时,容器内的定量气体气压升高,弹簧刚度增大;反之,当载荷减小时,弹簧内气压下降,刚度减小,故它具有较理想的弹性特性。气体弹簧有空气弹簧和油气弹簧两种。

1) 空气弹簧

空气弹簧是利用压缩空气作为弹簧的。根据压缩空气所用容器不同,又有囊式和膜式两种形式,如图 6.8 所示。囊式空气弹簧是由夹有帘线的橡胶气囊和密闭在其中的压缩空气组成的。气囊内层用气密性好的橡胶制成,而外层则用耐油橡胶制成。气囊一般做成图 6.8 所示的两节,节与节之间围有钢质腰环,使中间部分不致有径向扩张,并防止两节之间相互摩擦。气囊上下盖板将气囊密封。膜式空气弹簧的密闭气囊由橡胶膜片和金属压制件组成。

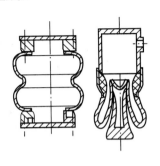

(a)囊式　　(b)膜式

图 6.8　空气弹簧

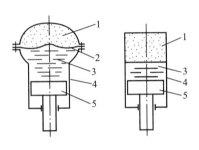

(a)油气分隔式　　(b)油气不分隔式

图 6.9　单气室油气弹簧示意图

1—气体;2—油气隔膜;3—油液;4—工作缸;5—活塞

2)油气弹簧

在密闭容器中充入压缩气体和油液,利用气体可压缩性实现弹簧作用的装置称油气弹簧。油气弹簧以惰性气体(氮气)作为弹性介质,用油液作为传力介质,一般由气体弹簧和相当于液力减振器的液压缸组成。根据结构的不同,油气弹簧分为单气室、双气室及两级压力式 3 种形式。

单气室油气弹簧又分为油气分隔式和油气不分隔式两种,如图 6.9 所示。前者可防止油液乳化,且便于充气。单气室油气分隔式油气弹簧由气室、工作缸、活塞等组成,如图 6.9(a)所示。其球形气室固定在工作缸 4 上,其内腔用橡胶油气隔膜 2 隔开,一侧充入高压氮气,构成气体弹簧;另一侧与工作缸内腔相通,并充满了工作介质(减振油液),相当于液力减振器。油气隔膜的作用在于把作为弹性介质的高压氮气和工作液分开,以避免工作液乳化,同时也便于充气和保养。在球形气室上装有充气阀。油气弹簧上端的球形气室和下端的活塞分别通过上、下球座固定在车架和车桥上。

当载荷增加时,车架与车桥之间的距离缩短,活塞 5 上移,使充满工作液的内腔容积减小,工作液推动油气隔膜 2 向具有一定压力的氮气室移动,使气室容积减小,氮气压力升高,弹簧刚度增大,车架下降缓慢。当外界载荷等于氮气压力时,活塞便停止上移,这时车架与车桥的相对位置不再变化,车身高度也不再下降。

当载荷减小时,油气隔膜在高压氮气压力的作用下向油室一侧移动,推动活塞下移,从而使弹簧刚度减小,车架与车桥之间距离变长,车架上升减缓;当外部载荷与氮气压力相平衡时,活塞停止下移,车身高度也不再上升。

由于氮气储存在密闭球形气室内,其压力随外载荷大小而变化,故油气弹簧具有变刚度的特性,同时又起液力减振器的作用。

单气室油气不分隔式油气弹簧其工作缸 4 的上端和活塞的下端分别固定在车架和车桥上,如图 6.9(b)所示。活塞的上面有一油层,既可以润滑活塞又可以为气室密封。油层上方空间即为高压气室,其中充满高压氮气,气体和工作油液间没有任何隔离装置。当载荷增加时,活塞在工作缸内向上移动,高压气室容积缩小,氮气被进一步压缩,此时油压升高。当载荷减小时(伸张行程),活塞向下移动,高压气室容积增大,气体压力和油压都下降。空气弹簧和油气弹簧都同螺旋弹簧一样,只能承受轴向载荷,因此气体弹簧悬架中必须设置纵向和横向推力杆等导向机构,同时还必须设有减振器。气体弹簧可以通过专门的高度控制阀自动调节气室中的原始充气压力,以调节车身与地面高度。

5. 橡胶弹簧

橡胶弹簧是利用橡胶本身弹性来缓和冲击、减小振动的。它可以承受压缩载荷与扭转载荷,如图6.10所示。其优点是单位质量储能量较金属弹簧多,隔音性能好,多用在悬架的副簧和缓冲块上。

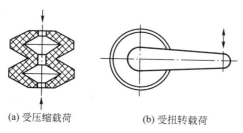

(a) 受压缩载荷　　(b) 受扭转载荷

图6.10　橡胶弹簧

6.1.2　减振器

减振器作用是吸收钢板弹簧起落时车辆的振动,使其恢复平稳状态,以改善汽车行驶的平稳性。

汽车悬架系统中广泛采用液力减振器,其工作原理是利用液体流动阻力来消耗振动能量。当车架与车桥相对运动时,活塞在缸筒内上下移动,减振器壳体内的油液便反复地从一个内腔通过一些窄小的孔隙流入另一内腔。此时,孔壁与油液间的摩擦及液体分子内摩擦便形成对振动的阻尼,使车身和车架振动能量转化为热能而被油液和减振器壳体所吸收,最后散到大气中去。减振器的阻尼力大小随车架与车桥的相对运动速度的增减而增减,并且与油液的黏度有关。

1. 双向作用筒式减振器

双向作用筒式减振器有3个同心钢筒,即防尘罩21、储油缸筒20和工作缸筒19,如图6.11所示。防尘罩与活塞杆18和用于连接车架的上吊环26焊接在一起。工作缸筒装于储油缸筒内,并用储油缸螺母27通过密封圈25和导向座22压紧。储油缸筒下端与连接车桥的下吊环10焊接在一起,在减振器工作时,这两个缸筒作为一个整体一起随车桥而运动。储油缸筒与工作缸筒之间形成储油腔,内装减振油液,但不装满,工作缸筒内则充满减振油液。活塞杆18穿过储油缸筒和工作缸筒的密封装置而伸入工作缸筒内。在活塞杆下端用压紧螺母9固定着活塞4。活塞4头部有内外两圈沿圆周均布的轴向通孔,外圈孔大,内圈孔小。在外圈大孔上面盖着流通阀3,并用流通阀弹簧片2压紧,再由流通阀限位座1限位。在内圈小孔下,均布着4道小槽,其上面有伸张阀5和支承座圈6。当伸张阀5被压紧时便形成4个缺口,该缺口为常通的缝隙,在压缩或伸张行程时,油液均可通过此缺口流动。在伸张阀5与压紧螺母9之间装有调整垫片8，用于调整伸张阀弹簧7的预紧力。

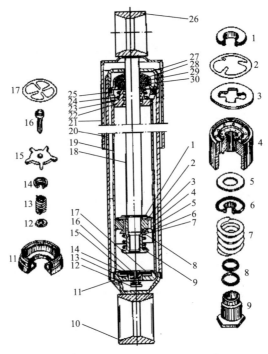

图 6.11　双向作用筒式减振器

1—流通阀限位座；2—流通阀弹簧片；3—流通阀；4—活塞；5—伸张阀；6—支承座圈；
7—伸张阀弹簧；8—调整垫片；9—压紧螺母；10—下吊环；11—支承座；12—压缩阀弹簧座；
13—压缩阀弹簧；14—压缩阀；15—补偿阀；16—压缩阀杆；17—补偿阀弹簧片；18—活塞杆；
19—工作缸筒；20—储油缸筒；21—防尘罩；22—导向座；23—衬套；24—油封弹簧；25—密封圈；
26—上吊环；27—储油缸筒螺母；28—油封；29—油封盖；30—油封垫圈

在工作缸筒下端装有支承座11，其上端面有两个小缺口被星形补偿阀15盖着，形成两道缝隙，作为工作缸筒与储油缸筒之间的常通缝隙。补偿阀中央有孔，孔中装着压缩阀杆16，杆上有中心孔和旁通孔，其上滑套着压缩阀14。不工作时，压缩阀14在压缩阀弹簧13的作用下，其上端面压在补偿阀15上，使内部形成锥形空腔。此时，油液经阀杆上中心孔，旁通孔仅能流到锥形空腔中，而不能进入储油缸筒。支承座11上端用翻边的方法将补偿阀弹簧片17紧压在压缩阀杆16顶端边缘。

由于流通阀和补偿阀的弹簧较软，当车轮跳动较小时，油液从这两个阀和一些孔缝中流过；伸张阀和压缩阀的弹簧都较硬，预紧力也较大，故车轮剧烈跳动并使油压增大到一定程度时，才能压开它而流过。

工作缸筒的上部装有密封装置(橡胶密封圈25、油封28、油封盖29、油封垫圈30、油封弹簧24和储油缸筒螺母27等)和导向座22。橡胶密封圈25用于密封工作缸筒周缘；而橡胶油封28用于密封活塞杆。当活塞杆往复运动时，杆上的油液被密封件刮下，经导向座22上的径向小孔流回储油缸。导向座22用来为活塞杆导向。

当车轮靠近车架压缩悬架时，双向作用筒式减振器被压缩，活塞4下移，使其下腔室容积减小，油压升高，油液经流通阀 3 流到活塞上腔室。由于活塞杆 18 占去上腔室一部分容积，故上腔室增加的容积小于下腔室减小的容积，致使下腔室油液不能全部流入上腔室，而多余的油液则压开支承座圈 6 上的压缩阀 14 进入储油缸筒 20。这些阀对油液的节流便造成对悬架压缩运动的阻尼力，由于流通阀和压缩阀的特殊结构（弹簧较软、通道较小），使油液流动的阻尼力不致过大，所以在压缩行程时能使弹性元件充分发挥它的缓冲作用。

当车轮离开车架、减振器被拉长时，悬架处在伸张行程，活塞上移使其上腔室容积减小、油压升高，流通阀 3 关闭。上腔室内的油液便推开伸张阀 5 流入下腔室。同样由于活塞杆的存在，自上腔室流来的油液不足以充满下腔室所增加的容积，下腔室内产生一定的真空度，这时储油缸筒内的油液在真空度的作用下推开补偿阀 15 流入下腔室进行补充。这些阀的节流作用构成了对悬架伸张运动的阻尼力。由于伸张阀弹簧刚度和预紧力比压缩阀大，且伸张行程时油液通道截面也比压缩行程小，所以减振器在伸张行程内产生的最大阻尼力远远超过了压缩行程内的最大阻尼力。减振器这时充分发挥减振作用，以保护弹性元件不被拉坏。

2. 充气式减振器与阻力可调式减振器

1）充气式减振器

充气式减振器的结构特点是在减振器缸筒下部有一个浮动活塞 2，使工作腔形成 3 个部分，如图 6.12 所示。在浮动活塞与缸筒一端形成的腔室中充入高压氮气；浮动活塞的上面是减振器油液，浮动活塞上装有大断面的 O 形圈 3，把油和气完全隔开，形成封气活塞；工作活塞 8 上装有随其运动速度大小而改变通道截面积的压缩阀 4 和伸张阀 7，此二阀均由一组厚度相同、直径不等、由大到小排列的弹簧钢片组成。

当车轮跳动时，减振器工作活塞在油液中往复运动，使工作活塞的上腔与下腔之间产生油压差，压力油便推开压缩阀或伸张阀而来回流动。由于阀对压力油产生较大的阻尼力而使振动衰减。

由于下腔高压氮气的存在，故可以利用氮气的膨胀和压缩，借助浮动活塞的上下运动来补偿因活塞杆的进出而引起的缸筒容积的变化。因此不再需要储油腔，当然也就不需要储油缸筒了，所以这种减振器也称为单筒式减振器。而前述的双向作用筒式减振器既有工作缸筒，又有储油缸筒，故亦称为双筒式减振器。

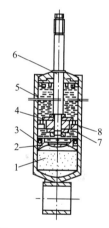

图 6.12 充气式减振器
1—密封气室；2—浮动活塞；
3—O 形圈；4—压缩阀；
5—工作缸；6—活塞杆；
7—伸张阀；8—工作活塞

充气式减振器作为一种新型减振器，与双向作用筒式减振器相比，具有以下优点：

（1）由于采用浮动活塞，故不需要储油缸筒，而且还减少了一套阀门系统，使结构大为减化。

（2）在防尘罩直径相同的条件下，充气式减振器工作缸筒及活塞直径大，可以产生更大的阻尼力。

（3）减振器中的高压氮气能减少车轮遇到冲击力时产生的高频振动，且有助于消除噪声。

（4）充气式减振器由于浮动活塞的存在，消除了油液的乳化现象。

充气式减振器的缺点是：对油封要求高；充气工艺复杂，修理困难；当缸筒受到冲击而变形时,减振器就不能工作了。

2) 阻力可调式减振器

阻力可调式减振器悬架系统采用了刚度可变的空气弹簧,如图 6.13 所示。当汽车载荷增加时,空气囊中的气压升高,与之相通的气室 1 内的气压也随之升高,促使膜片 2 向下移动与弹簧 3 产生的压力相平衡。同时,膜片带动与它相连的柱塞杆 4 和柱塞 6 下移,因而使得柱塞相对空心连杆 5 上的节流孔 7 的位置发生变化,结果减小了节流孔的通道截面面积,也就是减小了油液流经节流孔的流量,从而增加了油液流动阻力。当汽车载荷减小时,柱塞上移,结果增大了节流孔通道截面面积,从而减小了油液流动阻力。故阻力可调式减振器可达到随汽车载荷变化而改变减振器阻力的目的,保证悬架系统具有良好的振动特性。某些高级乘用车上装用了阻力可调式减振器。

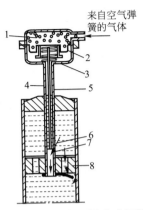

图 6.13 阻力可调式减振器

1—气室;2—膜片;3—弹簧;4—柱塞杆;
5—空心连杆;6—柱塞;7—节流孔;8—活塞

6.2 非独立悬架

一般载货汽车均采用钢板弹簧作为弹性元件的非独立悬架,与螺旋弹簧相比,钢板弹簧既有缓冲、减振的功能,又起到传力和导向作用,因而使得悬架结构大为简化。而采用螺旋弹簧或气体弹簧则需要有较复杂的导向机构。

6.2.1 纵置板簧式非独立悬架

各车型纵置板簧式非独立悬架的结构类似。日野 K2 型汽车的后悬架如图 6.14 所示,它采用纵置板簧式非独立悬架结构。

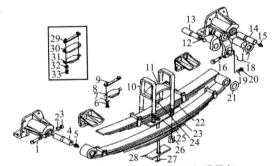

图 6.14 日本日野 K2 型汽车后悬架

1、6、16—螺栓;2、19、26、33—螺母;3、7、20—防松垫圈;4、13、14—钢板弹簧销;
5、12、15—黄油嘴;8、31—橡胶制件;9、29—底座固定件;10—U 形螺栓;11、32—钢板弹簧
减振垫;17—衬垫;18—钢板弹簧吊耳总成;21、28、30—衬垫;22—后副钢板弹簧总成;
23—后主钢板弹簧总成;24、27—中心螺栓;25—后钢板弹簧座

在板簧式非独立悬架中，钢板弹簧一般是纵向安置的，它与车桥连接绝大多数是用两个 U 形螺栓 10，将钢板弹簧的中部刚性地固定在车桥上部。钢板弹簧两端通过钢板弹簧销 4、13 与车架支座活动铰接，以起到传力和导向作用。

由于载货汽车后悬架载质量变化较大，为了保持悬架的频率不变或变化不大，广泛地在后悬架中采用后副钢板弹簧总成 22，副钢板弹簧总成一般装在主钢板弹簧总成上方，当后悬架负荷较小时，仅由主钢板弹簧起作用。在负荷增加到一定程度时，副钢板弹簧总成与车架上的支架接触，开始起作用。此时，主、副钢板弹簧一起工作，一起承受载荷而使悬架刚度增大，保证车身振动频率不致因载荷增加而变化过大。钢板弹簧变形时，为保证车架两端与钢板弹簧连接的卷耳间的距离有伸缩的余地，钢板弹簧后端与车架的连接通常采用了以下几种结构形式：

（1）吊耳支架式，解放 CA1091 型载货汽车前悬架采用。
（2）滑板支承式，东风 EQ1090E 型载货汽车前悬架采用。
（3）橡胶块支承式，一汽早期生产的 2.5 t 越野汽车前悬架采用。

6.2.2 螺旋弹簧非独立悬架

螺旋弹簧非独立悬架一般只用作乘用车的后悬架。一汽奥迪 100 型汽车后悬架如图 6.15(a)所示。图 6.15(b)所示为后悬架的放大图。减振器 8 下端是吊耳，通过螺栓 6、自锁螺母 16 和后桥相连。减振器外面装有防尘罩 11，保护套下端装有弹簧下座 9，保护套上端装有限位块。减振环(图中未画出)、弹簧上座 14 和螺旋弹簧 10 就固定在弹簧上、下座 14 和 9 之间。弹簧上座上端有座圈孔，弹簧上座橡胶支承 13 就装在其中。减振器 8 的活塞杆由弹簧上座和弹簧上座橡胶支承 13 中间的通孔穿出，然后将自锁螺母 15 拧入减振器活塞杆上的螺纹，将活塞杆上部固定在弹簧上座 14 上。弹簧上座法兰上有 4 个螺栓孔，以便通过螺栓、自锁螺母 15 固定在和车身相连的连接件 12 上。后悬架中，导向元件横向推力杆 5 下连后桥、上连车身，用来传递车桥和车身之间的横向作用力及其力矩。加强杆 4 也是下连车桥、上连车身，此杆的作用是加强横向推力杆的安装强度，并可减轻车重和使车身受力均匀。

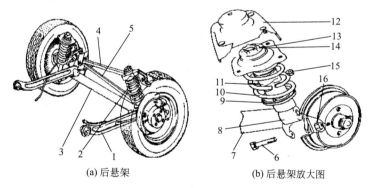

(a) 后悬架　　　　　(b) 后悬架放大图

图 6.15　一汽奥迪 100 型乘用车后悬架

1—纵摆臂；2—后悬架；3—后桥；4—加强杆；5—横向推力杆；6—螺栓；
7—后桥；8—减振器；9—弹簧下座；10—螺旋弹簧；11—防尘罩；12—连接件；
13—弹簧上座橡胶支承；14—弹簧上座；15、16—自锁螺母

6.2.3 空气弹簧非独立悬架

空气弹簧非独立悬架如图 6.16 所示。囊式空气弹簧 5 的上、下端分别固定在车架和车桥上。从压气机 1 产生的压缩空气经油水分离器 10 和压力调节器 9 进入气罐 8。压力调节器可使气罐中压缩空气保持一定压力。气罐 6 通过管路与两个空气弹簧相通。气罐和空气弹簧中的空气压力由车身高度控制阀 3 控制。空气弹簧和螺旋弹簧一样只能传递垂直力;其纵向力和横向力及其力矩也是由纵向推力杆和横向推力杆(图中未画图)来传递的。采用空气弹簧悬架时,可以通过车身高度控制阀来改变空气弹簧内空气压力,从而自动调节车身高度,以保证车身高度不因载荷变化而变化。

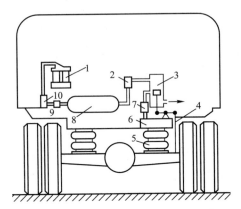

图 6.16 空气弹簧非独立悬架示意图

1—压气机;2、7—空气滤清器;3—车身高度控制阀;4—控制杆;
5—空气弹簧;6、8—气罐;9—压力调节器;10—油水分离器

6.2.4 油气弹簧非独立悬架

典型油气弹簧非独立悬架为上海 SH3540 型汽车,结构如图 6.17 所示。油气弹簧 1 的两端分别固定在前桥上支架 10 和纵梁上支架 2 上。左、右两侧各有一根下纵向推力杆 11,装在前桥 6 和纵梁 4 之间。一根上纵向推力杆 8 安装在前桥上的支架 9 和纵梁 4 的内侧支架上。上、下两纵向推力杆构成平行四边形,既可传递纵向力,承受制动力引起的反

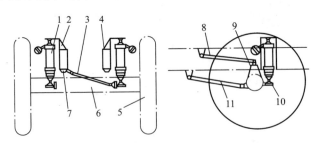

图 6.17 上海 SH3540 型汽车前轮油气悬架示意图

1—油气弹簧;2、9、10—支架;3—横向推力杆;4—纵梁;5—车轮;
6—前桥;7—缓冲块;8—上纵向推力杆;11—下纵向推力杆

作用力矩，又可保证车轮上下跳动时主销后倾角不变，有利于汽车操纵的稳定性。一根横向推力杆3装在左侧纵梁与前桥右侧的支架上，传递侧向力。在两纵梁下面装有缓冲块7，以避免在很大的冲击载荷下前桥直接碰撞车架。采用油气弹簧的非独立悬架具有变刚度特性，特别适合应用在其道路条件和装载条件都很恶劣的工地和矿山大型自卸汽车上。

6.3 独立悬架

独立悬架结构特点是两侧车轮各自独立地与车架或车身弹性连接。与非独立悬架相反，独立悬架很少用钢板弹簧作为弹性元件，而多采用螺旋弹簧和扭杆弹簧作为弹性元件，因而具有导向机构。独立悬架具有以下优点：

（1）悬架弹性元件变形在一定的范围内，两侧车轮可以单独运动而互不影响，减少了车架和车身在不平道路上行驶时的振动，而且有助于消除转向轮不断偏摆现象。

（2）减轻了汽车上非弹簧承载部分质量（非簧载质量），从而减小了悬架所受到的冲击载荷，可以提高汽车的平均行驶速度。

（3）由于采用断开式车桥，发动机位置可降低和前移并使汽车重心下降，有利于提高汽车行驶的稳定性。同时能给予车轮较大的上下运动空间，悬架刚度可设计得较小，使车身振动频率降低，以改善汽车行驶的平顺性。

（4）可保证汽车在不平道路上行驶时，车轮与路面有良好接触，增大了驱动力。此外具有特殊要求的某些越野汽车采用独立悬架后，可增大汽车的离地间隙，提高汽车的通过性能。

独立悬架按车轮的运动形式可分为横臂式独立悬架（车轮在汽车横向平面内摆动的悬架）、纵臂式独立悬架（车轮在汽车纵向平面内摆动的悬架）、烛式独立悬架和麦弗逊式独立悬架（车轮沿主销移动的悬架）4种类型，如图6.18所示。

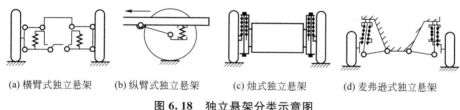

(a) 横臂式独立悬架　(b) 纵臂式独立悬架　(c) 烛式独立悬架　(d) 麦弗逊式独立悬架

图 6.18　独立悬架分类示意图

6.3.1　横臂式独立悬架

横臂式独立悬架分为单横臂式独立悬架和双横臂式独立悬架两种。

1. 单横臂式独立悬架

德国戴姆勒-奔驰乘用车采用的单横臂式后独立悬架如图6.19所示。在该结构中，后桥半轴套管8是断开的，主减速器5的左侧有一个单铰链4，半轴可绕其摆动。在主减速器上面安装着可调节车身水平位置的油气弹性元件2，它和螺旋弹簧7一起承受并传递垂直力。作用在车轮上的纵向力主要由纵向推力杆6承受。中间支承3不仅可以承受侧向力，而且还可以部分地承受纵向力。当车轮上下跳动时，为避免干涉，其纵向推力杆的前端用球铰链与车身连接。采用单横臂式独立悬架的车轮上下运动时,车轮平面将产生倾斜而改变轮距的大小,并使主销内倾角及车轮外倾角均发生较大变化。轮距变化使轮胎产生横向滑移,破坏轮胎与地面的附着,因此这种悬架很少在转向轮中采用。

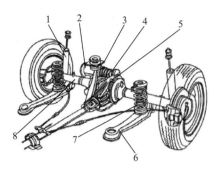

图6.19 单横臂式后独立悬架示意图

1—减振器;2—油气弹性元件;3—中间支承;
4—单铰链;5—主减速器;6—纵向推力杆;
7—螺旋弹簧;8—半轴套管

2. 双横臂式独立悬架

双横臂式独立悬架如图6.20所示。这种悬架的两个横臂长度可以相等,也可以不等长。等臂长的双横臂式独立悬架在车轮上下跳动时,虽然车轮平面不发生倾斜,却会使轮距发生较大变化,如图6.20(a)所示,这将使车轮产生横向滑移。不等臂长的双横臂式独立悬架若两臂长度选择合适,则可以使主销角度与轮距的变化均不过大,如图6.20(b)所示。因此不等长的双横臂式独立悬架在乘用车的前轮上应用较为广泛。

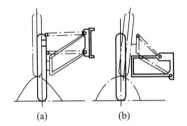

图6.20 双横臂式独立悬架示意图

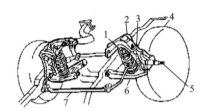

图6.21 不等长双横臂式独立悬架

1—螺旋弹簧;2—上横臂;3—球关节;
4—车轮;5—万向节;6—下横臂;7—稳定杆

典型的不等长双横臂式独立悬架如图6.21所示。上横臂2和下横臂6为不等长横臂。螺旋弹簧1与减振器位于上、下横臂之间。日本丰田皇冠乘用车前悬架的结构图如图6.22所示。

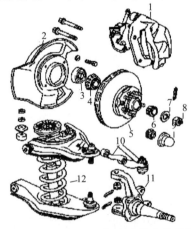

图6.22 日本丰田皇冠乘用车前悬架

1—制动钳;2—防尘罩;3—油封;4—内轴承;5—制动盘;6—外轴承;
7—止推垫圈;8—螺母;9—盖;10—万向节臂;11—上摆臂;12—螺旋弹簧

6.3.2 纵臂式独立悬架

1. 单纵臂式独立悬架

单纵臂式独立悬架在车轮上下运动时,主销后倾角会产生很大变化,一般不用在前悬架中,如图 6.23 所示。

法国雷诺-5 型乘用车装用的单纵臂式扭杆弹簧后独立悬架结构示意图如图 6.24 所示。悬架的纵臂 4 是一箱形构件,一端用花键与车轮的心轴 5 连接,而另一端与套管 1 固装成一体。扭杆弹簧 2 装在套管内,其外端用花键固定在套管内花键套中,扭杆另一端借花键与车架另一侧纵梁连接。套管 1 两端用宽橡胶衬套 3 支承在车架梁上套筒中,并以此为活动铰链。当车轮上下跳动时,纵臂以套管和扭杆轴线为中心摆动,使扭杆弹簧产生扭转变形以缓和不平路面产生的冲击。

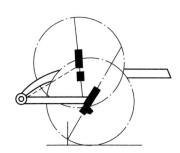

图 6.23 单纵臂式前独立悬架示意图

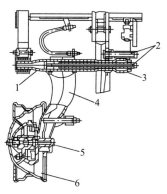

图 6.24 法国雷诺-5 型乘用车的后悬架
1—套管;2—扭杆弹簧;3—橡胶衬套;
4—纵臂;5—心轴;6—车轮

2. 双纵臂式独立悬架

双纵臂式独立悬架两个纵臂长度一般相等,形成平行四连杆机构。当车轮上下运动时,主销后倾角不变,因而这种形式的悬架适用于转向轮。

双纵臂扭杆弹簧式前独立悬架如图 6.25 所示。两根纵臂 1 后端与万向节铰接,前端则通过各自的摆臂轴 2 支承在车架横梁 5 内部衬套 3 中。摆臂轴与纵臂 1 刚性连接,扭杆弹簧 4 由若干片矩形断面的薄弹簧钢片叠加而成。扭杆弹簧 4 外端插入摆臂轴 2 的矩形孔内,中部用螺钉 6 使之与管形横梁 5 相固定。这种悬架两侧车轮共用两根扭杆弹簧。

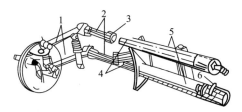

图 6.25 双纵臂式扭杆弹簧式前独立悬架
1—纵臂;2—摆臂轴;3—衬套;4—扭杆弹簧;5—横梁;6—螺钉

四连杆型后独立悬架零件分解如图 6.26 所示。后稳定杆 7 可防止乘用车转向时发生过大的横向倾斜。后桥及后悬架起着支持车架的作用,并将负荷自车架传至车轮。

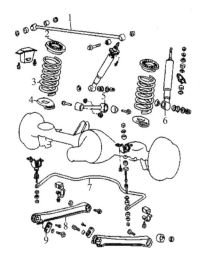

图 6.26　四连杆型后独立悬架零件分解图
1—侧控制杆；2—上隔热体；3—螺旋弹簧；4—下隔热体；
5—上控制臂；6—减振器；7—后稳定杆；8—下控制臂；9—锁止片

6.3.3　车轮沿主销移动的悬架

车轮沿主销移动的悬架包括两种形式：一种是车轮沿固定不动的主销轴线移动的烛式独立悬架；另一种是车轮沿摆动的主销轴线移动的麦弗逊式独立悬架。

1. 烛式独立悬架

烛式独立悬架的车轮沿固定不动的主销轴线移动，如图 6.27 所示。主销 1 刚性地固定在车架上，转向轮、万向节则装在套筒 3 上。这种悬架的主销定位角不变化，使汽车转向操纵及行驶稳定性较好，但侧向力全部由套在主销 1 上的套筒 3 和主销承受，套筒与主销之间的摩擦阻力大，磨损严重。

2. 麦弗逊式独立悬架

这种悬架是车轮沿摆动的主销轴线移动，如图 6.28 所示。横摆臂 1 以球铰链与万向节 3 相连接。外面套有螺旋弹簧 6 的减振器 4 上端通过螺栓与橡胶垫圈与车身 5 相连接，下端固定在万向节 3 上。主销的轴线为上、下铰链中心的连线。当车轮上下跳动时，因减振器的下支点随横摆臂摆动，故主销轴线的角度是变化的，显然车轮是沿着摆动的主销轴线运动的。因此，这种悬架变形时，主销的定位角和轮距都有些变化。合理地调整杆系的布置，可使车轮的这些定位参数变化极小。这种悬架

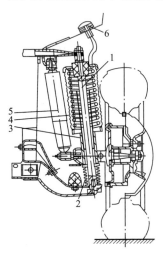

图 6.27　烛式悬架
1—主销；2—防尘罩；3—套筒；
4—防尘罩；5—减振器；6—通气管

的突出优点是两前轮内侧空间较大，便于发动机等机件的布置。

一汽奥迪 100、捷达、高尔夫及上海桑塔纳型乘用车均采用麦弗逊式独立悬架。

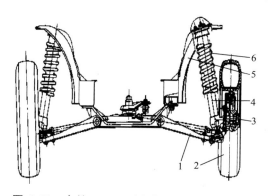

图 6.28　吉林 JL110 型汽车前悬架（麦弗逊式）
1—横摆臂；2—车轮；3—万向节；4—减振器；5—车身；6—螺旋弹簧

6.4　多轴汽车的平衡悬架

多轴汽车的全部车轮如果都是单独刚性地悬挂在车架上，则在不平道路上行驶时将不能保证所有车轮同时接触地面，如图 6.29(a) 所示。当有弹性悬架而道路不平度较小时，虽然不一定会出现悬空现象，但各个车轮间垂直载荷分配比例会有很大改变。当车轮垂直载荷小甚至为零时，车轮对地面的附着力也将随之变小甚至等于零。在这种情况下，转向车轮将使汽车操纵能力大大降低以致失去操纵；驱动车轮不能产生足够的驱动力；此外，一个车轮上垂直载荷减小，将引起其他车轮上垂直载荷的增加，严重时还会发生车桥及车轮超载的危险。

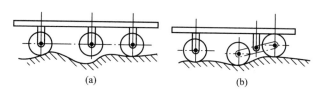

图 6.29　三轴汽车在不平道路上的行驶情况示意图

为解决这一问题，理论上全部车轮均采用独立悬架，可以保证所有车轮与地面的良好接触，但将使汽车结构变得相当复杂。为此，常采用多轴汽车的平衡悬架解决这一问题。若将两个车桥（如三轴汽车的中桥和后桥）装在两根平衡杆的两端，而将平衡杆中部与车架铰链，如图 6.29(b) 所示。这样，当一个车桥抬高将使另一车桥降低。若平衡杆两臂等长，则两个车桥上的垂直载荷在任何情况下都会相等，故不可能发生如图 6.29(a) 所示的情况。这种能保证中、后桥车轮垂直载荷相等的悬架，称为平衡悬架。

钢板弹簧平衡悬架在三轴和四轴越野汽车中获得了普遍应用。三轴汽车的中、后驱动桥平衡悬架如图 6.30 所示，车架固装在心轴 4 上，心轴两端用圆锥滚子轴承装在可动的心轴轴承毂 5 上。在心轴轴承毂上方装置纵向钢板弹簧 2，钢板弹簧两端抵在半轴套管座架 6 上，半轴套管座架借反作用杆 1 和 3 借助球销连同橡胶衬套与车架连接。采用平衡悬架，可使中、后桥形成一个总的支承机构，能连同钢板弹簧一起绕心轴转动。另外，钢板弹簧变形时，中、后桥能各自单独移位，以适应行驶在不平道路上的需要。并且在中、后桥载荷平均分配的条件下，增强了汽车的行驶性能。

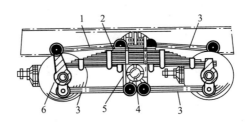

图 6.30　三轴汽车中、后桥平衡悬架
1、3—反作用杆；2—钢板弹簧；4—心轴；5—心轴轴承毂；6—半轴套管座架

6.5　悬架的拆装、检修及故障诊断

6.5.1　悬架拆装方法

1. 前悬架的拆装

以典型汽车麦弗逊式独立悬架为例介绍悬架的拆装步骤。

1）前悬架的拆卸步骤

（1）拆下车轮装饰外罩。

（2）车轮着地时拆下轮毂、传动轴紧固螺母，取下车轮。

（3）拆下制动钳固定螺栓，取下制动盘，把带制动软管的制动钳总成挂在车身上。

（4）拆掉减振器支柱外壳与轮毂的紧固螺栓。

（5）用顶拔器从减振器支柱外壳上压出横拉杆插头。

（6）从下摆臂下方拆下稳定杆的螺母和传动轴与轮毂上的固定螺母，向下撬压前悬架摆臂，从车轮轴承壳内拉出传动轴。如拉不出，可用顶拔器压出，但不可加热轮毂，否则轮毂轴承会损坏。

（7）取下盖子，顶住减振器支柱下部，用内六角扳手固定住滑柱，拆下减振器活塞杆上的螺母。螺母旋出后，减振器带弹簧总成即可从车上拆下。

（8）分解带弹簧的减振器总成，压紧弹簧，用扳手和六角扳手旋松开槽螺母和螺母盖，即可放松和取下弹簧。

（9）在台虎钳上轻轻夹住万向节臂处，拆下减振器固定螺母，抽出前减振器。

（10）压出轮毂轴承（需要换轴承时）。首先拆下制动盘，卸掉挡泥板，用专用工具压轮毂。然后从支柱外壳中取下挡圈，向挡圈方向压出轮毂轴承。最后用顶拔器拉出轴承内座圈。

2) 前悬架的装配
前悬架的装配与其拆卸顺序相反,应注意以下事项:
(1) 所有的螺母均应更换成新件。
(2) 螺栓、螺母的紧固力矩应符合规定值(表6-1),不应过紧或过松。
(3) 不合格的零件均应更换。
(4) 传动轴与轮毂花键齿面的油污及密封剂应擦净。
(5) 对有液压转向的,要在传动轴花键处涂5mm宽的密封胶。装好后经60min方可运行。

表6-1 前悬架装置紧固力矩

项目	力矩(N·m)	项目	力矩(N·m)
前悬架至车身	60	球插头至下摆臂	65
前悬架螺栓	150	轮毂至驱动轴	230
转向横拉杆至前悬架	30	驱动轴至凸缘	45
固定制动钳体至前悬架	50	下摆臂至发动机总架(副车架)	60
分泵缸体至制动支架	35	发动机悬架至车身	70
球插头至轮毂	50	横向稳定杆至副车架及下摆臂	25

2. 副车架、下摆臂与稳定杆的拆装

1) 副车架、下摆臂与稳定杆的拆卸
(1) 旋下副车架与车身固定的前悬置螺栓,拆下副车架下摆臂与稳定杆组合件。
(2) 旋松下摆臂与副车架连接橡胶轴套的螺栓螺母,拆下摆臂。
(3) 旋松稳定杆与下摆臂连接螺栓的紧固螺母,并拆下固定在副车架处的支架螺栓,折下稳定杆。
(4) 用专用工具压出副车架前后4个橡胶支承。
(5) 用专用工具压出下摆臂两端橡胶轴承。

2) 副车架、下摆臂与稳定杆的装配
副车架、下摆臂与稳定杆的装配按与拆卸相反顺序进行:
(1) 用专用工具压入下摆臂橡胶轴承。
(2) 用专用工具压入副车架前后端4个橡胶支承。
(3) 安装稳定杆时,弯管向下弯曲时为正确位置。安装时,最好先使卡箍处于较松状态,然后进行短距离试车,这时橡胶封套自动滑入规定的位置,再用25N·m的拧紧力矩固定螺栓。
(4) 拧紧固定下摆臂与副车架的连接螺栓螺母。
(5) 副车架安装固定至车身上,安装固定螺栓(按车辆行驶方向):后左螺栓→后右螺栓→前左螺栓→前右螺栓,规定拧紧力矩为70N·m。
(6) 安装后,必须对副车架内部进行防腐处理。如果换用新的副车架,那么在前悬架下摆臂安装之后,新副车架内部必须用防腐蜡进行处理。
安装时,凡用过的自锁螺母,必须更换新件,不准反复使用拆卸下的旧螺母。凡有规定的力矩数必须按规定值拧紧螺栓螺母，不得过紧或过松。

3. 后桥及后悬架的拆装

以典型汽车抗扭式非独立悬架为例介绍其拆装步骤。

1) 后桥及后悬架整体拆装(图 6.31)

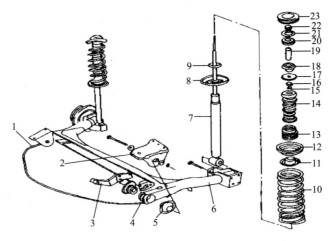

图 6.31　后桥的分解

1—手制动钢丝；2—轴承支架；3—调节弹簧支架；4—手制动钢丝绳支架；5—衬套；6—后悬架；7—减振器；8—下弹簧座圈；9、17—垫圈；10—圆柱弹簧；11—护盖；12—上弹簧座；13—波纹橡胶管；14—缓冲块；15—卡簧；16—隔圈；18—下轴承环；19—隔套；20—上轴承环；21—衬盘；22—自锁螺母；23—塞盖

(1) 把手制动拉索从支架 4 中吊出，必要时脱开制动蹄。

(2) 分开桥架上的制动管和制动软管。

(3) 松开车身的支承座，仅留一只螺母。

(4) 拆下排气管吊环。

(5) 用专用工具撑住后桥 U 形横梁。

(6) 取下车厢内的减振器盖板。

(7) 从车身上旋下螺旋弹簧支柱。

(8) 拆下车身上整个支承座。

(9) 慢慢升起车辆，将手制动拉索从排气管上拉出。

(10) 最后将后桥和后悬架从车身底下拆出。

安装时按与拆卸相反顺序进行，并应注意以下事项：

(1) 把手制动拉索装在排气管上方。

(2) 把后桥装到车身上。

(3) 把减振器和弹簧支座装入车身的支座中，并加以固定，将连接螺栓按 45N·m 的力矩拧紧。

(4) 轴梁必须平放，车身与轴梁的夹角应为 17°±2°。

2) 后桥及后悬架的分体拆装

(1) 拆下车轮，将制动鼓与制动底板从后桥架上拆下。

(2) 将桥架上的制动管和制动软管分开。

(3) 放松车身上松开的橡胶金属支承座，仅留一只螺母支承或拧松桥架上的固定螺栓。

(4) 从桥架上拆下减振器。

(5) 完全松开桥架与车身的连接螺栓，抬高车体后取出后桥。

后桥的安装按与拆卸相反顺序进行，安装时要注意以下事项：

(1) 橡胶金属支承座与后桥架成18°±1°。

(2) 各部件间拧紧力矩要符合规定。减振器与车身固定的自锁螺母拧紧力矩为35N·m。支承座与车身固定的螺母拧紧力矩为45N·m，橡胶金属支承安装螺栓的拧紧力矩为70N·m。

(3) 自锁螺母须更换新件。

4. 减振器和弹簧的拆装

损坏的减振器一般不做修理，而是从车身上拆下，更换新的减振器。

(1) 将车辆在硬实的地面停稳，用千斤顶或垫块支承住后桥。

(2) 向上弯起车厢内减振器上方配有的一条断边三角区域底搁板。

(3) 用专用工具拆去减振器上端与车身的固定螺母及下端与后桥的固定螺母。

(4) 慢慢抬高车辆，从后轴上拆下弹簧支柱。

(5) 从下支架上取出弹簧支柱，同时将轮胎下压。

(6) 小心地将支架从车轮与轮罩之间移出，不要碰坏弹簧和轮罩上的油漆。不要同时拆两边的弹簧支柱，否则桥架上的轴套会受压过大。

安装时按与拆卸相反的顺序进行，注意其螺母的拧紧力矩。支架上自锁螺母的拧紧力矩为35N·m，减振器支承上螺母的拧紧力矩为60～70N·m。安装完毕后，应将后搁板两边用粘带封住。

5. 后桥悬架臂支承套的拆装

(1) 车轮着地，顶好后桥。

(2) 拆下一边的轴承支架。

(3) 用分离工具将金属橡胶支承逐一拉出，如图6.32和图6.33所示。

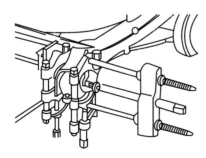 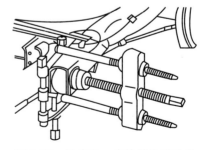

图6.32 拆卸橡胶金属支承　　　　图6.33 拉出另一半橡胶金属支承

安装时按以下步骤进行：

(1) 将新的金属橡胶支承座按图6.34所示嵌入。

（2）用电动工具将支承套压到正确位置，其安装深度应为 61.6～62.0mm，如图 6.35 所示。

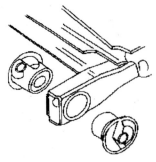

图 6.34 金属橡胶支承套安装位置

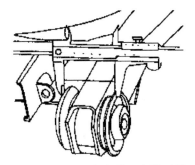

图 6.35 支承套安装深度的测量

（3）装上支承座，检查轴体时要水平放好，同时要求支承座与后车轴体应成 17°±2°，以免给支承套带来不必要的变形。

（4）插上螺栓，装上自锁螺母，按规定力矩（60～70N·m）拧紧。

6.5.2 悬架检修及故障诊断

1. 前悬架的检修

从路面传来的冲击力及转向盘的转矩容易引起球铰插头及各连接处的磨损，以及杆类零件的变形、损伤等。这些故障会导致车轮定位不良、转向盘操纵性能变坏、轮胎异常磨损等。

1）减振器的检修

汽车行驶过程中，若减振器发出异常响声，说明减振器已损坏，需要检修。首先检查减振器渗油情况，若减振器渗油较少，则不必更换，查找渗油部位进行修复；若减振器渗油较多则应更换。漏油的减振器不能继续使用。检查或更换减振器时必须把它拆卸下来。拆卸和安装的方法可依次按图 6.36～图 6.38 进行。

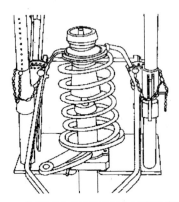

图 6.36 前悬架分解及更换减振器的专用工具

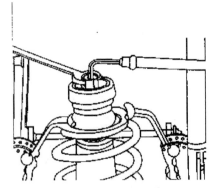

图 6.37 前悬架顶部锁紧螺母的拆卸

上述拆装作业要求先用拉具压住弹簧座圈，压缩螺旋弹簧，然后进行开槽螺母和螺母盖的安装和拆卸，否则易发生伤害事故。

2) 前悬架支撑柱的检修

检查减振器是否损坏,若确认无问题,可不拆卸减振器。拆卸前悬架支撑柱的步骤如下:

(1) 拆卸制动盘,卸掉挡泥板。
(2) 压出轮毂。
(3) 拆下两边弹簧挡圈,压出车轮轴承。
(4) 拉出轴承内座圈。

零件拆卸下来后,要进行全面清洗、测量、检查,若发现下列情况,必须更换新件:

(1) 挡泥板严重变形、扭曲。
(2) 制动盘工作面严重磨损或工作面出现裂纹(包括小裂纹)。

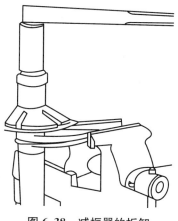

图 6.38 减振器的拆卸

(3) 轮毂花键严重磨损或有较大裂纹。
(4) 弹簧挡圈变形、失效。
(5) 轴承损坏(轴承只能成套调换)。
(6) 前悬架支撑焊接件的任何一条焊缝及其他各处出现裂纹或严重变形(焊接件在修理时不可进行焊接或校正)。

前悬架支撑柱的安装和调整如下:

(1) 清洁前悬架支撑柱的轴承座,涂上润滑脂,装上外弹簧挡圈,压入轴承,直到轴承被压到终止位置,装上内弹簧挡圈。
(2) 调整内、外挡圈的相对位置,使两只挡圈的开口位置相差180°,然后用手转动轴承内圈,查看有无异常感觉。
(3) 在轮毂花键和轴承挡圈上涂上润滑脂,压入轴承内。注意专用工具只能顶住轴承的内圈。
(4) 装上挡泥板,用3个M6螺栓紧固,使之紧贴轴承座凸缘上。
(5) 用非纤维材料擦净制动盘工作表面,表面不应沾有油污,否则会影响制动性能。装上制动盘,使制动盘紧贴轮毂接合面。

6) 装配完毕用手转动制动盘,应无明显卡滞、异响。

2. 后悬架的检修

1) 检查后轮轴承

检查后轮轴承磨损情况,若有损坏或转动不灵活,则予以更换。更换轴承时,必须使用专用工具。取出制动鼓内的密封和内轴承,用铜冲头敲出内外轴承外圈,清洗并检查其损坏或磨损情况。若原轴承可用或更换新轴承时,应按图 6.39 和图 6.40 所示用专用工具压入新的内、外轴承外圈,然后在内轴承上涂上适量的锂基润滑脂,装入制动鼓内。随即放上油封,用橡皮锤将油封均匀地敲入,并测量油封凸出高度(凸出高度为 $1.1^{+0.6}_{0}$ mm)。制动鼓制动表面若磨损严重(180 型制动鼓直径超过 181mm 时或端面圆跳动超过 0.2mm),应更换制动鼓。

检修时,制动鼓表面不得沾上油脂,一旦沾上油脂,必须擦净。

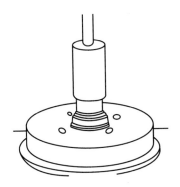
图 6.39　压入车轮外轴承上的外轴承座圈

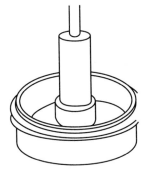
图 6.40　压入车轮内轴承上的外轴承座圈

2) 检修后轮支承短轴

后轮支承短轴根部易发生裂纹，若继续使用，遇到较大冲击载荷时，可能折断，造成严重事故。检查后轴支承短轴，需拆下制动器。测量短轴轴径，圆周方向至少测量两次，将读数的最大值与最小值相减，若该值超过 0.25mm，则说明不均匀磨损严重，应更换支承短轴。

安装短轴和制动器时，一定要装上压力垫圈。4 只紧固螺栓拧紧时应分批按一定次序拧紧，拧紧力矩为 60N·m。

3) 减振器的检修

人工检查后减振器，查看支承处有无裂纹，筒体外有无渗漏油迹，存在上述现象，必须更换新件。使用减振器测试仪检查减振器的功能，可根据需要测量其衰减性能。也可人工估测：拆下后减振器用手压动活塞杆判定其性能是否良好。检查压缩和复原时的阻尼，与有关标准对照，判定其好坏。同时还应检查橡胶件、弹簧件等，看其有无损伤、龟裂、老化、衰损等，不同情况分别对待。

拆卸后减振器时应使车辆停稳，停在硬实地面上或用千斤顶支撑住后桥。弯起车厢内减振器上方配有一条断边的三角域底搁板，从车上拆下弹簧支柱，慢慢从车轮与轮罩之间拆卸移出支架。拆卸时要小心，以免碰坏车身及油漆，且不应同时拆卸两边的弹簧支柱，否则会使轴体上的轴衬受压过大。

通常，损坏的减振器在行驶过程中会发出异响。减振器损坏多出现漏油现象。漏油的减振器必须整体更换。安装弹簧支架时，弹簧支架上自锁螺母的拧紧力矩为 35N·m。后桥减振器支承上螺母的拧紧力矩为 60～70N·m，安装完毕后，可将后搁板两边用粘带封住。

3. 悬架的常见故障及其排除

1) 悬架异响

现象：行驶中，前、后悬架发出异常噪声或敲击声。

故障原因：

(1) 减振器损坏。

(2) 横向稳定杆或减振器固定不良，轮毂轴承松动。

(3) 减振弹簧断裂。

故障排除:
(1) 更换减振器。
(2) 重新紧固松动部分。
(3) 更换减振器弹簧。
2) 减振性能下降
现象:行驶中,车辆颠簸严重。
故障原因:
(1) 减振器失效。
(2) 减振器弹簧断裂。
故障排除:
(1) 更换减振器。
(2) 更换减振器弹簧。

习 题

1. 简述悬架的作用与组成。
2. 汽车悬架有几种形式?各有什么特点?
3. 汽车悬架所用的弹性元件有哪些?
4. 钢板弹簧中心螺栓的作用是什么?
5. 简述液力减振器的工作原理。
6. 独立悬架具有哪些优点?
7. 简述麦弗逊式独立悬架的特点。
8. 简述悬架异响的故障原因与排除方法。

第 7 章
汽车制动系统检修

教学目标

掌握汽车液压制动系统工作原理与主要部件构造,熟悉液压制动系统的拆装与检修的方法与步骤,了解液压制动系统常见故障的诊断方法与步骤,掌握汽车制动性能的评价指标,熟悉汽车制动性能检测的内容与方法。

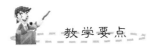
教学要点

知识要点	能力要求	相关知识
汽车制动系统工作原理与主要部件构造	掌握液压盘式制动系统、鼓式制动系统的构造与工作原理,熟悉制动系统的拆装与检修的方法与步骤	汽车制动系统的分类、液压制动系统工作原理、鼓式制动器、盘式制动器、制动轮缸、制动主缸、真空助力器、驻车制动系统、制动系统拆装与检修
制动系统故障诊断	了解液压制动系统常见故障的诊断方法与步骤	液压制动系统常见故障
汽车制动性能评价	掌握汽车制动性能的评价指标,熟悉汽车制动性能检测的内容与方法	汽车制动性能评价指标、汽车制动性能路试检测、汽车制动性能台架检测

当前，道路情况越来越复杂，汽车行驶速度也不断提高。为了在技术上保障汽车能安全行驶，并提高汽车的平均行驶车速，以提高运输生产率，现在各种汽车上都设有专用的制动系统，其作用是使行驶中的汽车减速甚至停车，或者使已停止的汽车保持原位，不发生溜车。

汽车一般包括两套独立的制动系统：行车制动系统和驻车制动系统。行车制动系统又称为脚制动系统，是由驾驶人用脚来操纵的。驻车制动系统是由驾驶人用手来操纵的，故又称为手制动系统。在特殊或者紧急情况下，两套制动系统可同时使用，以增加汽车的制动效果。

制动系统的分类方法很多，常见的有按制动能源不同、制动能量传输方式不同、制动器类型不同及制动回路数量不同等分类标准。

按照制动能源不同分类，制动系统可分为人力制动系统、动力制动系统和伺服制动系统 3 种。以驾驶人的肌体作为唯一制动能源的制动系统称为人力制动系统。完全依靠发动机的动力转化成的气压或液压作力制动能源的制动系统则是动力制动系统。兼用人力和发动机动力作力制动能源的制动系统称力伺服制动系统。

按制动能量的传输方式不同，制动系统可分为机械式、液压式、气压式、电磁式等。同时采用两种以上传能方式的制动系统称为组合式制动系统。

按制动器类型不同，制动系统可以分为盘式制动系统与鼓式制动系统两种。

按制动回路数量不同，制动系统又可以分为单回路制动系统、双回路制动系统与多回路制动系统。单回路制动系统只要有一处损坏而渗漏制动介质，整个制动系统即失效。故我国自 1988 年开始规定，所有汽车均使用双回路制动系统或多回路制动系统，即所有行车制动系统的气压或液压管路分属于两个或多个彼此独立的回路。这样，即使其中一个回路失效，还能利用另一个回路。

目前，汽车大部分都采用了液压制动系统，故本章以传统液压制动系统为对象阐述制动系统的结构、原理与检修。

7.1 制动系统的工作原理与主要部件构造

7.1.1 制动系统的工作原理

目前使用最为广泛的汽车制动系统为液压制动系统，其工作原理可用一种简单的液压制动系统示意图来说明，如图 7.1 所示。一个以内圆面为工作表面的金属制动鼓 8 固定在车轮轮毂上，随车轮一同旋转。在固定不动的制动底板 11 上，有两个支承销 12 支承着两个弧形制动蹄 10 的下端。制动蹄的外圆面上又装有摩擦片 9，制动底板上还装有液压制动轮缸 6，用油管 5 与装在车架上的液压制动主缸 4 相连通，主缸中的活塞 3 可由驾驶人通过制动踏板来操纵。

制动系统不工作时，制动鼓的内圆面与制动蹄摩擦片的外圆面之间保持有一定的间隙，使车轮和制动鼓可以自由旋转。要使行驶中的汽车减速，驾驶人应踩下制动踏板，通过推杆 2 和主缸活塞 3 使主缸内的油液在一定压力下流入轮缸，并通过两个轮缸活塞 7 推使两制动蹄绕支承销向外张开，制动蹄上的摩擦片被压紧在制动鼓的内圆面上。这样，不

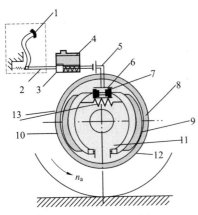

图 7.1 制动系统示意图

1—制动踏板；2—推杆；3—主缸活塞；
4—制动主缸；5—油管；6—制动轮缸；
7—轮缸活塞；8—制动鼓；9—摩擦片；
10—制动蹄；11—制动底板；12—支
承销；13—制动蹄回位弹簧；
n_a—车轮转速

旋转的制动蹄就对旋转的制动鼓产生一个摩擦力矩，其方向与车轮旋转方向相反。制动鼓将该力矩传到车轮上，由于车轮与路面间有附着作用，此时地面对车轮形成反向制动力矩，该力矩由车轮、车桥及悬架传递给车身及车架，迫使整个汽车产生减速效应。制动力矩愈大，则汽车减速度也愈大。当放开制动踏板时，回位弹簧 13 即将制动蹄拉回复位，摩擦力矩和制动力矩消失，制动作用即行终止。显然，阻碍汽车运动的制动力矩不仅取决于制动力矩，还取决于轮胎与路面间的附着状况。若完全丧失附着效应，则制动系统也不可能产生制动力矩和制动效果。不过，在讨论制动系统的结构问题时，一般都假定具备良好的附着条件。

任何制动系统都具有以下 4 个基本组成部分：

（1）供能装置。包括供给、调节制动所需能量及改善传能介质状态的各种部件。其中产生制动能量的部分称为制动能源，人的体力亦可作为制动能源。

（2）控制装置。包括产生制动动作和控制制动效果的各种部件。图 7.1 中的制动踏板即是最简单的一种控制装置。

（3）传动装置。包括将制动能量传输到制动器的各个部件，如图 7.1 中的制动主缸和制动油管。

（4）制动器。产生摩擦力矩以阻碍车辆转动或旋转趋势的部件。图 7.1 所示的制动系中，制动鼓 8、带摩擦片 9 的制动蹄 10、制动轮缸 7、回位弹簧 13 及支撑销 12 可以总称为制动器。

7.1.2 制动系统的主要部件构造

1. 制动器

制动器是制动系统中用来产生制动力矩，以阻碍车轮旋转或旋转趋势的部件。当前，汽车制动器一般都采用摩擦式制动器，且绝大部分为鼓式制动器与盘式制动器两种。

1）鼓式制动器

鼓式制动器可分为领从蹄式、单向双领蹄式、双向双领蹄式、单向自增力式、双向自增力式及凸轮式等种类。

（1）领从蹄式制动器。典型的领从蹄式制动器结构如图 7.2 所示。该类制动器的制动底板 5 固装在后桥壳或前桥回万向节的凸缘上，在制动底板的下部装有两个偏心调整螺钉 1，两个制动蹄 11、12 的下端有孔，套装在偏心调整螺钉上，并用锁止螺母 3 锁止。旋动偏心调整螺钉 6，可调制动蹄下端的间隙。在制动底板的中上部装有两个偏心轮 7，用来调整制动蹄上部的间隙。中部装有两制动蹄托架 4，以限制制动蹄的轴向位置。制动蹄上端用回位弹簧 10 拉靠在制动轮缸 9 的顶块上。在制动蹄的外圆面上，用埋头铆钉铆接着用石棉和铜丝压制成的摩擦片，已作为制动蹄促动装置的制动轮缸也用螺钉固装在制动底板上。制动鼓固装在车轮轮毂的凸缘上,随车轮一起转动。轮毂内装有油封,以防止润滑油漏入制动鼓内,制动鼓的边缘有一小孔,用来检查摩擦片与制动鼓的间隙。

(2) 单向双领蹄式制动器。单向双领蹄式制动器的结构如图7.3所示。制动鼓正向旋转时,其两蹄均为领蹄,而制动鼓反向旋转时,其两蹄均为从蹄。单向双领蹄式制动器与领从蹄式制动器在结构上主要有两点不同,一是单向双领蹄式制动器的两制动蹄各用一个单活塞式轮缸,而领从蹄式制动器的两蹄共用一个双活塞式轮缸;二是单向双领蹄式制动器的两套制动蹄、制动轮缸、支承销在制动底板上的布置是中心对称的,而领从蹄式制动器中的制动蹄、制动轮缸、支承销在制动底板上的布置为轴对称布置。

(3) 双向双领蹄式制动器。双向双领蹄式制动器的结构如图7.4所示。无论是前进制动还是倒车制动,两制动蹄都是领蹄的制动器称为双向双领蹄式制动器。与领从蹄式制动器相比,双向双领蹄式制动器在结构上有3个特点:一是采用两个双活塞式制动轮缸;二是两制动蹄的两端都采用浮式支承,且支点的周向位置也是浮动的;三是制动底板上的所有固定元件,如制动蹄、制动轮缸、回位弹簧等都是成对的,而且既按轴对称布置又按中心对称布置。

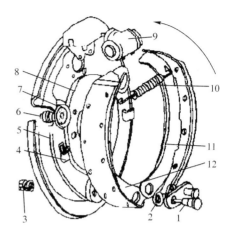

图7.2 领从蹄式制动器结构图
1—偏心调整螺钉;2—垫圈;3—锁止螺母;
4—托架;5—制动底板;6—偏心轮调整螺钉;
7—偏心轮;8—摩擦片;9—制动轮缸;
10—回位弹簧;11、12—制动蹄

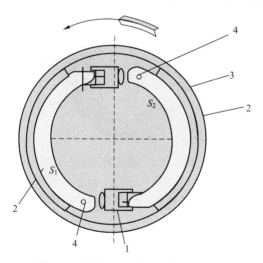

图7.3 单向双领蹄式制动器结构图
1—制动轮缸;2—制动蹄;
3—制动鼓;4—支承销

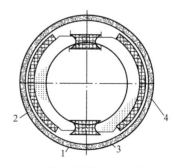

图7.4 双向双领蹄式制动器结构图
1—制动轮缸;2—制动蹄;
3—制动活塞;4—制动鼓

(4) 单向自增力式制动器。单向自增力式制动器的结构如图7.5所示,其第一制动蹄1和第二制动蹄6的上端被各自的回位弹簧2拉拢,并以铆于腹板上端两侧的夹板3的内凹弧面支靠着支承销4。两制动蹄的下端分别浮支在可调顶杆两端的直槽底面上，并用弹簧8拉紧。受法向力较大的第二制动蹄摩擦片的面积做得比第一制动蹄的大，使两制动蹄的单位压力相近。在制动鼓尺寸和摩擦系数相同的条件下，单向自增力式制动器的前进制动效能不仅高于领从蹄式制动器，而且高于双领蹄式制动器。倒车时整个制动器的制动效能比双从蹄式制动器的效能还低。

（5）双向自增力式制动器。双向自增力式制动器的结构如图7.6所示。其特点是制动鼓正向和反向旋转时均能借蹄鼓间的摩擦起自增力作用，可向两蹄同时施加相等的促动力。制动鼓正向（如箭头所示）旋转时，前制动蹄1为第一制动蹄，后制动蹄3为第二制动蹄；制动鼓反向旋转时则情况相反。由图7.6可见，在制动时，第一制动蹄只受一个促动力F_s，而第二制动蹄则有两个促动力F_s和S。考虑到汽车前进制动的概率远大于倒车制动，且前进制动时制动器工作负荷也远大于倒车制动，故后制动蹄3的摩擦片面积做得较大。

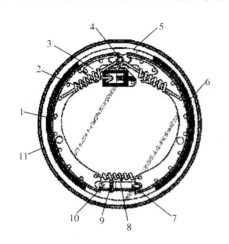

图7.5 单向自增力式制动器结构图

1—第一制动蹄；2—制动蹄回位弹簧；3—夹板；4—支承销；5—制动鼓；6—第二制动蹄；7—可调顶杆体；8—拉紧弹簧；9—调整螺钉；10—顶杆套；11—制动轮

（6）凸轮式制动器。凸轮式制动器的结构如图7.7所示。目前大多数气压制动系统中都采用凸轮式制动器，而且大多设计成领从蹄式。

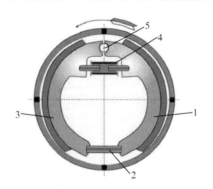

图7.6 双向自增力式制动器结构图

1—前制动蹄；2—顶杆；3—后制动蹄；4—轮缸；5—支承销

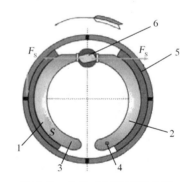

图7.7 凸轮式制动器结构图

1—制动领蹄；2—制动从蹄；3、4—支承销；5—制动鼓；6—驱动凸轮

以上几种鼓式制动器各有利弊，就制动效能而言，在基本结构参数和轮缸工作压力相同的条件下，自增力式制动器由于对摩擦助势作用利用得最为充分而居首位，以下依次为双领蹄式、领从蹄式、双从蹄式。但蹄鼓之间的摩擦系数本身是一个不稳定因素，随制动鼓和摩擦片的材料、温度和表面状况（是否沾水、沾油），以及是否有烧蚀现象等情况的不同，可在很大范围内变化。但是从制动效能的稳定性而言，双从蹄式制动器反而最好。

2）盘式制动器

盘式制动器当前主要用于乘用车、越野汽车及轻型载货汽车等小型车辆上，其结构特点是制动盘跟随车轮一起旋转，摩擦衬块在活塞作用下从两侧夹紧制动盘产生制动，制动盘的工作面为其端面。盘式制动器中摩擦块面积不大，且制动摩擦块及其促动活塞都装在横跨制动盘两侧的制动钳中，具有散热能力强、热稳定性好等性能优点。

当前盘式制动器可分为定钳盘式制动器和浮钳盘式制动器两种类型。

（1）定钳盘式制动器。定钳盘式制动器的结构如图7.8所示。制动盘固定在轮毂上，制动钳固定安装在车桥上，其不能旋转，也不能在制动盘轴线方向移动。制动钳内装有两个活塞，分别位于制动盘两侧。活塞后面有充满制动油液的制动轮缸。踩下制动踏板后，制动轮缸的液压上升，活塞被微量顶出，制动块夹紧制动盘产生制动。

（2）浮钳盘式制动器。浮钳盘式制动器的结构如图7.9所示，浮钳盘式制动器的特点是只在制动盘的内侧设置液压缸，而外侧的制动块则附着在制动钳体上，制动钳体通过导向销与车桥相连，可相对于制动盘轴向移动。制动时，在液压力作用下，推动活塞及制动块向左移动，压到制动盘上后，制动盘给活塞一个向右的反作用力，使活塞连同制动钳体整体沿销钉向右移动，直到制动盘左侧的制动块也压到制动盘上。此时，两侧制动块都压在制动盘上，夹住制动盘并使其制动。

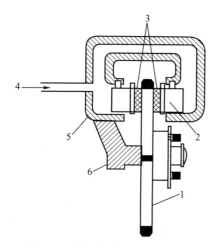

图7.8 定钳盘式制动器结构图

1—制动盘；2—活塞；3—制动块；
4—进出口；5—制动钳体；6—车桥

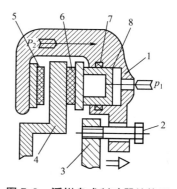

图7.9 浮钳盘式制动器结构图

1—制动钳体；2—导向销；3—制动钳支架；
4—制动盘；5—固定制动块；6—活动制动块；
7—活塞密封圈；8—活塞

2. 制动轮缸

制动轮缸的作用是将主缸传来的液压力转变为使制动蹄张开的机械推力。由于车轮制动器的结构不同，轮缸的数目和结构形式也不同。通常制动轮缸有双活塞式和单活塞式两类。

1）双活塞式制动轮缸

上海桑塔纳汽车采用的是双活塞式制动轮缸，其结构如图7.10所示。缸体用螺栓固定在制动底板上，缸内有两个活塞，两个刃口相对的密封皮碗利用弹簧分别压靠在两活塞上，以保持两皮碗之间的进油孔畅通。活塞外端凸台孔内压有顶块，与制动蹄的上端抵紧。缸体两端防尘罩用以预防尘土和水分进入，以免活塞与缸体腐蚀而卡死。缸体上方装有放气阀用以排放轮缸中的空气。

2) 单活塞式制动轮缸

北京 2020N 型汽车前制动器采用的是单活塞制动轮缸,其结构如图 7.11 所示。为缩小轴向尺寸,液压腔的密封采用装在活塞导向面上的皮圈。进油间隙借活塞端面的凸台保持。

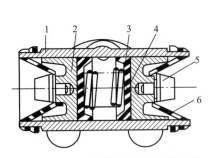
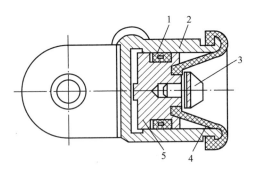

图 7.10 双活塞式制动轮缸示意图　　　　　图 7.11 单活塞式制动轮缸示意图

1—缸体;2—活塞;3—皮碗;　　　　　　　1—密封圈;2—缸体;3—顶块;
4—弹簧;5—顶块;6—防护罩　　　　　　　4—防护罩;5—活塞

3. 制动主缸

制动主缸的作用是把输入的机械推力转换成制动液压力。由于当前汽车都采用双回路制动系统,所以制动主缸大部分也都采用串联双腔式制动主缸,其结构如图 7.12 所示。制动主缸壳体内装有前活塞、后活塞及前、后活塞弹簧,前、后活塞分别用皮碗密封,前活塞用挡片保证其正确位置。两个储液筒分别与主缸前及后腔的进油孔相连,前出油口、后出油口分别与前、后制动轮缸相通,前活塞靠后活塞的液力推动,而后活塞直接由推杆推动。

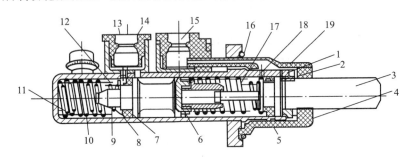

图 7.12 串联双腔制动主缸结构图

1—防尘套;2—密封套;3—前活塞;4—端盖;5—防动圈;
6、13—密封圈;7—垫片;8—挡片;9—后活塞;10—弹簧;11—缸体;
12—后腔;14、15—进油孔;16—定位圈;17—前腔;18—补偿孔;19—回抽孔

踩下制动踏板,主缸中的推杆向前移动,使皮碗掩盖住储液筒进油口后,后腔压力升高。在后腔液压和后活塞弹簧力的作用下,推动前活塞向前移动,前腔压力也随之提高。当继续踩下制动踏板时,前、后腔的液压继续提高,使前、后制动器产生制动。

放松制动踏板,主缸中的活塞和推杆分别在前、后活塞弹簧的作用下回到初始位置,从而解除制动。

当前腔控制的回路发生故障时,前活塞不产生液压力,但在后活塞液力作用下,前活塞被推到最前端,后腔产生的液压力仍使后轮产生制动。当后腔控制的回路发生故障时,后腔不产生液压力,但后活塞在推杆的作用下前移,并与前活塞接触而推前活塞前移,前腔仍能产生液压力控制前轮产生制动。

前活塞回位弹簧的弹力大于后活塞回位弹簧的弹力,以保证两个活塞不工作时都处于正确的位置。为了保证制动主缸活塞在解除制动后能退回到适当位置,在不工作时,推杆的头部与活塞背面之间应留有一定的间隙。为了消除这一间隙所需的踏板行程称为制动踏板自由行程。该行程过大将使制动失灵,过小则制动解除不彻底。双回路液压制动系统中任一回路失效,主缸仍能工作,只是所需踏板行程加大,导致汽车的制动距离增长,制动效能降低。

4. 真空助力器

真空助力器是当前汽车制动系统最为常见的制动助力器,其结构如图 7.13 所示,主要由真空伺服气室和控制阀组成。

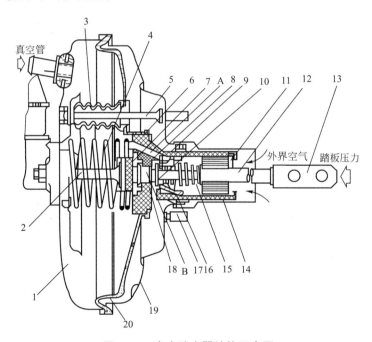

图 7.13 真空助力器结构示意图

1—伺服气室前壳体;2—制动主缸推杆;3—密封圈;4—膜片回位弹簧;5—导向螺栓;
6—控制阀;7—橡胶反作用盘;8—膜片座;9—真空阀;10—空气阀;11—过滤环;
12—控制阀推杆;13—调整叉;14—毛毡过滤环;15—控制阀推杆弹簧;16—阀门弹簧;
17—螺栓;18—控制阀柱塞;19—伺服气室后壳体;20—伺服气室膜片;A、B—通道

当踩下制动踏板时,踏板力推动控制阀推杆 12 和控制阀柱塞 18 向前移动,在消除柱塞与橡胶反作用盘 7 之间的间隙后,再继续推动制动主缸推杆 2,制动主缸内的制动液以一定压力流入制动轮缸。与此同时,在阀门弹簧 16 的作用下,真空阀 9 也随之向前移动,

直到压靠在膜片座 8 的阀座上，从而使通道 A 与 B 隔绝。进而空气阀 10 离开真空阀 9 而开启，空气经过滤环 11、空气阀的开口和通道 B 充入伺服气室后腔。伺服气室前、后腔压差产生推力，此推力通过膜片座 8、橡胶反作用盘 7 推动制动主缸推杆 2 向前移动，此时制动主缸推杆上的作用力（即为踏板力）与伺服气室反作用盘上的推力共同作用，使制动主缸输出油压成倍增高。

解除制动时，控制阀推杆弹簧 15 使控制阀推杆和空气阀向右移动，真空阀离开膜片座 8 上的阀座，真空阀开启。伺服气室前、后腔相通，均力真空状态。膜片座和膜片在回位弹簧作用下回位，制动主缸解除制动。

5. 驻车制动系统

驻车制动系统是当前每一辆汽车的必备系统，其作用是使已经停驶的汽车驻留原地不动。按照在汽车上安装位置的不同，驻车制动系统可分成中央驻车制动系统和车轮驻车制动系统两类。前者制动器安装在传动轴上，称为中央制动器；后者和行车制动装置共用一套制动器，目前该类驻车制动系统已在乘用车上得到普遍应用。

图 7.14 为驻车制动系统的制动杆，一般被设置在驾驶人座的旁边，拉动制动杆，可通过钢索驱动装置（图 7.15）使后轮制动蹄外张，实现制动。

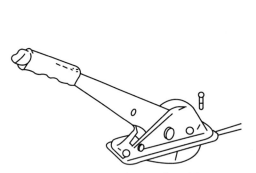

图 7.14 驻车制动系统制动杆

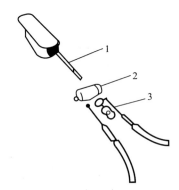

图 7.15 驻车制动钢索传动装置示意图
1—连杆；2—平衡架；3—调整螺母

驻车制动杆的保持装置为卡爪-齿扇机构。使用驻车制动时，只需用力拉动驻车制动杆即可，在取消拉动力后，卡爪自动卡入棘轮的轮齿槽内，使拉杆无法回位；当需要放松驻车制动时，应向后拉紧手把，同时按下驻车制动杆端头上的按钮，才可完全放下驻车制动杆，完成驻车制动的解除。

7.2 制动系统拆装与检修

7.2.1 前轮制动器拆装与检修

图 7.16 为奥迪 A6 乘用车的前轮制动器。拆卸制动盘时，须先拆下制动钳。该制动器内部通风制动盘的直径为 ϕ288mm，制动盘的厚度为 25mm，磨损极限为 23mm。

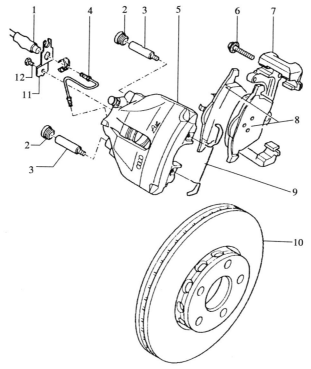

图 7.16 前轮制动器分解图

1—制动软管；2—罩帽；3—导向销(25N·m)；4—制动管(15N·m)；
5—制动钳体；6—带肋螺栓(120N·m)；7—制动托架；8—制动摩擦片；
9—定位弹簧；10—制动盘；11—支架；12—六角螺栓(10N·m)

1. 制动摩擦片拆卸

如需要重新使用制动摩擦片，拆卸前应做上标记，重新安装时，应装在原位置，否则制动将会不平稳。

（1）如图 7.17 所示，先取下罩帽(箭头所指)。

（2）如图 7.18 所示，用螺钉旋具从制动钳体上撬下制动摩擦片的定位弹簧。

图 7.17 罩帽位置

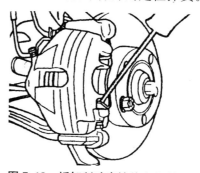

图 7.18 拆卸制动摩擦片定位弹簧

（3）如图 7.19 所示，从制动钳上拧下两个导向销。

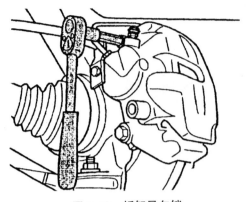

图 7.19 拆卸导向销

(4) 取下制动钳壳体,放下时,注意不要拉紧或损坏制动软管。从制动钳壳体上或制动托架上拆下制动衬片。制动摩擦片磨损极限为 2mm,如果需要更换制动摩擦片,同一轴的衬片应同时更换。

2. 制动摩擦片安装

安装新的摩擦片前,用复位工具将活塞压入分泵。压入活塞时,要防止制动液溢出。

(1) 如图 7.20 所示,压入活塞。

(2) 将制动摩擦片及定位弹簧一同装入制动钳壳体(活塞),内摩擦片(带弹簧)上有一箭头,在车前进时,该箭头指向制动盘旋转方向,若安装错误会产生噪声。

(3) 揭下外摩擦片后挡板上的保护膜,安装新制动衬片前,必须彻底清洁制动钳(不能有油脂)。

(4) 将外制动摩擦片装到制动托架上,如图 7.21 所示,将带两个导向销的制动钳壳体拧到制动托架上,拧紧力矩为 25N·m。

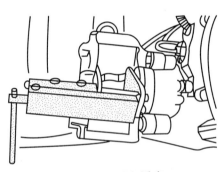

图 7.20 压入活塞

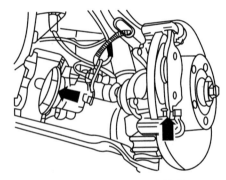

图 7.21 安装制动摩擦片

(5) 装上两个罩帽,将定位弹簧装入制动钳壳体的两个孔内,在定位弹簧安装到位时,其位置应在制动托架下。如果定位弹簧安装不当,摩擦片磨损后就不能补偿,制动踏板行程会增大。

(6) 更换制动摩擦片后,在车静止时用力将制动踏板踏下几次,以保证衬片到位。

(7) 检查制动液液面高度,不足则补加制动液。

7.2.2 后轮制动器拆装与检修

后轮制动器带有自动补偿机构,后轮制动器的分解如图 7.22 所示。

制动摩擦片拆卸和安装需要专用工具,即复位工具 3272 和 3272/1,其形状如图 7.23 所示。

1. 后轮制动摩擦片拆卸与检修

与前制动器相同,若要重新使用后制动摩擦片,拆卸前应做上标记,重新安装时,应安装在同一位置,以免制动不平稳。

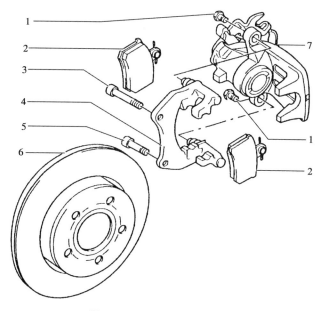

图 7.22　后轮制动器分解图

1—自锁螺栓(35N·m)；2—制动摩擦片；3—带肋螺栓(95N·m)；4—带导向销和保护盖的制动托架；5—带肋螺栓(95N·m)；6—制动盘；7—制动钳壳体

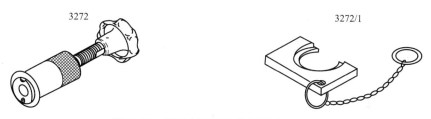

图 7.23　后轮制动摩擦片拆装专用工具

(1) 拆下车轮，顶住导向销，拧下制动钳壳体紧固螺栓，取下制动摩擦片，如图 7.24 所示。

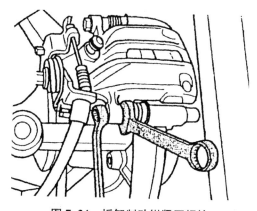

图 7.24　拆卸制动钳紧固螺栓

（2）检查制动摩擦片的厚度，其厚度应为11mm，磨损极限为7mm，如制动摩擦片超出磨损极限，则需更换。更换时，同一车轴上的制动摩擦片需一起更换。

2. 后轮制动摩擦片安装

压回活塞时，制动液不应从制动液罐中溢出，一般可先从制动液罐内抽出少量制动液，抽液时可以使用排放瓶或塑料瓶，制动液有毒，操作过程中绝不可用嘴通过软管吸制动液。

（1）如图7.25所示，顺时针拧螺纹心轴，逆时针转动滚花边缘，将活塞拧至止点。

（2）从制动摩擦片后挡板上揭下保护膜，装上制动衬片，如图7.26所示。

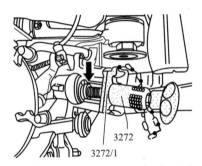

图7.25 用专用工具将活塞推到底

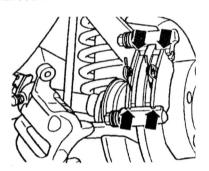

图7.26 装上制动衬片

（3）用新的自锁螺栓固定制动钳壳体，并拧紧制动钳壳体，制动钳紧固自锁螺栓的拧紧力矩为35N·m。修理包中有4个自锁六角螺栓，必须全部拧上。

（4）更换制动摩擦片后，应在车静止时用力踏下制动踏板几次，以保证衬片到位。

（5）装上轮胎，以120N·m力矩拧紧车轮螺栓。

（6）检查制动液液面高度，如需要，补加制动液。

7.2.3 手制动器拆装与检修

1. 手制动器拉索拆装（前轮驱动车）

手制动器拉索的调节机构在车底通道内，手制动器拉索的拆卸步骤如下：

（1）拆下隔热罩1，松开隔热罩2上的紧固螺母，向前推隔热罩，如图7.27所示。

（2）如图7.28所示，拆下锁止元件D，拧入调节螺母C，一直旋到底，此时需用13mm螺帽扳手固定住锁紧螺母，将拉索调节机构压到一起。

（3）如图7.29所示，从制动钳上拆下手制动拉索，注意拆装手制动拉索时，不要损坏其护套。

（4）如图7.30所示，从后桥定位件上拧下手制动拉索。

（5）如图7.31所示，松开后消声器处的隔热板并将其推向一旁。

（6）如图7.32所示，松开定位夹，拆下手制动拉索。

（7）如图7.33所示，用螺钉旋具从支架上撬下手制动拉索，拆下中央副仪表板的延长部分。

（8）如图7.34所示，用螺钉旋具向手制动杆方向压手制动拉索，从定位器上压出滚珠。

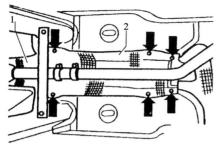

图 7.27 拆卸隔热罩
1、2—隔热罩

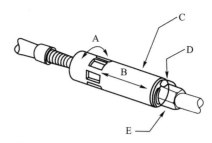

图 7.28 将拉索调节机构压到一起
A—细调器；B—粗调器；
C—调节螺母；D—锁止元件；E—锁紧螺母

图 7.29 从制动钳上拆卸手制动拉索

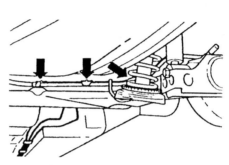

图 7.30 拧下手制动拉索

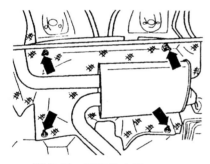

图 7.31 拆开消声器隔热板

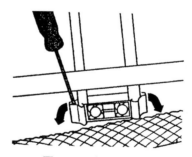

图 7.32 松开定位夹

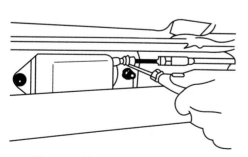

图 7.33 从支架上拆卸手制动拉索

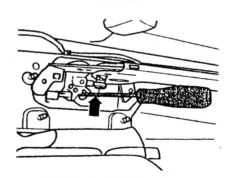

图 7.34 从定位器上压出滚珠

(9) 拆下手制动拉索。

手制动器拉索的安装步骤与拆卸步骤相反，需注意以下几点：

(1) 如图 7.35 所示，拆下补偿杆处所有塑料件，旧塑料件不能再次使用。

(2) 用螺钉旋具卡住补偿环使之不能转动，将球头通过支架插入补偿环。

(3) 手制动拉索必须卡入支架，将手制动拉索装到后桥上并插入车底定位器内。

(4) 安装完毕后要调整手制动拉索，方法参见下文"手制动器的检修与调整"。

2. 手制动器拉杆拆装

(1) 拆下中央副仪表板延长部分，拧下六角螺母，如图 7.36 所示。

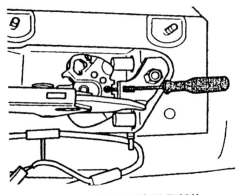
图 7.35　拆下补偿杆处塑料件

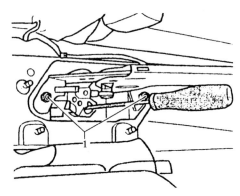
图 7.36　手制动器拉杆拆装

(2) 用螺钉旋具向里压手制动拉索，拆下手制动器拉杆。

安装手制动器拉杆时，将手制动拉索插入补偿环，以 25N·m 力矩拧紧六角螺母。最后调整手制动器，并装上中央副仪表板延长部分。

3. 手制动器检修与调整

由于后轮制动器是自动调整的，故不必调整手制动器。只有在更换手制动器拉索、制动钳、制动衬片和制动盘时，才需重新调整。调整手制动器时要求脚制动系统必须已排气且功能正常。手制动器的检修与调整步骤如下：

(1) 用力踏下制动踏板至少一次，将手制动器拉杆松开。

(2) 拆下后部出风口（中央副仪表板），拆下补偿环处所有塑料件，并换用新塑料件。

(3) 用螺钉旋具卡住补偿环，使之不能转动，四轮驱动车手制动器拉索调节装置在后下控制臂的前面，前轮驱动车手制动器拉索调节装置在车底通道内。

(4) 拆下锁止元件，用 SW13 的螺帽扳手固定住锁紧螺母，拧入调节螺母并拧到底，压缩粗调器。

(5) 拧出调节螺母，拧到能看见锁止元件上的槽口时，插入锁止元件。

(6) 同时拉开两拉索护套的粗调器，拉至拉索预张紧，进行这一步时，不可使杠杆离开制动钳，如图 7.37 所示。

(7) 取下补偿环处螺钉旋具，用力拉紧手制动器 3 次，调整完成后，应该看不到带颜色的 O 形环，该 O 形环可以保证拉索调节机构不受灰尘和水的侵蚀。

（8）检查手制动器拉索预张紧，如需要，可拧出或拧入细调器来进行微调，如图7.38所示。

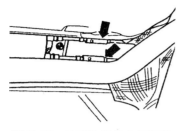

图7.37 拉开拉索护套粗调器

图7.38 手制动拉索微调
1—O形环；A—细调器

（9）拧至杠杆稍稍离开制动钳。注意尺寸A，应可看到这个小间隙，但不超过1.5mm，如图7.39所示。

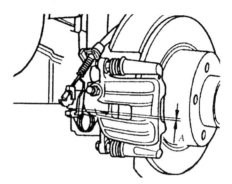

图7.39 杠杆与制动钳之间的间隙

7.2.4 制动踏板及附件拆装与检修

制动踏板的分解如图7.40所示。

拆装制动踏板必备的专用工具如图7.41所示。

1. 制动踏板拆卸

（1）拆下驾驶人侧杂物箱。

（2）拆下制动灯开关，装有车速控制装置的车，还需拆下通风阀。

（3）拆下制动灯开关。

（4）从下面装上专用工具，如图7.42所示。

（5）固定制动踏板，轻轻拉动专用工具(箭头A所指)，使球头中的定位凸缘脱开，专用工具保持拉紧状态，免得球头上定位凸起再次啮合，从球头上拔下制动踏板(箭头B所指)，如图7.43所示。

（6）从离合器和制动器踏板枢轴上拉下锁止垫圈，松开内六角螺栓，直到其脱离凹槽(箭头所指)。向左推枢轴，直至可拆下制动踏板，如图7.44所示。

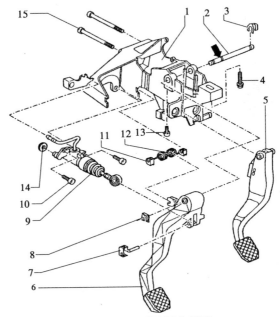

图7.40 制动踏板分解图

1—支座；2—离合器和制动踏板枢轴；3—固定卡子；4—内六角螺栓(25N·m)；
5—制动踏板；6—离合器踏板；7—销；8—固定夹子；9—总泵；10—六角螺栓(20N·m)；
11—支承件；12—偏心弹簧；13—内六角螺栓(5N·m)；14—油封；
15—制动总泵和制动助力器固定螺栓(25N·m)

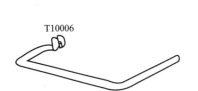

图7.41 制动踏板拆装专用工具

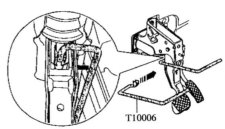

图7.42 装上专用工具

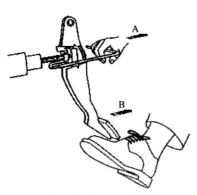

图7.43 松开制动踏板

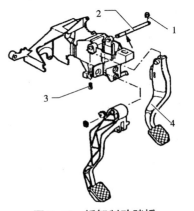

图7.44 拆卸制动踏板

1—锁止垫圈；2—制动器踏板枢轴；3—六角螺栓；4—踏板

2. 制动踏板安装与检修

安装制动踏板的顺序与拆卸顺序相反，需注意以下几点：
(1) 锁止垫圈装到枢轴上后，拧紧内六角螺栓。
(2) 安装完成后，调整制动灯开关和车速控制装置通风阀。
(3) 制动踏板行程不应因铺脚垫而缩短。

制动踏板的检修主要内容是制动踏板自由行程及制动踏板行程，不同车型的制动踏板自由行程及制动踏板行程不尽相同。

3. 制动灯开关(F)检修与调整

调整制动灯开关前，脚踏板机构应装到制动助力器和仪表板支架上。踏板支架上有安装制动灯开关的内螺纹。如图7.45所示，在六角螺母和踏板支座中间有一弹性垫圈，拧入或拧出制动灯开关，使尺寸 $A=0.1\sim0.5$ mm，然后以 4.5N·m 的力矩拧紧六角螺母。拧紧后再次检查尺寸 A，如有必要，重新调整至合适为止。

为保证安装可靠，开关只能安装一次。安装时将制动灯开关插入弹簧卡箍内并压到底。在此过程中，制动踏板不可预张紧。如需要，向回转动开关，注意尺寸 a（图7.46），最大不能超过 0.7mm。

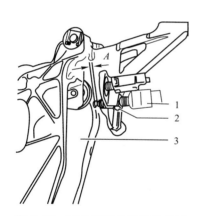

图 7.45　制动灯开关的安装位置
1—制动灯开关；2—六角螺母(M12×1.5，备件号：N 011 020 8)；3—制动踏板

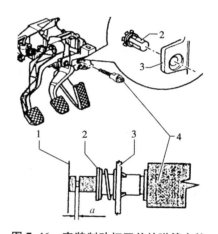

图 7.46　安装制动灯开关的弹簧卡箍
1—制动踏板接触面；2—弹簧卡箍(从后面压入踏板支架)；3—踏板支架；4—制动灯开关 F

7.2.5　制动钳拆装与检修

1. 前制动钳活塞拆装与检修

奥迪 A6 前制动钳的分解如图 7.47 所示。
1) 前制动钳活塞拆卸
拆装前制动钳活塞必须用专用工具安装楔(图7.48)和活塞复位装置。
在空隙处放一木块，用压缩空气将活塞压离制动钳壳体，木块可以避免活塞损坏，如图 7.49 所示。

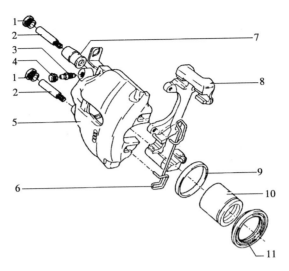

图 7.47 前制动钳分解图

1—衬套罩帽；2—导向销(25N·m)；3—排气阀；4—排气阀防护帽；5—制动钳壳体；
6—定位弹簧；7—衬套；8—制动托架；9—密封圈；10—活塞(ϕ57mm)；11—护盖

图 7.48 专用工具安装楔

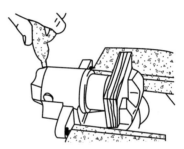

图 7.49 将活塞压离制动钳壳体

用专用工具安装楔拆下油封，拆卸时，不要损坏分泵表面，如图 7.50 所示。

2) 前制动钳活塞安装

安装前，用酒精清洗活塞和密封圈并晾干。安装时，在活塞和密封圈上轻涂一层制动油，将护盖的外密封唇装到活塞上，如图 7.51 所示。将活塞固定在制动钳壳体前部，用安装楔将内密封唇压入分泵槽内，如图 7.52 所示。

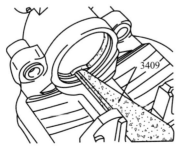

图 7.50 拆卸油封

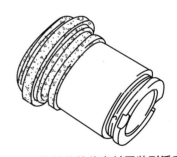

图 7.51 将护盖的外密封唇装到活塞上

如图7.53所示，用活塞复位工具将活塞压入制动钳壳体内，这时护盖外密封唇会进入活塞槽内。

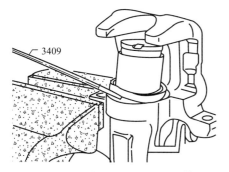

图7.52 将内密封唇压入分泵槽内

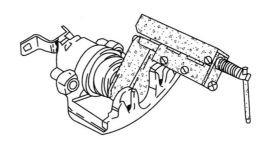

图7.53 将活塞压入制动钳壳体内

3) 前制动钳检修

前制动钳检修的主要内容有：

(1) 制动钳壳体不得有严重锈蚀和损伤现象，否则必须更换。对于轻微锈蚀可用细砂纸打光。橡胶密封圈必须保持良好的弹性，应定期更换。

(2) 检查制动钳导向装置是否产生磨损或变形，弹性夹的弹性是否正常、是否产生变形。检查制动钳支架有无裂纹和磨损，支承弹簧是否变形，制动块支承板有无损伤。必要时应进行修整或更换新件。

(3) 检查制动活塞的密封圈是否完好，是否有良好的弹性，必须确保能在制动高压下不渗油、不漏油，必要时应更换。

(4) 检查制动钳上方空气螺钉孔是否与活塞腔连通，必须确保空气螺钉孔不堵塞，同时旋紧该螺钉，能有效密封制动液。

2. 后制动钳活塞拆装与检修

奥迪A6后制动钳的分解如图7.54所示。

1) 后制动钳活塞拆卸

(1) 使用专用工具从制动钳壳体上卸下活塞，如图7.55所示，逆时针转动螺纹心轴A并顺时针转动滚花件B，拆下活塞。

(2) 用安装楔拆下密封圈，如图7.56所示。

2) 后制动钳活塞安装

(1) 安装前，用酒精清洗活塞和密封圈表面并晾干。安装时，活塞和密封圈上均匀涂上一层制动油。

(2) 将护盖外密封唇装到活塞上。

(3) 用安装楔装入护盖内密封唇，注意应将活塞固定在制动钳壳体前，如图7.56所示。

(4) 将活塞拧入制动钳壳体，顺时针转动螺纹心轴并逆时针转动滚花件，拧入活塞，护罩外密封唇应进入活塞槽内，如图7.57所示。

(5) 给制动钳预放气，如图7.58所示，打开排气阀，用通用排气瓶加注制动液，加到从螺纹孔（制动软管端）溢出的制动液无气泡为止，关闭排气阀。注意排气前应按图7.58所示放置制动钳。

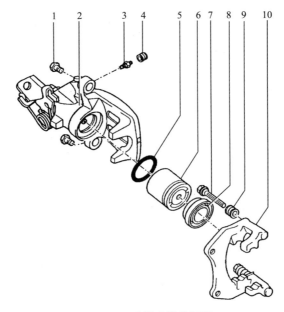

图 7.54 后制动钳分解图

1—自锁螺栓(35N·m);2—制动钳壳体(带手动制动器拉索);3—排气阀;
4—排气阀防尘帽;5—油封;6—带自动补偿机构的活塞;7—导向销;
8—盖;9—制动托架和导向销护盖;10—带导向销和护盖的制动托架

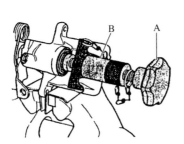

图 7.55 从制动钳壳体上卸下活塞
A—螺纹心轴;B—滚花件

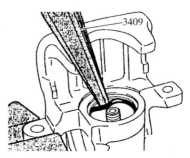

图 7.56 拆卸密封圈

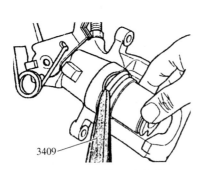

图 7.57 装入护盖内密封唇

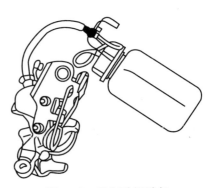

图 7.58 给制动钳放气

3）后制动钳检修

后制动钳检修的主要内容与前制动钳检修内容一样，此处不再赘述。

7.2.6 制动系统排气及制动液更换

选用制动液必须符合质量标准。不得使制动液与含矿物油的液体（如机油、汽油、清洁剂）接触，因为矿物油会损坏制动系统的堵头及衬套。同样由于制动液具有腐蚀性，故不可与油漆接触。制动液具有吸湿性，即它可吸收周围的潮气，因此制动液应保存在密封容器内。制动液有毒，故不可通过软管用嘴吸出。若制动液意外溢出，可以用水冲洗溢出的制动液。

制动液压系统打开后，严禁使用压缩空气及移动车辆。试车完成后，须保证 ABS 系统至少工作一次（可感到踏板振动）。

制动系统的排气顺序依次为右后制动钳、左后制动钳、右前制动钳和左前制动钳。

1. 带 ESP 制动系统排气过程

给 ESP 油泵排气时，需要至少 200kPa 的预压。因此应检查排气装置上的压力设定。先用常规方法给所有制动钳排气，然后还须给 ESP 油泵排气，此操作须使用故障诊断仪来触发油泵 10s。

（1）连接 V.A.G 1869，如图 7.59 所示，按规定顺序拧下排气螺栓，给制动钳排气（如需要，可使用踏板加压），此时的排气顺序依次为左后制动钳、右前制动钳、右后制动钳和左前制动钳。

（2）进行排气，一直排到制动液流出时无气泡和泡沫为止，拧上排气螺栓，连接 V.A.G 1551 并选择地址码。

（3）松开烟灰缸，将其从中央副仪表板上取下，如图 7.60 所示。

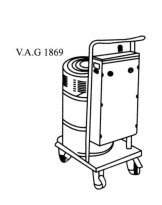
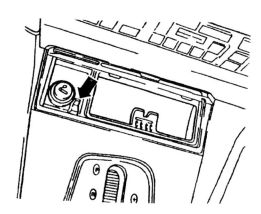

图 7.59　排气装置　　　　　　图 7.60　拆卸烟灰缸

（4）取下自诊断插头护板，关闭点火开关，用 V.A.G 1551/3 将 V.A.G 1551 故障诊断仪接到自诊断插头上，如图 7.61 所示。

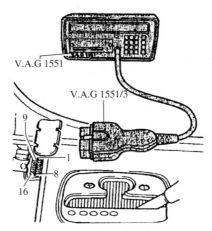

图 7.61　V.A.G 1551 故障诊断仪连接

显示屏显示：

```
       V.A.G 自诊断
         帮助
     1—快速数据传递 *
     2—闪光码输出 *
```

（5）如果显示屏无显示，检查自诊断插头的连接。

（6）打开点火开关，按 Print 键接通打印机，按"1"键选择"快速数据传递"，输入地址码 03 "制动系统电子装置"，按"Q"键确认，按→键，显示屏显示：

```
   快速数据传递    帮助
       选择功能××
```

（7）按"1"键两次，选择"登录"，显示屏显示：

```
   快速数据传递    Q
       1—登录
```

（8）按"Q"键确认输入，显示屏显示：

```
       1—登录
     输入代码号×××××
```

（9）输入代码"40168"，按"Q"键确认输入，显示屏显示：

```
   快速数据传递    帮助
       选择功能××
```

（10）按"0"键和"4"键选择"基本设定"，显示屏显示：

```
   快速数据传递    Q
       4—基本设定
```

（11）按"Q"键确认输入，显示屏显示：

```
基本设定    Q
输入显示组号×××
```

(12) 在触发预加压泵时,必须打开左前排气螺栓,连续按"0""1"和"2"键,显示屏显示:

```
基本设定    2→
系统排气    正常
```

(13) 直到排出的制动液中无气泡时,拧上排气螺栓,按→键回到初始状态,显示屏显示:

```
快速数据传递    帮助
选择功能××
```

(14) 排气操作结束。

2. 制动液更换

用 V.A.G 1869 给制动系统更换制动液的步骤如下:

(1) 打开制动液罐。制动液罐内应有足够的制动液,这样可保证空气不会从这里进入制动系统。

(2) 如图 7.62 所示,在发动机运转且已拧开右后制动钳上排气螺栓时,踏下制动踏板,使液面达到储液罐连接管高度。

(3) 用容器收集使用过的制动液,拧上排气螺栓。

(4) 对装有手动变速器的汽车,离合器分泵也要用新制动液冲洗,其步骤为:连接 V.A.G 1869,但先不接通,拧开分泵上的排气螺钉,接上收集容器的软管,接通 V.A.G 1869,使离合器分泵内的制动液流出约 $100cm^3$,拧上排气螺栓。

(5) 按右后制动钳、左后制动钳、右前制动钳、左前制动钳的顺序依次将收集容器的软管接到排气螺钉处,打开排气螺钉,使制动液流出约 $250cm^3$,这样做是为了使新制动液完全取代旧制动液。

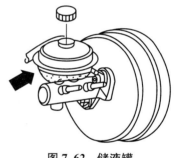

图 7.62 储液罐

(6) 拧上排气螺钉,检查制动踏板压力和自由行程,自由行程最大为踏板行程的 1/3,必要时调整。

7.2.7 制动总泵和制动助力器拆装与检修

1. 制动总泵拆装

制动总泵和制动助力器可分别单独更换。制动总泵不可分解,因此不能修理。必须使用新制动液,并注意制动液罐上的标签内容。制动助力器/制动总泵的分解如图 7.63 所示。

1) 制动总泵拆卸

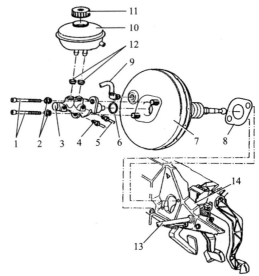

图 7.63 制动助力器/制动总泵分解图

1—螺栓 T45(25N·m)；2—自锁六角螺母(49N·m)；3—制动总泵(φ23.81mm)；
4—制动总泵/浮动活塞管路到液压单元制动管(15N·m)；5—制动总泵/压杆活塞管路到液压
制动管(15N·m)；6—油封；7—制动助力器；8—密封垫；9—制动助力器真空软管；10—制动液
储液罐；11—制动液储液罐盖；12—密封塞；13—制动液储液罐到离合器总泵供液软管；14—前壁板

(1) 将排放瓶软管接到左前制动钳排气螺栓上，并旋开排气螺栓。

(2) 连续踏下制动踏板，直到排气口没有制动液排出到排放瓶。拧上左前排气螺栓，注意溢出的制动液不能再次使用。

(3) 如图 7.64 所示，拔下离合器总泵供液软管并用堵头堵住，拔下浮子指示传感器插头。

(4) 如图 7.65 所示，拧下制动总泵上制动管，用修理包中的堵头塞住制动管。

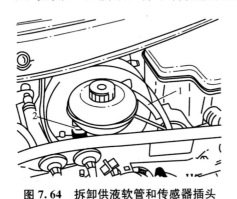

图 7.64 拆卸供液软管和传感器插头
1—离合器总泵供液软管；2—浮子指示传感器插头

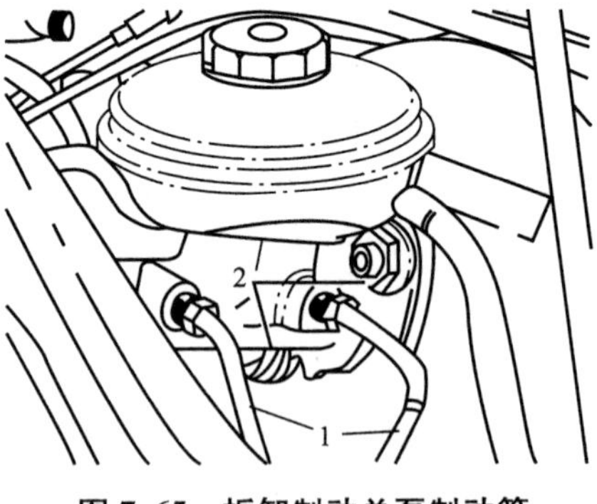

图 7.65 拆卸制动总泵制动管
1—制动总泵制动管；2—螺母

(5) 从制动总泵上拧下螺母，从制动助力器上取下制动总泵。

2) 制动总泵安装

制动总泵安装顺序与拆卸顺序相反，安装时需注意以下几点：

(1) 组装制动总泵和制动助力器时，应保证压杆正确装入制动总泵。

(2) 轻轻踏下制动踏板，使压杆向制动总泵方向运动，这样可使压杆很容易进入制动总泵。

(3) 给离合器液压系统排气，连接 V.A.G 1869，但先不接通，拧下分泵上的排气螺栓，装上收集瓶软管，接通排气装置，使离合器分泵内制动液流出约 100cm^3，拧上排气螺栓。

(4) 制动总泵安装后应按规定给制动系统排气。

2. 制动助力器拆装

汽油发动机的汽车，真空来自进气管；柴油发动机的汽车装有一个真空泵，以产生真空。

1) 制动助力器拆卸

(1) 拆下驾驶人侧杂物箱。
(2) 将排放瓶软管接到左前制动钳排气螺栓上并打开。
(3) 踏下制动踏板，尽量排出制动液，拧上左前排气螺栓。
(4) 拔下离合器总泵供液软管并用塞子塞住，拔下浮子指示传感器插头。
(5) 拧下制动总泵上的制动管，用专用堵头塞住制动管，从制动助力器上拧下螺栓。
(6) 拔下真空助力器上的真空软管，拆下真空助力器。

2) 制动助力器安装

制动助力器安装顺序与拆卸顺序相反，安装完成后还需进行下述操作：

(1) 调整制动灯开关。
(2) 调整车速控制装置通风阀。
(3) 给离合器液压系统排气。
(4) 给制动系统排气。
(5) 制动助力器功能检查。检查方法如下：在发动机停转时，数次用力踩下制动踏板，以排净真空。然后用中等力量将踏板置于工作位置并起动发动机。如果制动助力器功能正常，应明显感到踏板下沉（助力作用）。如有损坏，应整体更换助力器。

3. 制动总泵检修

制动总泵检修的主要内容有：

(1) 检查制动总泵内油缸孔的磨损情况，将活塞放在总泵内，用塞尺来检查活塞与缸孔之间的间隙。若间隙大于 0.15mm，则必须更换泵总成。由于制动总泵的工作特点，活塞前端的磨损比后端大，内油缸孔的内半部比外半部磨损大。因此，在测量配合间隙时，应把活塞倒过来，放入缸孔内，在磨损最大处用塞尺测量。

(2) 制动总泵内油缸孔壁面必须光滑，无锈蚀。其壁面如有轻微的擦伤和斑点，可使用细砂布磨光，不可用砂纸研磨。若刻痕较深，应更换总泵。

(3) 检查储液罐是否损坏、老化，检查过滤网是否阻塞，除去聚集的沉积物。

(4) 检查储液罐盖通气孔是否阻塞，应使其畅通。

(5) 检查浮标是否能自由地上下移动，如果不能，则更换储液罐总成。

(6) 检查制动液位开关功能，将浮标分别置于下降的位置和上升的位置，测量端子之间的导通性。当浮标上升时，应为不导通；当浮标下降时，应为导通。

(7) 检查换橡胶护圈、推杆密封圈、卡簧、初级活塞、次级活塞及其皮碗是否完好，若有需要则更换。

4．制动助力器检修

制动助力器检修的主要内容有：

(1) 密封性能的检查。方法为：起动发动机并怠速运转 1~2min 后，踏下制动踏板若干次，并在踏板处于最低位置、保持踏板力不变的情况下，停止发动机运转。若发动机提供的真空度正常，且踏板高度在 30s 内无变化，则说明真空助力器密封性能良好，否则表明真空助力器有漏气故障。

(2) 助力功能检查。方法为：在发动机熄火时，以相同的踏板力踏制动踏板若干次，以消除真空助力器的全部残余真空。确认踏板高度无变化后，踏住踏板不动，然后起动发动机。此时若制动踏板略为下沉，则说明真空助力器助力功能正常。如踏板不动，则助力器无助力作用，此时应首先检查真空源是否提供了合格的真空度，然后检查真空管路、单向阀及真空助力器。

(3) 真空单向阀检查。真空单向阀位于发动机进气歧管和真空助力器之间，其作用是保证发动机停转后，真空助力器内的真空能维持一定的时间，保持一次有效的助力制动。进气歧管的真空通过真空单向阀可以到达真空助力器，但真空助力器的真空不能通过该阀回流。检查时，先将发动机怠速，然后关闭发动机并等待 5min，再踩踏板施加制动，至少在一个踏板行程中应有助力作用。如果在第一次踩踏板时没有助力作用，则单向阀存在泄漏故障。

进一步检查，将单向阀拆下，用嘴向单向阀进气歧管一端吹气，气流应一点都不能通过。真空单向阀反向泄漏时，应予以更换。另外，真空单向阀有开闭受阻或卡住的现象也应予以更换。

(4) 真空助力器的调整。当真空助力器出现壳体破损或有裂纹、推杆损坏、漏气、失去助力功能时，应更换真空助力器。在更换或调试真空助力器时，要检查推杆左端头至制动总泵安装面的尺寸。若该尺寸过大，则制动反应迟缓。若该尺寸过小，则易将制动总泵活塞顶死，产生制动发咬现象。真空助力器推杆与制动总泵活塞间有 2~3mm 的自由间隙。这样在制动踏板力消失时，可以使制动总泵活塞完全回位，彻底解除制动。当该尺寸不符合要求时，应进行调整。

7.3　制动系统故障诊断

汽车制动系统故障多种多样，原因也千差万别，本书仅从汽车液压制动系统机械系统出发，阐述汽车制动系统常见的几种故障，并分析其故障原因。

1．制动无力

1) 故障现象

(1) 制动时不能迅速减速或停车。

(2) 第一次踏下制动板时制动不良，连续踩踏制动板，踏板逐渐升高，但脚踏触感减弱，且制动效果不佳。

(3) 汽车行驶中制动时，驾驶人感到减速度小。

(4) 汽车紧急制动时，制动距离长。

2) 可能故障原因

(1) 制动管路及制动液故障。例如：①制动液不足；②制动液使用时间过长，严重变质；③制动管路漏油。

(2) 制动主缸、分缸故障。例如：①制动总泵、制动分泵的橡胶圈老化、发胀、磨损变形，活塞与缸壁间隙过大；②出油阀、回油阀密封不严。

(3) 制动踏板故障。例如：①制动踏板自由行程过大；②制动主缸和工作缸推杆调整不当或松动；③踏板传动机构松旷。

(4) 真空助力装置故障。例如：①真空管漏气；②控制阀阀门密封不严，气室膜片破损，控制阀活塞和橡胶圈磨损；③增压缸活塞磨损过多，回位弹簧过软。

(5) 制动器故障。例如：①制动摩擦片磨损严重，摩擦片与制动鼓之间间隙过大，制动盘磨损得过薄或制动鼓与制动盘的工作表面有油污；②制动蹄摩擦片与制动鼓接触状态不佳，调整不良；③制动盘翘曲变形，制动鼓圆度、圆柱度超差，制动蹄片表面烧焦、蹄片松动脱落、铆钉露出，鼓式车轮制动器浸水；④制动蹄回位弹簧过硬，制动蹄销轴锈蚀卡死。

2. 制动失效

1) 故障现象

汽车行驶中，将制动踏板踩到底，制动装置不起作用，或在使用一次或几次制动后，制动装置突然不起作用。

2) 可能故障原因

(1) 液压制动总泵故障。例如：①制动总泵内制动液严重不足；②制动总泵橡胶皮碗、橡胶圈严重磨损，或橡胶皮碗被踏反；③制动总泵和制动分泵之间的管路断裂，或接头松脱，严重漏油；④制动踏板传动机构脱落断裂。

(2) 液压制动分泵故障。例如：①制动分泵橡胶皮碗严重破损，导致严重漏油；②制动分泵活塞在缸筒内卡死；③制动分泵进油管被压扁堵死；④制动分泵排空气螺钉松动、脱落或丢失，导致严重漏油。

(3) 车轮制动器故障。例如：①制动器摩擦片大面积脱落，摩擦片严重烧蚀；②制动鼓和制动盘开裂、破裂。

3. 制动拖滞

1) 故障现象

制动结束后，当抬起制动踏板后，全部或部分车轮的制动作用不能立即完全解除，在行驶中感觉动力不足，影响车辆起步、加速及滑行性能。行驶一段距离后，尽管未使用制动器，但制动器仍严重过热。

2) 可能故障原因

(1) 液压制动总泵故障。例如：①制动踏板自由行程过小；②踏板回位弹簧松脱、折断或太软，或是制动踏板轴锈蚀或磨损而发卡，导致制动摩擦片不能回位；③制动液太脏或黏度太大，也可能是制动管路堵塞，管路回油困难；④制动分泵回油孔、旁通孔被脏物堵塞；⑤制动总泵活塞发卡或橡胶皮碗发胀使其回位不灵活，堵住总泵回油孔；⑥制动总泵活塞过软或折断；⑦制动总泵回油阀弹簧过硬。

（2）液压制动分泵故障。例如：①制动分泵橡胶皮碗被粘住或因发胀而被卡住；②制动分泵活塞变形、磨损或卡住；③制动油管被压扁或制动软管老化，内壁脱落堵塞导致回油不畅。

（3）车轮制动器故障。例如：①制动蹄摩擦片与制动盘之间间隙过小；②制动蹄摩擦片与制动盘烧结、粘住；③制动蹄摩擦片脱落，其碎片夹在制动蹄摩擦片与制动盘之间；④制动蹄回位弹簧脱落、折断或弹力过小；⑤制动蹄轴与衬套配合间隙过小、润滑不良或锈蚀，引起回位弹簧转动困难；⑥制动鼓失圆，制动盘翘曲变形。

（4）真空助力器故障。例如：①真空助力器伺服气室膜片回位弹簧过软；②真空助力器控制阀膜片弹簧过软；③真空助力器的控制阀、空气阀与真空阀三者间距过大，使真空阀与阀座距离过小；④真空助力器的控制阀活塞发卡或橡胶碗发胀，使活塞运动不灵活；⑤真空助力器的伺服气室壳体变形使活塞回位困难。

（5）其他原因。例如：①轮毂轴承调整不当，使制动鼓歪斜而与制动鼓摩擦片接触；②行车制动兼驻车制动的手制动未放松，或钢索调整不当。

4. 制动啸叫或制动噪声大

1）故障现象

制动时，制动器发出振颤噪声或尖叫声，制动噪声明显不正常。

2）可能故障原因

（1）旋转摩擦元件抛光不良、修削加工粗糙，或是摩擦表面刮擦受损。

（2）摩擦片的过度磨损，或是制动蹄或鼓调整不当、变形导致的摩擦声或金属刮削声。

（3）制动器元件松动、脱落或装配不良，发出机械撞击声。

（4）制动摩擦表面油污打滑。

（5）回位弹簧轻度失效。

5. 制动跑偏

1）故障现象

汽车行驶时制动，汽车自动向一侧跑偏。

2）可能故障原因

（1）某一制动轮缸的进油管被压扁、堵塞，或因进油软管老化、发胀而造成进油不畅或进油管插头松动漏油。

（2）某一制动轮缸的缸筒、活塞、橡胶碗磨损漏油，导致压力下降。

（3）制动系统某个支路或轮缸内有空气未排出。

（4）各车轮制动器的制动间隙不一致。

（5）各车轮制动器的制动鼓的圆度、圆柱度及盘式制动器的制动盘厚度不符合标准。

（6）各车轮制动器的制动蹄回位弹簧弹力相差过大。

7.4 制动性能检测

汽车制动性能好坏，是安全行车最重要的因素之一，因此也是汽车检测诊断的重点。

汽车具有良好的制动性能，可以提高汽车行驶安全性能，还可以提高平均行驶速度，提高通行效率。

7.4.1 制动性能评价指标

汽车制动性能主要由制动效能、制动抗热衰退性和制动稳定性3个方面来评价。

1. 制动效能

制动效能是指汽车迅速降低行驶速度直至停车的能力，是制动性能最基本的评价指标。它是由制动距离、制动力、制动减速度和制动时间来评定。

1) 制动距离

制动距离是指车辆在规定的初速度下急踩制动时，从脚接触制动踏板（或手触动制动手柄）时起至车辆停住时止，车辆驶过的距离。制动距离包括制动协调时间和以最大减速度持续制动时间内汽车驶过的距离，是评价汽车制动性能最直观的一个参数。

用制动距离来评价汽车的制动性能具有较好的准确度，而且重复性好，但测试制动距离需要有较大的试车场地，而且对轮胎的磨损较大。此外，制动距离是一个整车性能参数，它不能单独定量地反映出各车轮的制动状况及制动力分配情况（从地面印痕只能大致看到），当制动距离延长时，也反映不出具体是什么故障使制动性能变差。

制动距离必须和制动跑偏量一起作为检验制动性能的参数。对于一个确定的汽车来说，其质量是一定的，其制动器所能产生的制动力也是一定的，制动时汽车的初速度越大，制动距离越长，因此检验时汽车的初速度也必须精确。

2) 制动力

为了使行驶中的汽车能够减速或停车，必须由路面对汽车作用一个与其行驶方向相反的外力来消耗汽车的动能，使汽车产生减速度，实现降低行驶速度以至停车的目的，这个外力叫做制动力。对于一定质量的汽车来说，制动力越大，制动减速度越大，制动距离越短，所以说制动力是从本质上评价汽车制动性能的参数，对汽车的制动性能具有决定性的影响。

用制动力这个参数评价汽车的行车制动性能，还需要对前后轴制动力的合理分配及每轴两轮平衡制动力差提出要求，从而保证汽车制动的方向稳定性，并使各轮附着质量得到充分利用。所以用制动力作为单独的检验指标时，在检验了制动力大小、制动力合理分配及平衡制动力差的同时，还要检验制动协调时间。

制动协调时间包括消除制动拉杆、制动鼓间隙和部分制动力增长过程所需要的时间，要求液压制动系统的协调时间为0.15~0.20s，气压制动系统为0.20~0.40s。如果汽车以60km/h的速度行驶，每秒行驶16.7m，在制动协调时间内，液压制动汽车行驶距离为2.5~3.3m，气压制动为3.3~6.6m。若制动系统调整不当，这个距离要成倍增长。另外，各轮制动协调时间不等，还会引起跑偏。目前，在汽车检测站主要用检测制动力的方法来检验汽车的制动性能，但许多制动试验台不具备检验制动协调时间的能力，使检测结果不能准确地反映汽车的实际制动效果，这个问题应引起足够的重视。

3) 制动减速度

制动减速度反映了制动时汽车速度降低的速率。制动减速度也是一个整车性能参数，它反映不出各轮的制动力及分配情况，单独用制动减速度来评价制动性能时，也必须同时检验制动协调时间和跑偏量。制动减速度可采用速度分析仪、制动减速度仪测出相关参数后推算得到。

4) 制动时间

制动过程所经历的时间即制动时间，一般很少作为单纯的评价指标。但是作为分析制动过程和评价制动效能时又是不可缺少的参数。例如，对于同一型号的两辆汽车，同样制动力所经历的时间不同，则两辆汽车的制动距离就可能相差较大，对行驶安全将产生不同效果。因此通常把制动时间作为一个辅助的评价指标。

2. 制动抗热衰退性

制动抗热衰退性是衡量制动效能恒定性的一个指标，是指汽车高速制动、短时间重复制动或下长坡连续制动时制动效能的热稳定性。汽车制动过程实质上是把汽车动能通过制动器摩擦转化为热能，制动过程中制动器温度会不断升高，制动器摩擦系数则会下降，从而使制动能力降低，因此可以用制动器处于热态时能否保持冷态制动效能来评价汽车的制动抗热衰退性能。随着高速公路的发展和车速的提高，汽车制动性能的恒定性要求也愈来愈高，故对汽车制动器制动抗热衰退性也提出了更高的要求。制动抗热衰退性的测试方法较为复杂，在一般汽车综合检测站较难实施，对于已经取得合格证或是年检合格的在用汽车无需检测制动抗热衰退性。

3. 制动稳定性

制动稳定性是指制动时汽车的方向稳定性。通常用制动时汽车按给定轨迹行驶的能力来评价，即汽车制动时维持直线行驶或预定弯道行驶的能力。通常规定一定宽度的试验通道，制动稳定性良好的汽车，在试验时不允许产生不可控制的效能使汽车偏离这条通道。我国《机动车运行安全技术条件》（GB 7258—2012）中对制动稳定性有相应的规定。

7.4.2 路试检测

根据我国《机动车运行安全技术条件》（GB 7258—2012）的规定，路试检测汽车的制动性能可以检测制动距离和跑偏量。

1. 检测对象

凡符合下列条件的车辆，均可采用路试方法检测其制动性能：
(1) 带 ABS 装置的车辆。
(2) 超高、超长、超重的车辆。
(3) 并列装置双后轴、三后轴的车辆。
(4) 装配前双桥转向机构的车辆。
(5) 四轮驱动的车辆。
(6) 经制动台台架检验后对其制动性能有质疑的车辆。
(7) 受场地、设备条件限制无法上线检测的车辆。

2. 检测条件

(1) 人员条件：配备专职引车员(2 人)，负责实施上述车辆制动性能的引车检测工作；专职引车员均持有 A1、A2 驾照，具备驾驶大型客车、半挂列车、重型货车的资质和能力；专职引车员驾龄均为7年以上，且持有驾驶中级技能等级证书。

(2) 场地条件：设置试车道长度150m以上，采用大小试车道并列设置方式；试车道纵向坡度不大于1%，轮胎与地面间的附着系数不小于0.7；试车道由加速路段、制动路段、缓冲路段组成，试车道终点与行车道无交点。

3. 检测方法与步骤

(1) 检查车身、外观、发动机、底盘等部件，检查证照，确保车辆可以正常起动上路，没有涉及安全的隐患问题，对于一些特殊车辆应加装安全保护装置。

(2) 路试项目检测实施步骤：

①送检车辆满足上述要求时即可开始检测，检测时由一名引车员负责引车驾驶，另一名引车员实施监督。

②引车员驾驶送检车辆沿试车道中线行驶，并在加速路段尽快将车辆加速到规定的试验车速，急踩制动踏板，使车辆停住。

③现场监督的引车员测量出制动距离，检查车辆有无驶出车道边线，并将检测结果填写到记录单(申报、检测单)上。

④引车员根据相关检测标准对检测结果进行判断。

7.4.3 台架检测

台架检测是当前汽车制动性能检测的主要手段，制动性能台架检测的主要参数有制动力、制动力平衡要求、车轮阻滞力、制动协调时间。

1. 技术要求

用制动力检验汽车的制动性能时，应符合下列要求：

(1) 主要承载轴的制动力总和占整车重力的百分比为：空载≥60%或满载≥50%。

(2) 对制动力平衡的要求，左右轮制动力差与该轴左右轮中制动力大者之比，前轴不得大于20%，后轴不得大于24%。对制动协调时间不再按车型分档，统一要求为：单车不大于0.6s，汽车列车不大于0.8s。

(3) 对驻车制动性能检验，规定车辆空载，乘坐一名驾驶人，驻车制动力总和应不小于该车在测试状态下整车重力的20%。

2. 制动性能检测台架

当前我国常用的制动性能检测台架为滚筒式制动台架。图7.66为单轴反力式滚筒制动试验台的结构图，该检测台架由结构完全相同的左右两套车轮制动力测试单元和一套指示、控制装置组成。每一套车轮制动力测试单元由框架(有的试验台将左、右测试单元的框架制成一体)、驱动装置、滚筒组、举升装置、测量装置等构成。

1) 驱动装置

驱动装置由电动机、减速器和链传动组成。电动机经过减速器两级减速后驱动(或再通过链传动，见图7.66)主动滚筒，主动滚筒通过链传动带动从动滚筒旋转。减速器输出轴与主动滚筒共用一轴，减速器壳体为浮动连接，即可绕主动滚筒轴自由摆动(或电动机枢轴与减速器输出轴同心，减速器壳与电动机壳连成一体，电动机枢轴与减速器输出轴分别通过滚动轴承及轴承座支承在框架上，减速器壳与电动壳可绕支承轴线自由摆动)。

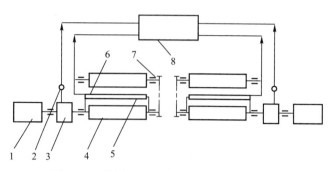

图 7.66 单轴反力式滚筒制动试验台结构图
1—电动机；2—压力传感器；3—减速箱；4—滚筒；
5—第三滚筒；6—电磁传感器；7—链传动；8—仪表

2) 滚筒组

每一车轮制动力测试单元设置一对主、从动滚筒。每个滚筒的两端分别用滚动轴承与轴承座支承在框架上，且保持两滚筒轴线平行。滚筒相当于一个活动的路面，用来支承被检车辆的车轮，并承受和传递制动力。汽车轮胎与滚筒间的附着系数将直接影响制动试验台所能测得的制动力大小。

3) 制动力测量装置

制动力测量装置主要由测力杠杆和传感器组成。测力杠杆一端与传感器连接，另一端与减速器壳体连接，被测车轮制动时测力杠杆与减速器壳体将一起绕主动滚筒（或绕减速器输出轴、电动机枢轴）轴线摆动。传感器将测力杠杆传来的、与制动力成比例的力（或位移）转变成电信号输送到指示、控制装置。传感器有应变测力式、自整角电动机式、电位计式、差动变压器式等多种类型。日本式制动试验台多采用自整角电动机式传感器，而欧洲式及近期国产制动试验台多用应变测力式传感器。

4) 举升装置

为了便于汽车出入制动试验台，在主、从动两滚筒之间设置有举升装置。该装置通常由举升器、举升平板和控制开关等组成。举升器常用的有气压式、电动螺旋式、液压式 3 种形式，气压式是用压缩空气驱动气缸中的活塞或使气囊膨胀完成举升作用；电动螺旋式是由电动机通过减速器带动丝母转动，迫使丝杠轴向运动起举升作用。液压式是由液压举升缸完成举升动作。带有第三滚筒的制动试验台不用举升装置。

5) 指示与控制装置

目前制动试验台控制装置都采用电子式。为提高自动化与智能化程度，有的控制装置中配置有计算机。指示装置有指针式和数字显示式两种。带计算机的控制装置多配置数字显示器，但也有配置指针式指示仪表的。

带计算机的指示与控制装置主要由计算机、放大器、A/D 转换器、数字显示器和打印机等组成，其控制框图如图 7.67 所示。

3. 检测台使用方法

反力式滚筒制动试验台的型号不同，其使用方法也不同，在使用前一定要认真阅读试验台的使用说明书。按照使用说明书的规定进行正确操作。

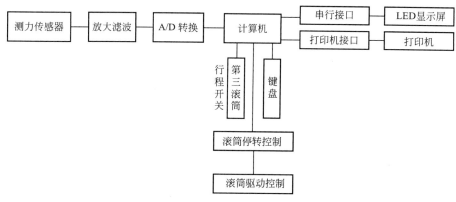

图 7.67　计算机控制框图

一般制动试验台的使用方法如下：
1）试验台的准备
（1）检查试验台滚筒上有无泥、水、油等杂物，如有则应清除干净。
（2）使滚筒在无负荷状态下运转，检查并调整仪表指针零位。
（3）检查举升器动作是否灵活，如动作阻滞或有漏气部位应进行检修。检查举升器是否在升起位置，若不在则应使举升器升起到位。
（4）检查各指示灯工作是否正常。
（5）检查各种导线有无因损伤而造成接触不良现象。
2）被测车辆的准备
（1）核实汽车各轴轴荷，确保被测汽车车轴轴荷在试验台允许载荷范围内。
（2）检查轮胎是否粘有泥、水、油污等杂物。要特别注意检查轮胎花纹内或后轴双轮胎间是否有嵌入的小石子与石块，若有应清除干净。
（3）检查轮胎气压，使其符合出厂规定值。
3）测试步骤
（1）接通试验台总电源，按说明书要求预热至规定时间。
（2）汽车从其纵向中心线与滚筒轴线垂直的方向驶入试验台。先前轴，再后轴，使车轮处于两滚筒之间的举升平板上。
（3）汽车停稳后，变速器置于空挡位置，脚、手制动处于放松状态，能测制动协调时间的试验台还应将脚踏开关套装在制动踏板上。
（4）降下举升平板，至轮胎与举升平板完全脱离为止。
（5）起动电动机，使滚筒带动车轮旋转，待转速稳定后，从指示仪表上读取车轮阻滞力数值。
（6）踩下制动踏板，从指示仪表上读取最大制动力值，并打印检测结果。
（7）升起举升平板，驶出已测车辆，按上述相同方法继续进行其他检测。
（8）所有车轴的脚制动及驻车制动性能检测完毕后，升起举升平板，汽车驶出试验台。
（9）切断试验台总电源。

习题

1. 简述传统液压制动系统的结构与原理。
2. 鼓式制动器有哪些类型？其各自的结构特点与性能特点是什么？
3. 盘式制动器有哪些类型？其各自的结构特点是什么？
4. 简述真空助力器的结构与功能。
5. 简述奥迪 A6 乘用车前轮盘式制动器的拆装步骤。
6. 简述制动灯开关的调整步骤。
7. 汽车制动系统的常见故障有哪些？
8. 汽车制动性能的评价指标主要有哪些？其各自的含义是什么？
9. 滚筒式制动台架由哪些部分组成？如何使用？

参 考 文 献

[1] 幺居标. 汽车底盘构造与维修 [M]. 北京：机械工业出版社，2003.
[2] 郑劲，张子成. 汽车底盘构造与维修 [M]. 北京：化学工业出版社，2009.
[3] 李伟. 图解新型汽车底盘拆装与检修 [M]. 2版. 北京：机械工业出版社，2014.
[4] 李国庆. 汽车机械系统实训教程 [M]. 重庆：重庆大学出版社，2008.
[5] 关文达. 汽车构造 [M]. 3版. 北京：机械工业出版社，2011.
[6] 肖生发，赵树朋. 汽车构造 [M]. 2版. 北京：北京大学出版社，2012.
[7] 李仲河. 汽车底盘构造与维修技术 [M]. 济南：山东科学技术出版社，2007.
[8] 张红伟. 汽车底盘结构与维修 [M]. 西安：西安电子科技大学出版社，2007.
[9] 刘汉涛. 汽车自动变速器精品学习教程 [M]. 北京：机械工业出版社，2013.
[10] 白红村. 汽车底盘构造与维修 [M]. 北京：北京大学出版社，2011.
[11] 陈慧岩. 汽车自动变速器原理与维修 [M]. 北京：中国劳动社会保障出版社，2002.
[12] 汪立亮，艾春萍. 轿车自动变速器维修技能实训 [M]. 北京：北京理工大学出版社，2005.
[13] 臧杰. 轿车自动变速器检修培训教程 [M]. 北京：机械工业出版社，2002.

北京大学出版社汽车类教材书目

序号	书 名	标准书号	著作者	定价	出版日期
1	汽车构造(第2版)	978-7-301-19907-7	肖生发,赵树朋	56	2014.1
2	汽车构造学习指导与习题详解	978-7-301-22066-5	肖生发	26	2014.1
3	汽车发动机原理(第2版)	978-7-301-21012-3	韩同群	42	2013.5
4	汽车设计	978-7-301-12369-0	刘涛	45	2008.1
5	汽车运用基础	978-7-301-13118-3	凌永成,李雪飞	26	2008.1
6	现代汽车系统控制技术	978-7-301-12363-8	崔胜民	36	2008.1
7	汽车电气设备实验与实习	978-7-301-12356-0	谢在玉	29	2008.2
8	汽车试验测试技术（第2版）	978-7-301-25436-3	王丰元,邹旭东	36	2015.3
9	汽车运用工程基础(第2版)	978-7-301-21925-6	姜立标	34	2016.3
10	汽车制造工艺（第2版）	978-7-301-22348-2	赵桂范,杨娜	40	2013.4
11	车辆制造工艺	978-7-301-24272-8	孙建民	45	2014.6
12	汽车工程概论	978-7-301-12364-5	张京明,江浩斌	36	2008.6
13	汽车运行材料（第2版）	978-7-301-22525-7	凌永成	45	2015.6
14	汽车运动工程基础	978-7-301-25017-4	赵英勋,宋新德	38	2014.10
15	汽车试验学	978-7-301-12358-4	赵立军,白欣	28	2014.7
16	内燃机构造	978-7-301-12366-9	林波,李兴虎	26	2014.12
17	汽车故障诊断与检测技术	978-7-301-13634-8	刘占峰,林丽华	34	2013.8
18	汽车维修技术与设备（第2版）	978-7-301-25846-0	凌永成	36	2015.6
19	热工基础（第2版）	978-7-301-25537-7	于秋红,鞠晓丽等	45	2015.3
20	汽车检测与诊断技术	978-7-301-12361-4	罗念宁,张京明	30	2009.1
21	汽车评估（第2版）	978-7-301-26615-1	鲁植雄	38	2016.1
22	汽车车身设计基础	978-7-301-15619-3	王宏雁,陈君毅	28	2009.9
23	汽车车身轻量化结构与轻质材料	978-7-301-15620-9	王宏雁,陈君毅	25	2009.9
24	车辆自动变速器构造原理与设计方法	978-7-301-15609-4	田晋跃	30	2009.9
25	新能源汽车技术（第2版）	978-7-301-23700-7	崔胜民	39	2015.4
26	工程流体力学	978-7-301-12365-2	杨建国,张兆营等	35	2011.12
27	高等工程热力学	978-7-301-16077-0	曹建明,李跟宝	30	2010.1
28	汽车电气设备（第3版）	978-7-301-27275-6	凌永成	47	2016.8
29	汽车电气设备	978-7-301-24947-5	吴焕芹,卢彦群	42	2014.10
30	汽车电器与电子设备	978-7-301-25295-6	唐文初,张春花	26	2015.2
31	现代汽车发动机原理	978-7-301-17203-2	赵丹平,吴双群	35	2013.8
32	现代汽车新技术概论（第2版）	978-7-301-24114-1	田晋跃	42	2016.1
33	现代汽车排放控制技术	978-7-301-17231-5	周庆辉	32	2012.6
34	汽车服务工程（第2版）	978-7-301-24120-2	鲁植雄	42	2015.4
35	汽车使用与管理	978-7-301-18761-6	郭宏亮,张铁军	39	2013.6
36	汽车数字开发技术	978-7-301-17598-9	姜立标	40	2010.8
37	汽车人机工程学	978-7-301-17562-0	任金东	35	2015.4
38	专用汽车结构与设计	978-7-301-17744-0	乔维高	45	2014.6
39	汽车空调	978-7-301-18066-2	刘占峰,宋力等	28	2013.8
40	汽车空调技术	978-7-301-23996-4	麻友良	36	2014.4
41	汽车CAD技术及Pro/E应用	978-7-301-18113-3	石沛林,李玉善	32	2015.4
42	汽车振动分析与测试	978-7-301-18524-7	周长城,周金宝等	40	2011.3
43	新能源汽车概论（第2版）	978-7-301-25633-6	崔胜民	37	2016.3
44	新能源汽车基础	978-7-301-25882-8	姜顺明	38	2015.7
45	汽车空气动力学数值模拟技术	978-7-301-16742-7	张英朝	45	2011.6

序号	书 名	标准书号	著作者	定价	出版日期
46	汽车电子控制技术(第2版)	978-7-301-19225-2	凌永成，于京诺	40	2015.1
47	车辆液压传动与控制技术	978-7-301-19293-1	田晋跃	28	2015.4
48	车辆悬架设计及理论	978-7-301-19298-6	周长城	48	2011.8
49	汽车电器及电子控制技术	978-7-301-17538-5	司景萍，高志鹰	58	2012.1
50	汽车车身计算机辅助设计	978-7-301-19889-6	徐家川，王翠萍	35	2012.1
51	现代汽车新技术	978-7-301-20100-8	姜立标	49	2016.1
52	电动汽车测试与评价	978-7-301-20603-4	赵立军	35	2012.7
53	电动汽车结构与原理	978-7-301-20820-5	赵立军，佟钦智	35	2015.1
54	二手车鉴定与评估	978-7-301-21291-2	卢伟，韩平	36	2015.4
55	汽车微控制器结构原理与应用	978-7-301-22347-5	蓝志坤	45	2013.4
56	汽车振动学基础及其应用	978-7-301-22583-7	潘公宇	29	2015.2
57	车辆优化设计理论与实践	978-7-301-22675-9	潘公宇，商高高	32	2015.2
58	汽车专业英语	978-7-301-23187-6	姚嘉，马丽丽	36	2013.8
59	车辆底盘建模与分析	978-7-301-23332-0	顾林，朱跃	30	2014.1
60	汽车安全辅助驾驶技术	978-7-301-23545-4	郭烈，葛平淑等	43	2014.1
61	汽车安全	978-7-301-23794-6	郑安文	45	2015.4
62	汽车安全概论	978-7-301-22666-7	郑安文，郭健忠	35	2015.10
63	汽车系统动力学与仿真	978-7-301-25037-2	崔胜民	42	2014.11
64	汽车营销学	978-7-301-25747-0	都雪静，安惠珠	50	2015.5
65	车辆工程专业导论	978-7-301-26036-4	崔胜民	35	2015.8
66	汽车保险与理赔	978-7-301-26409-6	吴立勋，陈立辉	32	2016.1
67	汽车理论	978-7-301-26758-5	崔胜民	32	2016.1
68	新能源汽车动力电池技术	978-7-301-26866-7	麻友良	42	2016.3
69	汽车车身控制系统	978-7-301-27023-3	杭卫星	28	2016.5
70	汽车发动机管理系统	978-7-301-27083-7	贝绍轶	28	2016.6
71	汽车底盘机械系统	978-7-301-27270-1	李国庆	28	2016.7
72	现代汽车新技术（第2版）	978-7-301-27425-5	姜立标	57	2016.8

如您需要更多教学资源如电子课件、电子样章、习题答案等，请登录北京大学出版社第六事业部官网 www.pup6.cn 搜索下载。

如您需要浏览更多专业教材，请扫下面的二维码，关注北京大学出版社第六事业部官方微信（微信号：pup6book），随时查询专业教材、浏览教材目录、内容简介等信息，并可在线申请纸质样书用于教学。

感谢您使用我们的教材，欢迎您随时与我们联系，我们将及时做好全方位的服务。联系方式：010-62750667，童编辑，13426433315@163.com，pup_6@163.com，lihu80@163.com，欢迎来电来信。客户服务QQ号：1292552107，欢迎随时咨询。